彭磊 著

唐前谏议思想及其文化研究

世界图书出版公司
广州·上海·西安·北京

图书在版编目（CIP）数据

唐前谏议思想及其文化研究 / 彭磊著. -- 广州：世界图书出版广东有限公司，2019.5
ISBN 978-7-5192-6220-4

Ⅰ. ①唐… Ⅱ. ①彭… Ⅲ. ①奏议－研究－中国－古代 Ⅳ. ①K206.5

中国版本图书馆CIP数据核字（2019）第090028号

书　　名	唐前谏议思想及其文化研究
	TANGQIAN JIANYI SIXIANG JIQI WENHUA YANJIU
著　　者	彭　磊
责任编辑	程　静　曹桔方
装帧设计	桃　夭
责任技编	刘上锦
出版发行	世界图书出版广东有限公司
地　　址	广州市新港西路大江冲25号
邮　　编	510300
电　　话	020-84451969　84453623　84184026　84459579
网　　址	http://www.gdst.com.cn
邮　　箱	wpc_gdst@163.com
经　　销	各地新华书店
印　　刷	广州市迪桦彩印有限公司
开　　本	787mm×1092mm　1/16
印　　张	12
字　　数	235千
版　　次	2019年5月第1版　2019年5月第1次印刷
国际书号	ISBN 978-7-5192-6220-4
定　　价	39.80元

版权所有　侵权必究

咨询、投稿：020-84451258　gdstchj@126.com

自　序

本书是近年来笔者对自先秦至魏晋时代的谏议思想及其文化等所做的一系列专题性研究得出的综合性成果。

笔者的初衷，主要是想对两汉时代的谏议思想及其文化等作系统而深入的研究。然而，在研究的过程中发现，如果不同时对汉代之前的先秦时代及汉代之后的魏晋时代的谏议思想作出较为详尽地研究，那么，就不容易讲清楚两汉谏议思想的来源及其衍变发展的状况，相关的研究就很难做到系统而深入。鉴于此，笔者将研究的视野扩展到了先秦与魏晋时代。经过一段时间的探索、思考，写出了以先秦至魏晋时代谏议思想、文化等社会现象为对象的五篇专题论文：《先秦两汉时代谏议与游说》《先秦两汉"谤"之刑罪化趋向及"谤"与"谏"关系衍变》《两汉时代谏议与灾异学说之关系》《两汉时代谏议之主题》《两汉魏晋时代谏（议）大夫与侍中之比较》。

这一系列专题性的研究，涉及先秦、两汉及魏晋时代谏议思想之内容、主题，谏官制度的发展、变化，相关的言谏思想、文化及其对于当时、后世的社会、文化的影响等诸多方面。在这些专题研究之中所提到的问题，如两汉谏议思想与灾异学说、谏议与游说、谏（议）大夫与侍中职能等，均为学术界少有关注或基本上未曾关注过的问题。因此，本书中各专题研究具有一定的独创性学术价值。

在中国古代的君主制度之中，谏议可以说有着举足轻重的地位。谏议之兴衰，对历代王朝的命运一向是有着重大，甚至是决定性的意义。纳谏者昌，拒谏者亡，素来是中国古代历史家们所信奉的一条重要的历史规律。我们如果能够积极地传承此种谏议文化并将之发扬光大，那么必能给我们今天社会的各类思想文化建设带来勃勃的生机，形成一片欣欣向荣的局面。

目 录

先秦两汉时代谏议与游说 1

先秦两汉"谤"之刑罪化趋向及"谤"与"谏"关系衍变 47

两汉时代谏议与灾异学说之关系 65

两汉时代谏议之主题 77

两汉魏晋时代谏（议）大夫与侍中之比较 158

参考文献 182

先秦两汉时代谏议与游说

谏议与游说乃是中国古代历史中,尤其是先秦至两汉这段时期内的两种重要的政治与文化现象。可以说,二者其实都是以言辞舆论的方式对当时的统治者造成影响,从而实现自己的社会、政治目的的现象。遍览史册,我们可以看到,在先秦两汉这一历史时期,社会上出现的著名的游说之士和谏臣特别多,与之相关的各类传闻、史事也特别丰富。这些说士与谏臣们对于当时的政治及文化也造成了诸多重要的影响。故此,先秦两汉时代的谏议与游说这两种现象,其实是很值得我们予以关注并加以深入研究的。

当然,在当前学术界,不论是对游说,还是对谏议的研究,我们都已有了丰硕的成果,但是,将谏议与游说这两种在形式上较为近似的现象结合起来,对二者作一个全面、深入的比较研究,则并不多见。鉴于此,本文对先秦两汉的谏议与游说作一个综合性的比较研究,辨析二者的相似及差异之处,剖析二者的相互联系与影响,并在此基础上阐析谏议与游说这两种现象各自对当时社会、政治及文化发展的意义。这样的研究对我们更加深入、全面地了解先秦及两汉时代社会、政治、文化,尤其是士阶级的特征有一定的开拓性价值。

大体而言,本文对先秦两汉谏议与游说的比较研究可以分为以下几个主要方面:其一,先秦两汉时代谏议与游说概念的异同;其二,二者之间的一种"此消彼长";其三,对二者的社会政治、思想文化方面的价值作一个比较。

一、先秦两汉时代谏议与游说概念的异同

(一)先秦两汉时代谏议与游说的不同之处

从词义、概念来看,"谏议"指的是臣民们以舆论、言辞的方式给统治者提出批评性、建设性的意见,使统治者改正自己的失误,从而最大限度地保障民众与国家的利益,使统治者的江山社稷更为稳固长久。"游说"指的是游说者运用富于煽动力的言辞来打动、说服统治者,使之依从游说者的意见而采取某种行动。这种行动的结果必定是对游说者本人或由其本人所代表的某个群体、集团有利的,至于它是否对统治者,以及统治者的国家、人民有利,那就

不一定了。因此，从概念上看，谏议与游说的性质有着鲜明的区别。具体而言，谏议与游说的区别又可分为两点：

第一点，最明显也是主要的，乃是二者的动机、目的不同。

在大多数情况下，臣民们之所以会向统治者进谏，其动机、目的皆在于表达对统治者的忠诚之意，以及对国家、民众尽职尽责的公义精神。从先秦到两汉的许多谏议事例当中，我们可以清楚地看到进谏者们的这种忠诚的情怀与追求公义的精神。譬如发生在西周后期的"召公谏厉王弭谤"事件，即表明了周厉王的属下谏臣召公的忠于国君，而又心系民众的高尚情怀与精神。《国语·周语上》记曰：

厉王虐，国人谤王。召公告曰："民不堪命矣！"王怒，得卫巫，使监谤者，以告，则杀之。国人莫敢言，道路以目，王喜，告召公曰："吾能弭谤矣，乃不敢言。"召公曰："是障之也。防民之口，甚于防川。川壅而溃，伤人必多，民亦如之。是故为川者决之使导，为民者宣之使言。故天子听政，使公卿至于列士献诗，瞽献曲，史献书，师箴，瞍赋，蒙诵，百工谏，庶人传语，近臣尽规，亲戚补察，瞽、史教诲，耆、艾修之，而后王斟酌焉，是以事行而不悖。民之有口，犹土之有山川也，财用于是乎出；犹其原隰之有衍沃也，衣食于是乎生。口之宣言也，善败于是乎兴，行善而备败，其所以阜财用，衣食者也。夫民虑之于心而宣之于口，成而行之，胡可壅也？若壅其口，其与能几何？"王不听，于是国莫敢出言，三年，乃流王于彘。

召公的进谏之言，始终都不离一个"民"字。他一再地强调统治者应该大度地听取与接纳民众对政治的批评——"为民者宣之使言"。这充分地表明了他尊重民众说话的权利、关心民生疾苦的拳拳之意。当然，他一方面挂念民众，另一方面也关心周王朝统治者的江山社稷。他说道："口之宣言也，善败于是乎兴。"表明他已认识到了是否允许民众自由发表意见直接关系到了国家的生死存亡。同样的忠君爱民的情怀，在《国语·周语上》中所载的"仲山甫谏宣王料民"条中，亦有体现：

宣王既丧南国之师，乃料民于太原。仲山父谏曰："民不可料也！夫古者不料民而知其少多，司民协孤终，司商协民姓，司徒协旅，司寇协奸，牧协职，工协革，场协入，廪协出，是则少多、死生、出入、往来者皆可知也。于是乎又审之以事，王治农于籍，蒐于农隙，耨获亦于籍，狝于既烝，狩于毕时，是皆习民数者也，又何料焉？不谓其少而大料之，是示少而恶事也。临政示少，诸侯避之。治民恶事,无以赋令。且无故而料民,天之所恶也,害于政而妨于后嗣。"王卒料之,及幽王乃废灭。

仲山甫之劝谏周宣王不要随意在太原清查人口,乃在于使宣王更加勤政爱民,不要"使民恶事",这里自然也有关心民众的用意。当然,由他的"无胡而料民……后嗣"一句话,我们又可看出仲山甫更加在意的则是周宣王以及他的后嗣的统治是否能稳固,故而又明显地有忠君之心。又据《国语·楚语上》的记载,在春秋时代,楚国的谏臣白公子张讽楚灵王纳谏之事,亦充分表明了白公子张的爱民忠君之意:

灵王虐,白公子张骤谏。王患之,谓史老曰:"吾欲已子张之谏,若何?"对曰:"用之实难,已之易矣。若谏,君则曰余左执鬼中,右执殇宫,凡百箴谏,吾尽闻之矣,宁闻他言?"

白公又谏,王如史老之言。对曰:"昔殷武丁能耸其德,至于神明,以入于河,自河徂亳,于是乎三年,默以思道。卿士患之,曰:'王言以出令也,若不言,是无所禀令也。'武丁于是作书,曰:'以余正四方,余恐德之不类,兹故不言。'如是而又使以象梦旁求四方之贤,得傅说以来,升以为公,而使朝夕规谏,曰:'若金,用女作砺。若津水,用女作舟。若天旱,用女作霖雨。启乃心,沃朕心。若药不瞑眩,厥疾不瘳。若跣不视地,厥足用伤。'若武丁之神明也,其圣之睿广也,其智之不疲也,犹自谓未乂,故三年默以思道。既得道,犹不敢专制,使以象旁求圣人。既得以为辅,又恐其荒失遗忘,故使朝夕规诲箴谏,曰:'必交修余,无余弃也。'"今君或者未及武丁,而恶规谏者,不亦难乎!……《周诗》有之曰:"弗躬弗亲,庶民弗信,臣惧民之不信君也,故不敢不言。……"

白公子张在其谏言中,引用了《诗经·小雅·节南山》"弗躬弗亲,庶民弗信"之语,表明了他希望君主能亲近民众,以保障民众权益,赢取民众信任的意愿。而赢取民众信任最重要的目的,无疑是维护楚王政权的长治久安。春秋后期的名臣晏子,也是一位常借着各种时机向国君进谏的人士。《晏子春秋·内篇谏》之中记载了许多晏子进谏的行为。如《内篇谏上》中有一条载云:

景公观于淄上,与晏子闲立。公喟然叹曰:"呜呼!使国可长保而传于子孙,岂不乐哉?"晏子对曰:"婴闻明王不徒立,百姓不虚至。今君以政乱国,以行弃民久矣,而声欲保之,不亦难乎!婴闻之,能长保国者,能终善者也。诸侯并立,能终善者为长;列士并学,能终善者为师。昔先君桓公,其方任贤而赞德之时，亡国恃以存，危国仰以安，是以民乐其政，而世高其德，行远征暴，劳者不疾，驱海内使朝天子，而诸侯不怨。当是时，盛君之行不能进焉。及其卒而衰，怠于德而并于乐，身溺于妇侍而谋因竖习，是以民苦其政，而世非其行，故身死乎胡宫而不举，虫出而不收。当是时也，桀纣之卒不能恶焉。《诗》曰：'靡不有初，鲜克有终。'不能终善者，不遂其君。今君临民若寇雠，见善若避热，乱政而危贤，必逆于众，肆欲于民，而诛虐于下，恐及于身。婴之年老，不能待于君使矣，行不能革，则持节以没世耳。"

晏子借着齐桓公的例子向齐景公说明了一个道理，即为政清明，百姓归附，统治者的权位就可以长久稳定；若为政混乱，百姓怨离，则统治者不仅难保江山，甚至不免有性命之忧。借着这个道理，他向景公进谏，希望景公不要"临民若寇雠"，应该节制自己的欲望，保养百姓以维护政权。这番谏言，自然也体现了晏子忧念百姓，忠心于自己的君主与国家的情怀。

在西周、春秋时代之后，汉代也是一个谏臣层出不穷的朝代。这些谏臣们向统治者进献谏言，其主要的动机、用意也大多是为了维护统治者的权力与地位，同时也有为百姓及国家的利益考虑的因素。所以，"忠君爱民"仍然是汉代谏议的最主要的内容。早在汉高祖刘邦还在打天下的时候，我们就可以看到由刘邦所信任或重用的一些大臣或武将向刘邦进献忠谏之言的事例。像《史记·留侯世家》（卷五五）之中，即有一段张良、樊哙共同劝谏刘邦的记载：

沛公入秦宫，宫室帷帐狗马重宝妇女以千数，意欲留居之。樊哙谏沛公出舍，沛公不听。良曰："夫秦为无道，故沛公得至此。夫为天下除残贼，宜缟素为资。今始入秦，即安其乐，此所谓'助桀为虐'。且'忠言逆耳利於行，毒药苦口利於病'，原沛公听樊哙言。"沛公乃还军霸上。

樊哙为刘邦身为平民时的朋友，张良则为刘邦向来言听计从的著名谋士，且有着"帝王师"的身份。二人皆可谓刘邦的心腹之臣。在此段记载中，樊哙劝谏刘邦不要因为灭了秦，就沉溺于狗马、妇女、重宝之中，张良也对刘邦阐明了"忠言逆耳利于行"的道理。二人的忠谏之言，亦明白地表达了他们对于自己所事奉的君主——刘邦的耿耿忠心。

到了汉朝建立之后的汉文帝时代，又出现了一位著名的谏臣张释之。他曾多次向文帝直谏，一方面表现了其正直的性格与直言的勇气；另一方面，更体现了他一腔忠君爱民的心志。《汉书·张释之传》（卷五〇）中曾记录一道：

上行出中渭桥，有一人从桥下走，乘舆马惊。于是使骑捕之，属廷尉。释之治问。曰："县人来，闻跸，匿桥下。久，以为行过，既出，见车骑，即走耳。"释之奏当："此人犯跸，当罚金。"上怒曰："此人亲惊吾马，马赖和柔，令它马，固不败伤我乎？而廷尉乃当之罚金！"释之曰："法者，天子所与天下公共也。今法如是，更重之，是法不信于民也。且方其时，上使使诛之则已。今已下廷尉，廷尉，天下之平也，壹倾，天下用法皆为之轻重，民安所错其手足？唯陛下察之。"上良久曰："廷尉当是也。"

在此段记载中，身为廷尉的张释之向汉文帝表达了一种"法者，天子所与天下公共也"的"法律面前人人平等"的法治观念。在一向盛行人治的君主专制社会里，这样的言论真可谓是凤毛麟角，震聋发聩。当然，张释之之所以鼓起勇气劝谏文帝，维护法律的公平，其着眼点仍在于保障人民的一些基本的权利。像他所宣称的："壹倾，天下用法皆为之轻重，民安措其手足？"正体现了其拳拳的爱民之心。

到了西汉后期，著名的谏臣则有刘向、谷永等人。在他们向皇帝所进的谏言中，我们可以看到其一腔热忱的忠君爱国之意。尤其是刘向，他曾多次向汉元帝与汉成帝上书进谏，其谏诤的内容大多数为抑制权奸（如石显与弘恭之流）、防外戚（主要指王氏）、用贤人。因为刘向是一位著名的学者、文人，故其进谏之文大多例证丰富、条理明晰、文辞畅达。《汉书·刘向传》（卷三六）记叙道：

时上无继嗣，政由王氏出，灾异浸甚。……向遂上封事极谏曰：

臣闻人君莫不欲安，然而常危；莫不欲存，然而常亡：失御臣之术也。夫大臣操权柄，持国政，未有不为害者也。昔晋有六卿，齐有田、崔，卫有孙、宁，鲁有季、孟，常掌国事，世执朝柄。终后田氏取齐；六卿分晋；崔杼弑其君光；孙林父、宁殖出其君衎，弑其君剽；季氏八佾舞于庭，三家者以《雍》彻，并专国政，卒逐昭公。周大夫尹氏管朝事，浊乱王室，子朝、子猛更立，连年乃定。故经曰"王室乱"，又曰"君氏杀王子克"，甚之也。《春秋》举成败，录祸福，如此类甚众，皆阴盛而阳微，下失臣道之所致也。故《书》曰："臣之有作威作福，害于而家，凶于而国。"孔子曰"禄去公室，政逮大夫"，危亡之兆。秦昭王舅穰侯及泾阳、叶阳君专国擅势，上假太后之威，三人者权重于昭王，家富于秦国，国甚危殆，赖寤范雎之言，而秦复存。二世委任赵高，专权自恣，壅蔽大臣，终有阎乐望夷之祸，秦遂以亡。近事不远，即汉所代也。

汉兴，诸吕无道，擅相尊王。吕产、吕禄席太后之宠，据将相之位，兼南北军之众，拥梁、赵王之尊，骄盈无厌，欲危刘氏。赖忠正大臣绛侯、朱虚侯等竭诚尽节以诛灭之，然后刘氏复安。今王氏一姓乘朱轮华毂者二十三人，青紫貂蝉充盈幄内，鱼鳞左右。大将军秉事用权，五侯骄奢僭盛，并作威福，击断自恣，行污而寄治，身私而托公，依东宫之尊，假甥舅之亲，以为威重。尚书、九卿、州牧、郡守皆出其门，管执枢机，朋党比周。……历上古至秦、汉，外戚僭贵未有如王氏者也。虽周皇甫、秦穰侯、汉武安、吕、霍、上官之属，皆不及也。物盛必有非常之变先见，为其人微象。孝昭帝时，冠石立于泰山，仆柳起于上林。而孝宣帝即位，今王氏先祖坟墓在济南者，其梓柱生枝叶，扶疏上出屋，根垂地中，虽立石起柳，无以过此之明也。……夫时者起福于无形，销患于未然。宜发明诏，吐德音，援近宗室，亲而纳信，黜远外戚，毋授以政，皆罢令就第，以则效先帝之所行，厚安外戚，全其宗族，诚东宫之意，外家之福也。王氏永存，保其爵禄，刘氏长安，不失社稷，所以褒睦外内之姓，子子孙孙无疆之计也。如不行此策，田氏复见于今，六卿必起于汉，为后嗣忧，昭昭甚明，不可不深图，不可不蚤虑。《易》曰："君不密，则失臣；臣不密，则失身；几事不密，则害成。"唯陛下深留圣思，审固几密，览往事之戒，以折中取信，居万安之实，用保宗庙，久承皇太后，天下幸甚。

上述文字明显地体现了身为刘姓宗室一员的刘向对汉成帝时外戚王氏之擅权有可能会危及汉王朝国祚表现出的担忧与焦虑，故而不厌其烦地借着历史上的事例和上天的灾异来向汉成帝发出劝谏与警诫，希望他能采取有效的措施来阻止外戚王氏势力的恶性膨胀。只可惜成帝虽然叹息悲伤，却没能真正采纳刘向的谏议，仍然任由王氏的权势越来越大而不加以抑制。在刘向去世后只过了十来年，王莽就篡夺了西汉王朝的政权。这样的结果充分证明了刘向政治预见的准确性，同时也表明了他对汉王朝和皇帝是满怀忠诚之意的。

随着儒家经学的进一步发展，与西汉时代的士大夫们比起来，东汉时代的一些被人们称为"清流"的士人们则显得更重视名节的维护，以及个人品德的培养。受此种文化氛围的影响，朝野之中涌现出了一大批义节之士，刚直之臣，如杨震、李固、杜乔、李膺、陈蕃等人。这些强调名节的士子们，又大多数处于一个外戚跋扈、宦官专权、朝政日益腐败的政治环境之中。因为激愤于时政，他们自然常常向君主上书直谏。其谏诤之内容大体上皆为对权奸、外戚及宦官的严厉批评和对朝政清平、百姓安乐的殷切期盼。如据《后汉书·杨震传》（卷五四）所载，杨震曾因汉安帝时私幸权奸王圣、王伯荣诸辈擅权乱政愤而上书于安帝进谏言道：

臣闻政以得贤为本，理以去秽为务。是以唐虞俟义在官，四凶流放，天下咸服，以致雍熙。方今九德未事，嬖幸充庭。阿母王圣出自贱微，得遭千载，奉养圣躬，虽有推燥居湿之勤，前后赏惠，过报劳苦，而无厌之心，不知纪极，外交属托，扰乱天下，损辱清朝，尘点日月。《书》诫牝鸡牡鸣，《诗》刺哲妇丧国。昔郑严公从母氏之欲，恣骄弟之情，几至危国，然后加讨，《春秋》贬之，以为失教。夫女子小人，近之喜，远之怨，实为难养。《易》曰："无攸遂，在中馈。"言妇人不得与于政事也。宜速出阿母，令居外舍，断绝伯荣，莫使往来，令恩德两隆，上下俱美。惟陛下绝婉娈之私，割不忍之心，留神万机，诫慎拜爵，减省献御，损节征发。令野无《鹤鸣》之叹，朝无《小明》之悔，《大东》不兴于今，劳止不怨于下。拟踪往古，比德哲王，岂不休哉！

同类的，据《后汉书·陈蕃传》（卷六六）之记载，在汉桓帝之时，由于桓帝宠幸宦官，致使宦官专权、扰乱朝政，陈蕃乃不顾个人的安危，数度上书进谏于桓帝，力斥宦官之祸国，又全力营救为宦官、权奸所陷害的清流党人：

臣闻齐桓修霸，务为内政；《春秋》于鲁，小恶必书。宜先自整敕，后以及人。今寇贼在外，四支之疾；内政不理，心腹之患。臣寝不能寐，食不能饱，实忧左右日亲，忠言以疏，内患渐积，外难方深。陛下超从列侯，继承天位。小家畜产百万之资，子孙尚耻愧失其先业，况乃产兼天下，受之先帝，而欲懈怠以自轻忽乎？诚不爱己，不当念先帝得之勤苦邪？前梁氏五侯，毒遍海内，天启圣意，收而戮之，天下之议，冀当小平。明鉴未远，覆车如昨，而近习之权，复相扇结。小黄门赵津、大猾张汜等，肆行贪虐，奸媚左右，前太原太守刘瓆、南阳太守成瑨，纠而戮之。虽言赦后不当诛杀，原其诚心，在乎去恶。至于陛下，有何悁悁？而小人道长，营惑圣听，遂使天威为之发怒。如加刑谪，已为过甚，况乃重罚，令伏欧刀乎！又，前山阳太守翟超、东海相黄浮，奉公不桡，疾恶如仇，超没侯览财物，浮诛徐宣之罪，并蒙刑坐，不逢赦恕。览之从横，没财已幸；宣犯衅过，死有余辜。昔丞相申屠嘉召责邓通，洛阳令董宣折辱公主，而文帝从而请之，光武加以重赏，未闻二臣有专命之诛。而今左右群竖，恶伤党类，妄相交构，致此刑谴。闻臣是言，当复啼诉。陛下深宜割塞近习豫政之源，引纳尚书朝省之事，公卿大官，五日壹朝，简练清高，斥黜佞邪。于是天和于上，地洽于下，休祯符瑞，岂远乎哉！陛下虽厌毒臣言，凡人主有自勉强，敢以死陈。

诚然，由于当时君主昏聩，朝纲紊乱，如杨震、陈蕃之类的刚直清正的大臣们多数都为权奸宦官们所诬谮、陷害，境遇凄惨。汉桓帝、灵帝时代发生的两次党锢之祸，更使得清流士人团体元气大损。但不论如何，他们在向君主的直言劝谏中所表现出的刚正不阿、忠君忧国的精神则足可以光耀后世，彪炳千秋。

与谏议相对的，从先秦迄于两汉时代的众多关于游说的事例中，我们可以看出，那些善于辞令的士人们游说君主或掌权者的最主要的动机与目的，乃在于谋求一己之私利或自己所代表的那个团体的利益。相对而言，在大部分游说者的心目中，国家、民族的公共利益以及自己游说的统治者乃是次要的，有时甚至是微不足道的。如果自己或由自己所代表的集团的私利与国家、民众或君主的利益发生了冲突，那么他们会毫不犹豫地选择抛弃国家、民众的公共利益以满足自己这边的私利。尽管有一些游说者常常将自己塑造为大公无私、忠君爱国的形象，但这实质上都不过是他们为了提高自己的游说效果所玩的花样而已。

此处所提到的游说之士大多带有战国时代纵横家的色彩。这些游谈纵横之士中的佼佼者，自然就是我们大家都熟悉的苏秦、张仪、郦食其等人物。由史册中所记载的这类人物的言行，我们即可以大致见到游说之士们崇尚一己之功利，轻视国家人民的公义的特质。就以这类人士中最有名的苏秦而言，他提倡六国合纵，以对抗强秦。由于口才出众，极富于煽动力，故而打动了六国君主，身佩六国相印，名声满天下。令人意想不到的是，这个着力倡导合纵而与秦国为敌的苏秦，在开始他的游说事业的时候，首先想到的竟是以"连横"的策略，到秦国去谋取功名富贵。《战国策·秦策一》（卷三）记载道：

（苏秦）乃夜发书，陈箧数十，得《太公阴符》之谋，伏而诵之，简练以为揣摩。读书欲睡，引锥自刺其股，血流至踵，曰："安有说人主不能出其金玉锦绣、取卿相之尊者乎？"……

从上述记载可知，对苏秦本人而言，无论是为六国谋利益的合纵，抑或是为秦国着想的连横都不重要，最重要的，乃是"金玉锦绣""卿相之尊"这些实实在在的功名利禄。并且，他之所以力倡合纵，另一个重要的原因，乃是由于秦国国君在一开始拒绝了他的游说，不重用他而对秦国产生的私怨。《战国策·秦策一》（卷三）载曰：

说秦王书十上，而说不行。黑貂之裘弊，黄金百镒尽。资用乏绝，去秦而归。羸縢履，负书担橐，形容枯槁，面目犁黑，状有归色。归至家，妻不下纴，嫂不为炊,父母不与言。苏秦喟叹曰:"妻不以我为夫,嫂不以我为叔,父母不以我为子,是皆秦之罪也!"

以上种种,皆表明了苏秦这个战国时代最有名的游说之士在游说诸侯时的主要动机在于个人的荣华富贵,以及个人的恩怨。秦国或六国的国家利益,以及各国百姓的利益在他眼中都是不屑一顾的。

与苏秦齐名的张仪,则以倡导"连横"而出名。虽然二人的政治主张针锋相对,但其性格及思想本质则是一样的。他周游列国,说动王侯,最大的目的与动机,仍在于谋取功名利禄,同时也有着个人恩怨的因素。例如,张仪曾屡屡耍阴谋诡计来游说、迷惑楚王,使楚国多次蒙受巨大损失。其主要的缘故,则在于为自己所事奉的秦国及本人谋求利益——扩充秦国的土地及势力,使秦王更加重视而依靠自己,给予自己更为丰厚的赏赐与爵禄。《史记·张仪列传》(卷七〇)记载道:

秦欲伐齐,齐楚从亲,於是张仪往相楚。楚怀王闻张仪来,虚上舍而自馆之。曰:"此僻陋之国,子何以教之?"仪说楚王曰:"大王诚能听臣,闭关绝约於齐,臣请献商於之地六百里,使秦女得为大王箕帚之妾,秦楚娶妇嫁女,长为兄弟之国。此北弱齐而西益秦也,计无便此者。"楚王大说而许之。群臣皆贺,陈轸独吊之。楚王怒曰:"寡人不兴师发兵得六百里地,群臣皆贺,子独吊,何也?"陈轸对曰:"不然,以臣观之,商於之地不可得而齐秦合,齐秦合则患必至矣。"楚王曰:"有说乎?"陈轸对曰:"夫秦之所以重楚者,以其有齐也。今闭关绝约於齐,则楚孤。秦奚贪夫孤国,而与之商於之地六百里?张仪至秦,必负王,是北绝齐交,西生患於秦也,而两国之兵必俱至。善为王计者,不若阴合而阳绝於齐,使人随张仪。苟与吾地,绝齐未晚也;不与吾地,阴合谋计也。"楚王曰:"原陈子闭口毋复言,以待寡人得地。"乃以相印授张仪,厚赂之。於是遂闭关绝约於齐,使一将军随张仪。张仪至秦,详失绥堕车,不朝三月。楚王闻之,曰:"仪以寡人绝齐未甚邪?"乃使勇士至宋,借宋之符,北骂齐王。齐王大怒,折节而下秦。秦齐之交合,张仪乃朝,谓楚使者曰:"臣有奉邑六里,原以献大王左右。"楚使者曰:"臣受令於王,以商於之地六百里,不闻六里。"还报楚王,楚王大怒,发兵而攻秦。陈轸曰:"轸可发口言乎?攻之不如割地反以赂秦,与之并兵而攻齐,是我出地於秦,取偿於齐也,王国尚可存。"楚王不听,卒发兵而使将军屈匄击秦。秦齐共攻楚,斩首八万,杀屈匄,遂取丹阳、汉中之地。楚又复益发兵而袭秦,至蓝田,大战,楚大败,於是楚割两城以与秦平。

秦要楚，欲得黔中地，欲以武关外易之。楚王曰："不原易地，原得张仪而献黔中地。"秦王欲遣之，口弗忍言。张仪乃请行。惠王曰："彼楚王怒子之负以商於之地，是且甘心於子。"张仪曰："秦强楚弱，臣善靳尚，尚得事楚夫人郑袖，袖所言皆从。且臣奉王之节使楚，楚何敢加诛。假令诛臣而为秦得黔中之地，臣之上原。"遂使楚。楚怀王至则囚张仪，将杀之。靳尚谓郑袖曰："子亦知子之贱於王乎？"郑袖曰："何也？"靳尚曰："秦王甚爱张仪而不欲出之，今将以上庸之地六县赂楚，美人聘楚，以宫中善歌讴者为媵。楚王重地尊秦，秦女必贵而夫人斥矣。不若为言而出之。"於是郑袖日夜言怀王曰："人臣各为其主用。今地未入秦，秦使张仪来，至重王。王未有礼而杀张仪，秦必大怒攻楚。妾请子母俱迁江南，毋为秦所鱼肉也。"怀王后悔，赦张仪，厚礼之如故。

在这段记载中，张仪简直是将楚怀王玩弄于股掌之上，使楚国不仅与齐国断绝了合纵之约，还损兵折将，失掉了丹阳、汉中、黔中等地方。相对的，秦国不仅并未失去商於、五关之地，还侵夺了楚国的大片土地。于张仪而言，则自然是更受秦惠王的赏识，且能获得更多的封赏。当然，张仪之所以会这样大玩阴谋诡计以陷害楚国，其实也有报私怨的原因。《史记·张仪列传》（卷七〇）记曰：

张仪已学游说诸侯。尝从楚相饮，已而楚相亡璧，门下意张仪，曰："仪贫无行，必此盗相君之璧。"共执张仪，掠笞数百，不服，醳之。其妻曰："嘻！子毋读书游说，安得此辱乎？"张仪谓其妻曰："视吾舌尚在不？"其妻笑曰："舌在也。"仪曰："足矣。"

张仪任秦相多年，以连横之策为秦国谋取了巨大的利益，使六国更加困窘而被迫臣服于秦国。秦在以后能够一统天下，连横的计策实在是功不可没。然则张仪本人对于秦国是否就绝对忠诚呢？由史册之载，我们可以看到事实并非如此。譬如《史记·张仪列传》（卷七〇）又记道：

秦武王元年，群臣日夜恶张仪未已，而齐让又至。张仪惧诛，乃因谓秦武王曰："仪有愚计，原效之。"王曰："奈何？"对曰："为秦社稷计者，东方有大变，然后王可以多割得地也。今闻齐王甚憎仪，仪之所在，必兴师伐之。故仪原乞其不肖之身之梁，齐必兴师而伐梁。梁齐之兵连於城下而不能相去，王以其间伐韩，入三川，出兵函谷而毋伐，以临周，祭器必出。挟天子，按图籍，此王业也。"秦王以为然，乃具革车三十乘，入仪之梁。齐果兴师伐之。梁哀王恐。

张仪曰:"王勿患也,请令罢齐兵。"乃使其舍人冯喜之楚,借使之齐,谓齐王曰:"王甚憎张仪;虽然,亦厚矣王之讬仪於秦也!"齐王曰:"寡人憎仪,仪之所在,必兴师伐之,何以讬仪?"对曰:"是乃王之讬仪也。夫仪之出也,固与秦王约曰:'为王计者,东方有大变,然后王可以多割得地。今齐王甚憎仪,仪之所在,必兴师伐之。故仪原乞其不肖之身之梁,齐必兴师伐之。齐梁之兵连於城下而不能相去,王以其间伐韩,入三川,出兵函谷而无伐,以临周,祭器必出。挟天子,案图籍,此王业也。'秦王以为然,故具革车三十乘而入之梁也。今仪入梁,王果伐之,是王内罢国而外伐与国,广邻敌以内自临,而信仪於秦王也。此臣之所谓'讬仪'也。"齐王曰:"善。"乃使解兵。张仪相魏一岁,卒於魏也。

所谓"一朝天子一朝臣",秦惠王在世之日,对于张仪颇多信从,当其去世之后,即位的秦武王则不大喜欢张仪。张仪本为一聪明之极之人,自然知道自己在秦国无法长久待下去了,于是耍了一个计谋,以"成王业"的理由使秦国遣送自己到了魏国,随即引来了齐国讨伐魏国,这时,张仪又令自己的舍人冯喜去游说齐王,说齐伐魏反而会使秦国得利,齐王不愿让秦国得利,自然就退兵了。这样,魏王感激张仪说服齐国退兵,也就厚厚地酬谢他,任命他为魏国相国,魏国国力虽比不上秦国,不过张仪至少由此保住了自己的性命与利禄。以一个计谋便把秦、齐、魏三个大国耍得团团转,使得这三个国家的国家利益都成了自己长保利禄的工具,可见张仪手段的厉害。同时我们也可以明白看出张仪对秦国并非绝对地忠诚。他如果真的忠于秦国,就应该甘心受戮,或者像屈原那样自尽,还可以选择隐居,远离政治。可他并没有这样做,而是跑到另一个国家继续做相国。可见,对张仪而言,不论是秦国、魏国还是齐国,都不过是为自己服务的工具而已,自己的功名利禄和私人恩怨,才是至关重要的。

战国之世,除了苏秦、张仪之外,还有许多善于游说的谋士及大臣,如楚国的春申君黄歇,虽身为楚国权臣,但亦长于辩说。楚王之所以会重用他,一个重要的原因在于他曾经为了楚国而向秦昭王上书游说,使得秦国暂停攻打楚国。《史记·春申君列传》(卷七八)述曰:

黄歇见楚怀王之为秦所诱而入朝,遂见欺,留死於秦。顷襄王,其子也,秦轻之,恐壹举兵而灭楚。歇乃上书说秦昭王曰:

天下莫强於秦、楚。今闻大王欲伐楚,此犹两虎相与斗。两虎相与斗而驽犬受其弊,不如善楚。臣请言其说:臣闻物至则反,冬夏是也;致至则危,累棋是也。今大国之地，遍天下有其二垂，此从生民已来，万乘之地未尝有也。……臣闻之，故不可假，时不可失。臣恐韩、魏卑辞除患而实欲欺大国也。何则？王无重世之德於韩、魏，而有累世之怨焉。夫韩、魏父子兄弟接踵而死於秦者将十世矣。本国残，社稷坏，宗庙毁。刳腹绝肠，折颈摺颐，首身分离，暴骸骨於草泽，头颅僵仆，相望於境，父子老弱系脰束手为群虏者相及於路。鬼神孤伤，无所血食。人民不聊生，族类离散，流亡为仆妾者，盈满海内矣。故韩、魏之不亡，秦社稷之忧也，今王资之与攻楚，不亦过乎！……苟且王攻楚之日，四国必悉起兵以应王。秦、楚之兵构而不离，魏氏将出而攻留、方与、铚、湖陵、砀、萧、相，故宋必尽。齐人南面攻楚，泗上必举。此皆平原四达，膏腴之地，而使独攻。王破楚以肥韩、魏於中国而劲齐。韩、魏之彊，足以校於秦。齐南以泗水为境，东负海，北倚河，而无後患，天下之国莫强於齐、魏，齐、魏得地葆利而详事下吏，一年之後，为帝未能，其於禁王之为帝有馀矣。夫以王壤土之博，人徒之众，兵革之彊，壹举事而树怨於楚，迟令韩、魏归帝重於齐，是王失计也。臣为王虑，莫若善楚。秦、楚合而为一以临韩，韩必敛手。王施以东山之险，带以曲河之利，韩必为关内之侯。若是而王以十万戍郑，梁氏寒心，许、鄢陵婴城，而上蔡、召陵不往来也，如此而魏亦关内侯矣。王壹善楚，而关内两万乘之主注地於齐，齐右壤可拱手而取也。王之地一经两海，要约天下，是燕、赵无齐、楚，齐、楚无燕、赵也。然後危动燕、赵，直摇齐、楚，此四国者不待痛而服矣。昭王曰："善。"於是乃止白起而谢韩、魏。发使赂楚，约为与国。

春申君黄歇的说辞，可谓义理明达，情意真挚，极具说服力。秦昭王看过后，果然停止了对楚国用兵，使楚国暂时躲过了灭国之祸。在这篇说文中，黄歇口口声声都是秦国的"社稷之忧"，故而能打动秦昭王。但明眼人都看得出来，黄歇之所以一再地提及秦国的利益，主要目的是奉劝秦王不要攻打楚国而与之保持和平的关系。所以，这篇说文表面上是为秦国着想，实则是为楚国谋利。那么，黄歇是否就绝对忠心于楚国及楚王呢？其实也未必，他之所以要为楚国谋利，说到底还是希望从楚国那里为自己博取功名利禄。在很大程度上，他也达到了自己的目的。楚考烈王一即位，便封他为春申君。对于这位赐予了他荣华富贵的考烈王，黄歇内心之中其实也并无绝对忠诚之意。如《史记·春申君列传》（卷七八）记述道：

楚考烈王无子，春申君患之，求妇人宜子者进之，甚众，卒无子。赵人李园持其女弟，欲进之楚王，闻其不宜子，恐久毋宠。李园求事春申君为舍人，已而谒归，故失期。还谒，春申君问之状，对曰："齐王使使求臣之女弟，与其使者饮，故失期。"春申君曰："娉入乎？"对曰："未也。"春申君曰："可得见乎？"曰："可。"於是李园乃进其女弟，即幸於春申君。知其有身，李园乃与其女弟谋。园女弟承间以说春申君曰："楚王之贵幸君，虽兄弟不如也。今君相楚二十餘年，而王无子，即百岁后将更立兄弟，则楚更立君后，亦各贵其故所亲，君又安得长有宠乎？非徒然也，君贵用事久，多失礼於王兄弟，兄弟诚立，祸且及身，何以保相印江东之封乎？今妾自知有身矣，而人莫知。妾幸君未久，诚以君之重而进妾於楚王，王必幸妾；妾赖天有子男，则是君之子为王也，楚国尽可得，孰与身临不测之罪乎？"春申君大然之，乃出李园女弟，谨舍而言之楚王。楚王召入幸之，遂生子男，立为太子，以李园女弟为王后。

春申君对楚考烈王的所作所为，跟吕不韦对秦庄襄王的所作所为别无二致。他借助于李园的妹妹，表面上延续了楚王的子嗣，实则使自己的儿子当上了楚国太子。这种行径，简直是谋朝篡位了，哪里有半点忠君之意？所以我们可以说，春申君之事奉楚王，为楚国谋利，其最终之目的，仍在于一己的爵禄与享受。

游说风气在战国时代达到了鼎盛状态，在后来秦末汉初的楚汉相争的时代，这一凭借着辩说之口才干谒诸侯，谋求富贵的风气依然颇为流行。这一时代的游说之士，有名者有郦食其、随何、陆贾、蒯通、武涉等。他们逞口舌之辩，四处游说刘邦、项羽、英布等割据争霸的诸侯群雄，其最大的目的，也不过是实现自己或自己所代表的集团的利益。譬如，《史记·郦生陆贾列传》（卷九七）所载郦生为刘邦游说当时的齐王田广之事曰：

（刘邦）乃从其画，复守敖仓，而使郦生说齐王曰："王知天下之所归乎？"王曰："不知也。"曰："王知天下之所归，则齐国可得而有也；若不知天下之所归，即齐国未可得保也。"齐王曰："天下何所归？"曰："归汉。"曰："先生何以言之？"曰："汉王与项王戮力西面击秦，约先入咸阳者王之。汉王先入咸阳，项王负约不与而王之汉中。项王迁杀义帝，汉王闻之，起蜀汉之兵击三秦，出关而责义帝之处，收天下之兵，立诸侯之后。降城即以侯其将，得赂即以分其士，与天下同其利，豪英贤才皆乐为之用。诸侯之兵四面而至，蜀汉之粟方船而下。项王有倍约之名，杀义帝之负；於人之功无所记，於人之罪无所忘；战胜而不得其赏，拔城而不得其封；非项氏莫得用事；为人刻印，刓而不能授；攻城得赂，积而不能赏：天下畔之，贤才怨之，而莫为之用。故天下之士归於汉王，可坐而策也。夫汉王发蜀汉，定三秦；涉西河之外，援上党之兵；

下井陉，诛成安君；破北魏，举三十二城：此蚩尤之兵也，非人之力也，天之福也。今已据敖仓之粟，塞成皋之险，守白马之津，杜大行之阪，距蜚狐之口，天下后服者先亡矣。王疾先下汉王，齐国社稷可得而保也；不下汉王，危亡可立而待也。"田广以为然，乃听郦生，罢历下兵守战备，与郦生日纵酒。淮阴侯闻郦生伏轼下齐七十馀城，乃夜度兵平原袭齐。齐王田广闻汉兵至，以为郦生卖己，乃曰："汝能止汉军，我活汝；不然，我将亨汝！"郦生曰："举大事不细谨，盛德不辞让。而公不为若更言！"齐王遂亨郦生，引兵东走。……

郦生游说齐王，使之归附于汉王刘邦，其主要的目的当在于为自己所服务的刘邦集团谋取利益。他虽然一再强调自己是为了保齐王的江山社稷着想，但这说到底不过是一些动听的虚诈之辞。后来韩信乘守军不备而攻下了齐国，即说明了郦生之辞对齐国有害无利。虽然齐王愤而烹杀了郦生，但也无法改变亡国之命运了。同样的事例，还有在《史记·黥布列传》（卷九一）中所载录的随何说服英布叛楚归汉之事：

汉三年，……随何曰："臣请使之。"乃与二十人俱，使淮南。至，因太宰主之，三日不得见。随何因说太宰曰："王之不见何，必以楚为强，以汉为弱，此臣之所以为使。使何得见，言之而是邪，是大王所欲闻也；言之而非邪，使何等二十人伏斧质淮南市，以明王倍汉而与楚也。"太宰乃言之王，王见之。随何曰："汉王使臣敬进书大王御者，窃怪大王与楚何亲也。"淮南王曰："寡人北乡而臣事之。"随何曰："大王与项王俱列为诸侯，北乡而臣事之，必以楚为强，可以托国也。项王伐齐，身负板筑，以为士卒先，大王宜悉淮南之众，身自将之，为楚军前锋，今乃发四千人以助楚。夫北面而臣事人者，固若是乎？夫汉王战於彭城，项王未出齐也，大王宜骚淮南之兵渡淮，日夜会战彭城下，大王抚万人之众，无一人渡淮者，垂拱而观其孰胜。夫托国於人者，固若是乎？大王提空名以乡楚，而欲厚自托，臣窃为大王不取也。然而大王不背楚者，以汉为弱也。夫楚兵虽强，天下负之以不义之名，以其背盟约而杀义帝也。然而楚王恃战胜自强，汉王收诸侯，还守成皋、荥阳，下蜀、汉之粟，深沟壁垒，分卒守徼乘塞，楚人还兵，间以梁地，深入敌国八九百里，欲战则不得，攻城则力不能，老弱转粮千里之外；楚兵至荥阳、成皋，汉坚守而不动，进则不得攻，退则不得解。故曰楚兵不足恃也。使楚胜汉，则诸侯自危惧而相救。夫楚之彊，适足以致天下之兵耳。故楚不如汉，其势易见也。今大王不与万全之汉而自托於危亡之楚，臣窃为大王惑之。臣非以淮南之兵足以亡楚也。夫大王发兵而倍楚，项王必留；留数月，汉之取天下可以万全。臣请与大王提剑而归汉，汉王必裂地而封大王,又况淮南,淮南必大王有也。故汉王敬使使臣进愚计,原大王之留意也。"淮南王曰:"请奉命。"

随何游说当时的一股重要的军事政治力量——九江王英布背叛项羽而归附汉王刘邦,抬出的主要理由乃是附楚则危亡,归汉则万全,看似一心一意在为英布打算,但实际上,他这次游说之真正用意则仍是为刘邦这一政治集团谋利。正因为有了英布的势力的协助,刘邦才能在垓下大败项羽,最终夺得天下。但是,于英布本人而言,投降汉王刘邦却未必是明智的抉择。据《史记》所载,刘邦在当上皇帝后不久,便找借口诛杀了韩信与彭越,终于还是激起了英布的恐惧与造反,后来落得个兵败身死、国破家亡的下场。对于英布的这样一个悲惨的结局,随何显然是不想负任何责任的。并且,他游说英布降汉,不仅仅是在为刘邦服务,更多的还有为自己谋利的意思。《史记·黥布列传》(卷九一)又记载道:

项籍死,天下定,上置酒。上折随何之功,谓何为腐儒,为天下安用腐儒。随何跪曰:"夫陛下引兵攻彭城,楚王未去齐也,陛下发步卒五万人,骑五千,能以取淮南乎?"上曰:"不能。"随何曰:"陛下使何与二十人使淮南,至,如陛下之意,是何之功贤於步卒五万人骑五千也。然而陛下谓何腐儒,为天下安用腐儒,何也?"上曰:"吾方图子之功。"乃以随何为护军中尉。

随何的这番言语,明明白白地就是在向高祖刘邦讨赏了。诚然,立功受赏,本是天经地义之事,所以刘邦也就赐了他一个护军中尉之官。然而由此我们亦可看出,在汉初著名的游说之士随何的心目中,相对于刘邦及汉王朝的利益而言,自己本人的功名利禄应当是更为重要的。

第二点,先秦两汉时代谏议与游说的不同之处,在于二者言辞文风的差异。

就这段时期的谏议之辞而言,由于臣民们的进谏多数是为了表现出自己的信义与忠诚,为了使君主明白道理,或者知晓一件事情是哪里做错了,应该作何改正,故而其大多更看重谏议的内容,显得质朴、平直、简洁、明了,有的甚至于激切而令君主恼怒,少有动人的文采和故意迎合君主的偏爱喜好,引起其兴趣的虚伪、浮夸的花言巧语。就拿上文曾提及的召公向周厉王的进谏、仲山甫向周宣王的进谏、白公子张向楚灵王的进谏为例,我们都可以看出西周春秋时代谏臣们谏辞的简洁、明了、切直,但凡于国于民有利,顾不上君主的喜好的特征。他们以批评、责让的口气来向君主进言,所表现的乃是对君主的拳拳忠心,而不是为图一己之利来迎合、取悦国君的虚情假意。又有如《国语·鲁语》中记载的里革谏鲁宣公之事：

> 莒天子仆弑纪公，以其宝来奔。宣公使仆人以书命季文子曰："夫莒太子不惮以吾故杀其君，而以其宝来，其爱我甚矣。为我予之邑，今日必授，无逆命矣。"里革遇之，而更其书曰："夫莒太子杀其君而窃其宝来，不识强固又求自迩，为我流之于夷。今日必通，无逆命矣"明日，有司复命，公诘之。仆人以里革对。公执之，曰："违君命者，女亦闻之乎？"对曰："臣以死奋笔，奚啻其闻之也！臣闻之曰：'毁则者为贼，掩贼者为藏，窃宝者为宄，用宄之财者为奸'，使君为藏奸者，不可不去也。臣违君命者，亦不可不杀也。"公曰："寡人实贪，非子之罪。"乃舍之。

在此段记载之中，里革劝谏鲁君的文辞没有过多的虚言、文饰，显得较为简洁、明直。所谓"违君命"的说法，也相当的刺耳，但他背后所体现的，则是谏臣里革对道义的坚持，以及希望自己的国君勿要犯错的忠诚之意。

到了两汉时代，许多正直谏臣的上书也显得文辞简明、朴直，且多有令统治者感到不快的言辞。如前文曾提及的张释之，他曾数度上进言直谏汉文帝不要以帝王的权势扰乱法治之公平。其言辞简要、明捷，而且在一开始还令汉文帝颇为生气。后来才理解、宽容之。汉武帝时代的汲黯，亦为一位正直而好切谏之臣，他向武帝所上的谏言，也大多简要而切直。如《汉书·汲黯传》（卷五〇）记曰：

> 居无何，匈奴浑邪王帅众来降，汉发车二万乘。县官亡钱，从民贳马。民或匿马，马不具。上怒，欲斩长安令。黯曰："长安令亡罪，独斩臣黯，民乃肯出马。且匈奴畔其主而降汉，徐以县次传之，何至令天下骚动，罢中国，甘心夷狄之人乎！"上默然。后浑邪王至，贾人与市者，坐当死五百余人。黯入，请间，见高门，曰："夫匈奴攻当路塞，绝和亲，中国举兵诛之，死伤不可胜计，而费以巨万百数。臣愚以为陛下得胡人，皆以为奴婢，赐从军死者家；卤获，因与之，以谢天下，塞百姓之心。今纵不能，浑邪帅数万之众来，虚府库赏赐，发良民侍养，若奉骄子。愚民安知市买长安中而文吏绳以为阑出财物如边关乎？陛下纵不能得匈奴之赢以谢天下，又以微文杀无知者五百余人，臣窃为陛下弗取也。"上弗许，曰："吾久不闻汲黯之言，今又复妄发矣。"后数月，黯坐小法，会赦，免官。于是黯隐于田园者数年。

汲黯此处明白地向汉武帝表明了不可因为夷狄之事而伤害中国百姓的观点。

其言语中并无多少曲饰之辞，也没什么能令汉武帝感到舒服的奉承话，他只是一针见血地指出了"何至令天下骚动，罢中国甘心夷狄之人乎？"接着就直言道："臣窃为陛下弗取也。"对于如此直白的批评，汉武帝虽然忍住了没加以怪罪，但心里面显然是不快的，所以斥之为"妄发"，汲黯终究还是被武帝免了官。在西汉时代与汲黯个性相近，同为忠直切谏之臣的，还有后来的刘向、谷永及王嘉诸人。他们上书于皇帝的谏辞，也多有着简明、朴直而富于忠切之意的特点。就以王嘉而言，《汉书·王嘉传》（卷八六）记载王嘉任丞相之时，向汉哀帝上书直谏，劝其勿要过分宠任董贤之事曰：

会祖母傅太后薨，上因托傅太后遗诏。令成帝母王太后下丞相、御史，益封贤二千户，及赐孔乡侯、汝昌侯、阳新侯国。嘉封还诏书，因奏封事谏上及太后曰："臣闻爵禄土地，天之有也。《书》云：'天命有德，五服五章哉！'王者代天爵人，尤宜慎之。裂地而封，不得其宜，则众庶不服，感动阴阳，其害疾自深。今圣体久不平，此臣嘉所内惧也。高安侯贤，佞幸之臣，陛下倾爵位以贵之，单货财以富之，损至尊以宠之，主威已黜，府藏已竭，唯恐不足。财皆民力所为，孝文皇帝欲起露台，重百金之费，克己不作。今贤散公赋以施私惠，一家至受千金，往古以来贵臣未尝有此，流闻四方，皆同怨之。里谚曰：'千人所指，无病而死。'臣常为之寒心。今太皇太后以永信太后遗诏，诏丞相、御史益贤户，赐三侯国，臣嘉窃惑。山崩地动，日食于三朝，皆阴侵阳之戒也。前贤已再封，晏、商再易邑，业缘私横求，恩已过厚，求索自恣，不知厌足，甚伤尊尊之义，不可以示天下，为害痛矣！臣骄侵罔，阴阳失节，气感相动，害及身体。陛下寝疾久不平，继嗣未立，宜思正万事，顺天人之心，以求福晁，奈何轻身肆意，不念高祖之勤苦垂立制度欲传之于无穷哉！《孝经》曰：'天子有争臣七人，虽无道，不失其天下。'臣谨封上诏书，不敢露见，非爱死而不自法，恐天下闻之，故不敢自劾。愚戆数犯忌讳，唯陛下省察。"

平心而论，汉哀帝在中国历史上也算不得有多么残暴，但他在位之时施政有两大弊端：一为重用外戚丁氏、傅氏；二为过分宠幸董贤。西汉后期朝政日非，人心离散，政权亦为王莽所篡夺，与哀帝之此种以私宠乱朝政的举措应有莫大之关系，但他自己却溺于私宠而不能自拔。于他而言，董贤可谓是一个别人不能说三道四的禁忌，如果有谁触碰了这个"雷区"，他就会不自禁地恼怒。面对此种情势，王嘉也不是不知道直言董贤之事的危险，但他仍然秉持着士大夫的高尚节操以及为国为民的一腔热忱，再三上书切谏哀帝，奉劝其不要过分宠信重用这个没有什么能力和才华的弄臣董贤。这些毫无避忌的直言自然而然地招致了哀帝的愤恨，最终给自己带来了杀身之祸。从王嘉的谏疏，我们正可以看出不曲饰迎合、不避时忌、坦然直陈正是谏议之辞的一个根本性的特征。这种鲠直、简要的风格，我们在东汉时代的著名谏臣杨震、李固、陈蕃等"清流"人士的奏疏之中亦可时时看到。由于前文已引述了他们的几篇代表性的谏文，故此处就不再赘述了。

相对于谏议之辞而言，先秦两汉时代的游说之辞则呈现出了另外一种风格。如前文已述及的，此时大部分的游说之士们所追求的并不是所游说的国君的国家与人民的公共利益，而是自己个人的功名利禄或自己所代表的某个集团的私自的利益。为了说动人主，使之满足自己的私欲，游说者们必须通过刻苦的训练和学习来获取过人的口才、修饰辞藻的能力以及广博的学识；同时，他们还务必拥有在面对君主时的充分的自信与胆量、潇洒的气度。游说者们的这些气质则使得他们的文辞具有了丰赡畅达的辞藻、华美动人的文采和充分的感染说服力。同时，由于游说者们的用意不在求公义而在谋私利，故其进言之时大多会用心揣摩君主的心理，以一些浮华、夸张、动听的虚诈之辞来迎合打动君主，以使得君主对自己言听计从。故此，这时候的游说之辞又多半显得华而不实，甚至可算是诡辩之辞。从战国时代的苏秦、张仪诸人以及汉代初年的郦食其、陆贾、蒯通等人的游说之辞，我们可以看出这时候的游说文辞既富于文采感染力，又多半华而不实的特征。

就以战国时代提倡"合纵"的游说家苏秦而言，苏秦之所以能成为当时天下闻名的辩说之士，说动诸侯，佩六国相印，声名传遍天下，其中一个重要的原因，即在于其游说之文辞精彩而富于说服力。苏秦游说之辞的说服力，主要体现在其善用排比的句式及夸张的言辞等几个方面。譬如，《史记·苏秦列传》（卷六九）中所记载的苏秦游说赵肃侯之辞曰：

……窃为君计者，莫若安民无事，且无庸有事於民也。安民之本，在於择交，择交而得则民安，择交而不得则民终身不安。请言外患：齐秦为两敌而民不得安，倚秦攻齐而民不得安，倚齐攻秦而民不得安。故夫谋人之主，伐人之国，常苦出辞断绝人之交也。原君慎勿出於口。请别白黑所以异，阴阳而已矣。君诚能听臣，燕必致旃裘狗马之地，齐必致鱼盐之海，楚必致橘柚之园，韩、魏、中山皆可使致汤沐之奉，而贵戚父兄皆可以受封侯。夫割地包利，五伯之所以覆军禽将而求也；封侯贵戚，汤武之所以放弑而争也。今君高拱而两有之，此臣之所以为君原也。……当今之时，山东之建国莫强於赵。赵地方二千馀里，带甲数十万，车千乘，骑万匹，粟支数年。西有常山，南有河漳，东有清河，北有燕国。燕固弱国，不足畏也。秦之所害於天下者莫如赵，然而秦不敢举兵伐赵者，何也？畏韩、魏之议其後也。然则韩、魏，赵之南蔽也。秦之攻韩、魏也，无有名山大川之限，稍蚕食之，傅国都而止。韩、魏不能支秦，必入臣於秦。秦无韩、魏之规，则祸必中於赵矣。此臣之所为君患也。……臣闻明主绝疑去谗，屏流言之迹，塞朋党之门，故尊主广地彊兵之计臣得陈忠於前矣。故窃为大王计，莫如一韩、魏、齐、楚、燕、赵以从亲，以畔秦。令天下之将相会於洹水之上，通质，刳白马而盟。要约曰：'秦攻楚，齐、魏各出锐师以佐之，韩绝其粮道，赵涉河漳，燕守常山之北。秦攻韩魏，则楚绝其后，齐出锐师而佐之，赵涉河漳，燕守云中。秦攻齐，则楚绝其后，韩守城皋，魏塞其道，赵涉河漳、博关，燕出锐师以佐之。秦攻燕，则赵守常山，楚军武关，齐涉勃海，韩、魏皆出锐师以佐之。秦攻赵，则韩军宜阳，楚军武关，魏军河外，齐涉清河，燕出锐师以佐之。诸侯有不如约者，以五国之兵共伐之。'六国从亲以宾秦，则秦甲必不敢出於函谷以害山东矣。如此，则霸王之业成矣。

其上诸段文字述赵国称霸天下之优厚资源，以及秦国攻六国，六国合纵以抗击秦国之计策，其辞句大多数为排比之句式，读来让人觉得不仅层次分明、条理明晰、辞气畅达，而且，辞句的重迭反复，对加强感情、突出游说者的思想重点有着明显的效果。又，本传中所载录的苏秦游说韩宣王、魏襄王及齐宣王之辞，鲜明地体现了其说辞富于夸张、藻饰的特征。如苏秦游说魏襄王之辞曰：

大王之地，南有鸿沟、陈、汝南、许、鄢、昆阳、召陵、舞阳、新都、新郪，东有淮、颍、煮枣、无胥，西有长城之界，北有河外、卷、衍、酸枣，地方千里。地名虽小，然而田舍庐庑之数，曾无所刍牧。人民之众，车马之多，日夜行不绝，輷輷殷殷，若有三军之众。臣窃量大王之国不下楚。然衡人怵王交强虎狼之秦以侵天下，卒有秦患，不顾其祸。夫挟强秦之势以内劫其主，罪无过此者。魏，天下之强国也；王，天下之贤王也。今乃有意西面而事秦，称东藩，筑帝宫，受冠带，祠春秋，臣窃为大王耻之。臣闻越王句践战敝卒三千人，禽夫差於干遂；武王卒三千人，革车三百乘，制纣於牧野：岂其士卒众哉，诚能奋其威也。今窃闻大王之卒，武士二十万，苍头二十万，奋击二十万，厮徒十万，车六百乘，骑五千匹。此其过越王句践、武王远矣，今乃听於群臣之说而欲臣事秦。夫事秦必割地以效实，故兵未用而国已亏矣。凡群臣之言事秦者，皆奸人，非忠臣也。夫为人臣，割其主之地以求外交，偷取一时之功而不顾其后，破公家而成私门，外挟强秦之势以内劫其主，以求割地，原大王孰察之。

又，苏秦游说齐宣王之辞曰：

齐南有泰山，东有琅邪，西有清河，北有勃海，北所谓四塞之国也。齐地方二千馀里，带甲数十万，粟如丘山。三军之良，五家之兵，进如锋矢，战如雷霆，解如风雨。即有军役，未尝倍泰山，绝清河，涉勃海也。临菑之中七万户，臣窃度之，不下户三男子，三七二十一万，不待发於远县，而临菑之卒固已二十一万矣。临菑甚富而实，其民无不吹竽鼓瑟，弹琴击筑，斗鸡走狗，六博蹋鞠者。临菑之涂，车毂击，人肩摩，连衽成帷，举袂成幕，挥汗成雨，家殷人足，志高气扬。夫以大王之贤与齐之强，天下莫能当。今乃西面而事秦，臣窃为大王羞之。……

按苏秦所处的时代，韩国、魏国由于受到秦国的侵略，国力已大为削损，其军事实力与综合国力已无法与秦国相抗。但在苏秦的口中，这两个国家的军事实力依然十分强大，同时又有着山河之险，地势之利，是完全可以"奋其威"，联合起来抗秦的。鉴之于史实，苏秦之言自然是有着虚诈、夸张的成分了。同时，在其游说齐宣王的文辞中，我们又可见到"连衽成帷、举袂成幕、挥汗成雨"诸言语。这些富于文采的语句，自然也带有明显的想象、夸张的意味。自然，这些夸大、虚饰之辞，对鼓舞韩、魏、齐三国的国君，使之振作起来，信从苏秦所提出的合纵抗秦之说，是有着相当强的感染力与说服力的。

与苏秦同时代的，还有一个因提倡"连横"而闻名于世的游说之士张仪。他之所以能像苏秦那样说动人主，谋求功名富贵，并长期在秦国及魏国担任相国，其主要原因则与苏秦类似，即亦擅长于以精彩而富于感染力的游说之辞来说服君主。张仪游说之辞的说服力，亦主要体现在其善用夸饰之辞句、比喻之手法诸方面。他以这类虚张声势而精彩动人的言辞极力夸耀秦国军力的强盛、势不可挡，以及关东六国实力之弱小，以对关东六国的君主起到恐吓的效果，从而实现其主张的连横之约。如《史记·张仪列传》（卷七〇）中所载的张仪游说韩王屈服于秦国的说辞，即充分地表明了这一特点：

韩地险恶山居，五穀所生，非菽而麦，民之食大抵菽藿羹。一岁不收，收不餍糟。地不过九百里，无二岁之食。料大王之卒，悉之不过三十万，而厮徒负养在其中矣。除守徼亭鄣塞，见卒不过二十万而已矣。秦带甲百馀万，车千乘，骑万匹，虎贲之士跿跔科头贯颐奋戟者，至不可胜计。秦马之良，戎兵之众，探前趹後蹄间三寻腾者，不可胜数。山东之士被甲蒙胄以会战，秦人捐甲徒裼以趋敌，左挈人头，右挟生虏。夫秦卒与山东之卒，犹孟贲之与怯夫；以重力相压，犹乌获之与婴兒。夫战孟贲、乌获之士以攻不服之弱国，无异垂千钧之重於鸟卵之上，必无幸矣。……大王不事秦，秦下甲据宜阳，断韩之上地，东取成皋、荥阳,则鸿台之宫、桑林之苑非王之有也。夫塞成皋,绝上地,则王之国分矣。先事秦则安,不事秦则危。夫造祸而求其福报,计浅而怨深,逆秦而顺楚,虽欲毋亡,不可得也。

除了苏秦、张仪这类纵横之士,战国时代其他的一些大臣或名士们游说君主的言辞,亦多富于文采和说服力。如《战国策·楚策四》(卷十七)所载的"庄辛说楚襄王"之事曰:

庄辛谓楚襄王曰……庄辛对曰:"臣闻鄙语曰'见兔而顾犬,未为晚也;亡羊而补牢,未为迟也。'臣闻昔汤、武以百里昌,桀、纣以天下亡。今楚国虽小,绝长续短,犹以数千里,岂特百里哉!王独不见夫蜻蛉乎?六足四翼,飞翔乎天地之间,俯啄蚊虻而食之,仰承甘露而饮之,自以为无患,与人无争也。不知夫五尺童子,方将调饴胶丝,加己乎四仞之上,而下为蝼蚁食也。蜻蛉其小者也,黄雀因是以!俯啄白粒,仰栖茂树,鼓翅奋翼,自以为无患,与人无争也。不知夫公子王孙,左挟弹,右摄丸,将加己乎十仞之上,以其类为招,昼游乎茂树,夕调乎酸咸。倏忽之间,坠于公子之手。夫黄雀其小者也,黄鹄因是以。游于江海,淹乎大沼,俯噣鳝鲤,仰啮菱衡,奋其六翮,而凌清风,飘摇乎高翔,自以为无患,与人无争也。不知夫射者方将修其碆卢,治其缯缴,将加己乎百仞之上,被(石监 石番),引微缴,折清风而抎矣。故昼游乎江湖,夕调乎鼎鼐。夫黄鹄其小者也,蔡圣侯之事因是以。南游乎高陂,北陵乎巫山,饮茹溪之流,食湘波之鱼,左抱幼妾,右拥嬖女,与之驰骋乎高蔡之中,而不以国家为事。不知夫子发方受命乎宣王,系己以朱丝而见之也。蔡圣侯之事,其小也,君王之事因是以!左州侯,右夏侯,辇从鄢陵君与寿陵君,饭封禄之粟,而载方府之金,与之驰骋乎云梦之中,而不以天下国家为事。不知夫穰侯方受命乎秦王,填黾塞之内,而投己乎黾塞之外。"

庄辛之游说楚襄王,其意本在劝导楚襄王勿要过分淫逸侈靡,不理朝政,而使秦国有机可乘,侵害楚国。但庄辛也明白楚襄王乃一昏庸糊涂的君主,自己若直言相劝,他未必会听得进去。鉴于此,庄辛即采用了比喻的手法,从蜻蛉谈起,接着是黄雀、黄鹄、蔡圣侯,最后便是楚襄王本人,以说明贪逸侈靡,最终将招致敌国的侵袭的道理。这段说辞,在生动、形象的比喻之外又加上了一层层的罗列、排比,辞气跌宕起伏而又文采流利,不仅是一段成功的游说之辞,而且还可算一篇优美的散文。据此亦可见战国时代的许多说士在言辞、行文方面的修养与才华是颇高的。

与战国时代说士们的文辞相比，秦末汉初之际涌现出的诸多说士们的游说之辞，在文采与说服力方面亦未见逊色。如前文曾言及的，这一时期的著名游说之士，有郦食其、蒯通、陆贾诸人。他们奔走各地，游说那些割据一方的诸侯、军阀，往往能取得政治上的显著功绩，其主要依靠的，仍然是自己的三寸不烂之舌。像齐国的著名辩士蒯通，即一位擅长言辞之士。《史记·淮阴侯列传》（卷九二）载记其游说韩信自立而与刘邦、项羽三分天下之事曰：

武涉已去，齐人蒯通知天下权在韩信，欲为奇策而感动之，……蒯通曰："天下初发难也，俊雄豪桀建号壹呼，天下之士云合雾集，鱼鳞襍遝，熛至风起。当此之时，忧在亡秦而已。今楚汉分争，使天下无罪之人肝胆涂地，父子暴骸骨於中野，不可胜数。楚人起彭城，转斗逐北，至於荥阳，乘利席卷，威震天下。然兵困於京、索之间，迫西山而不能进者，三年於此矣。汉王将数十万之众，距巩、雒，阻山河之险，一日数战，无尺寸之功，折北不救，败荥阳，伤成皋，遂走宛、叶之间，此所谓智勇俱困者也。夫锐气挫於险塞，而粮食竭於内府，百姓罢极怨望，容容无所倚。以臣料之，其势非天下之贤圣固不能息天下之祸。当今两主之命县於足下。足下为汉则汉胜，与楚则楚胜。臣原披腹心，输肝胆，效愚计，恐足下不能用也。诚能听臣之计，莫若两利而俱存之，参分天下，鼎足而居，其势莫敢先动。夫以足下之贤圣，有甲兵之众，据强齐，从燕、赵，出空虚之地而制其后，因民之欲，西乡为百姓请命，则天下风走而响应矣，孰敢不听！割大弱强，以立诸侯，诸侯已立，天下服听而归德於齐。案齐之故，有胶、泗之地，怀诸侯以德，深拱揖让，则天下之君王相率而朝於齐矣。盖闻天与弗取，反受其咎；时至不行，反受其殃。原足下孰虑之。"

韩信曰："汉王遇我甚厚，载我以其车，衣我以其衣，食我以其食。吾闻之，乘人之车者载人之患，衣人之衣者怀人之忧，食人之食者死人之事，吾岂可以乡利倍义乎！"蒯生曰："足下自以为善汉王，欲建万世之业，臣窃以为误矣。始常山王、成安君为布衣时，相与为刎颈之交，后争张黡、陈泽之事，二人相怨。常山王背项王，奉项婴头而窜，逃归於汉王。汉王借兵而东下，杀成安君泜水之南，头足异处，卒为天下笑。此二人相与，天下至驩也。然而卒相禽者，何也？患生於多欲而人心难测也。今足下欲行忠信以交於汉王，必不能固於二君之相与也，而事多大於张黡、陈泽。故臣以为足下必汉王之不危己，亦误矣。大夫种、范蠡存亡越，霸句践，立功成名而身死亡。野兽已尽而猎狗亨。夫以交友言之，则不如张耳之与成安君者也；以忠信言之，则不过大夫种、范蠡之於句践也。此二人者，足以观矣。原足下深虑之。且臣闻勇略震主者身危，而功盖天下者不赏。臣请言大王功略：足下涉西河，虏魏王，禽夏说，引兵下井陉，诛成安君，徇赵，胁燕，定齐，南摧楚人之兵二十万，东杀龙且，西乡以报，此所谓功无二於天下，而略不世出者也。今足下戴震主之威，挟不赏之功，归楚，楚人不信；归汉，汉人震恐：足下欲持是安归乎？夫势在人臣之位而有震主之威，名高天下，窃为足下危之。"韩信谢曰："先生且休矣，吾将念之。"

由上述之语，可见蒯通说辞的几大特征，其一乃长于说理。他细致地分析了在当时的政治、军事形势下，项羽与刘邦谁能取得最后胜利乃是由韩信的倾向所决定的，同时，刘邦虽一手提拔韩信到了诸侯的地位，但他也并非全然可信。这些分析皆是入情入理，头头是道的。其二即善于运用排比的句式，以增强语言的节奏感与气势，使自己所言更富于文采及感染力。如"楚人起彭城……汉王将数十万之众……与楚则楚胜。"又比如"臣请言大王功略……足下欲持是安归乎？"这类语句，皆是善用排比句式的体现。其三，蒯通熟悉历史典故，并且擅长拿历史的事例来与当前的政治情势做比较，即所谓"借古喻今"。譬如他以常山王张耳与成安君陈馀之关系及文种、范蠡与越王勾践的关系来说明人心难测、功高震主、兔死狗烹的道理，亦极具有说服力。另外，蒯通的说辞，还有着善于运用比喻手法的特点。像《史记·淮阴侯列传》（卷九二）中又记载道：

高祖已从豨军来，至，见信死，且喜且怜之，问："信死亦何言？"吕后曰："信言恨不用蒯通计。"高祖曰："是齐辩士也。"乃诏齐捕蒯通。蒯通至，上曰："若教淮阴侯反乎？"对曰："然，臣固教之。竖子不用臣之策，故令自夷於此。如彼竖子用臣之计，陛下安得而夷之乎！"上怒曰："亨之。"通曰："嗟乎，冤哉亨也！"上曰："若教韩信反，何冤？"对曰："秦之纲绝而维弛，山东大扰，异姓并起，英俊乌集。秦失其鹿，天下共逐之，於是高材疾足者先得焉。蹠之狗吠尧，尧非不仁，狗因吠非其主。当是时，臣唯独知韩信，非知陛下也。且天下锐精持锋欲为陛下所为者甚众，顾力不能耳。又可尽亨之邪？"高帝曰："置之。"乃释通之罪。

眼看着就要被刘邦抓来烹杀，蒯通乃借用来了"跖犬吠尧"以及"逐鹿"的比喻，使刘邦改变心意而放了他，足见蒯通反应机敏而能言善辩。虽然韩信最终没能采纳蒯通的说辞，蒯通也没能在政治上获得多大的作为，但他仍不失为秦末汉初的一位出类拔萃的辩说之士。从他口中道出的"兔死狗烹""功高震主""跖犬吠尧"等成语，亦为后世人们反复引用，其中所蕴含的政治经验与智慧也给了后人们诸多的启迪。

（二）先秦两汉时代谏议与游说的近似之处

谏议与游说虽然在性质、目的与文辞风格上有诸多明显的不同。但由于二者皆是以某种言论的方式来谋求政治效果之行为，故而在有些时候，二者所关注的内容及表现的形式也有互为近似之处。大体上表现为以下两点：

第一，就所关注的内容而言，谏议与游说皆以国家政治上的事务为首要的对象，体现出一种浓郁的政治性。在先秦两汉时代，所谓的国家政治上的重要事务主要包括了人事、经济、军事、外交、诸侯以及外戚等诸方面的行政管理事务。而这几个方面均是谏议之臣与游说之士们所共同关注的对象。

就以国家行政管理事务中的一个重要环节——外交事务为例，不论是谏议之臣，还是游说之士，对之均极为在意。战国时代的著名游说之士如苏秦、张仪、公孙衍、苏代、陈轸以及汉代初年的郦食其、随何、陆贾诸人，其实皆是非常出色的外交家。如苏张之徒所着力提倡的合纵、连横之策，本来就是处理国家外交事务的一些重要主张。所谓"合纵"者，即是主张联合关东六国，以共同对抗实力强大，有强烈的侵略欲望的秦国。此种主张的主要代表为苏秦。所谓的"连横"，则是令关东六国各自与秦国交好，并臣服于秦国，尽量讨好秦国，使之别来侵吞自己的领土。当然，这种主张的实质乃在于离间关东六国之关系，便于秦国对之各个击破。它的主要代表则是张仪。当然，战国时代，除了苏秦、张仪之外，还有一些著名的游说之士如陈轸、公孙衍（犀首）诸辈，他们的游说活动，亦主要是为外交事务服务的。如《史记·张仪列传》（卷七〇）之中，即记载了陈轸为秦惠王出谋划策应对韩与魏互相攻伐的情形之事：

韩魏相攻，期年不解。秦惠王欲救之，问於左右。左右或曰救之便，或曰勿救便，惠王未能为之决。陈轸适至秦，惠王曰："子去寡人之楚，亦思寡人不？"陈轸对曰："王闻夫越人庄舄乎？"王曰："不闻。"曰："越人庄舄仕楚执珪，有顷而病。楚王曰：'舄故越之鄙细人也，今仕楚执珪，贵富矣，亦思越不？'中谢对曰：'凡人之思故，在其病也。彼思越则越声，不思越则楚声。'使人往听之，犹尚越声也。今臣虽弃逐之楚，岂能无秦声哉！"惠王曰："善。今韩魏相攻，期年不解，或谓寡人救之便，或曰勿救便，寡人不能决，原子为子主计之馀，为寡人计之。"陈轸对曰："亦尝有以夫卞庄子刺虎闻於王者乎？庄子欲刺虎，馆竖子止之，曰：'两虎方且食牛，食甘必争，争则必斗，斗则大者伤，小者死，从伤而刺之，一举必有双虎之名。'卞庄子以为然，立须之。有顷，两虎果斗，大者伤，小者死。庄子从伤者而刺之，一举果有双虎之功。今韩魏相攻，期年不解，是必大国伤，小国亡，从伤而伐之，一举必有两实。此犹庄子刺虎之类也。臣主与王何异也。"惠王曰："善。"卒弗救。大国果伤，小国亡，秦兴兵而伐，大剋之。此陈轸之计也。

陈轸之意，即在韩魏互相攻战之际，秦国可以坐视不理。待两国皆因攻战实力削弱之际，再分别发兵讨伐之，可一举而克两国。这一"卞庄子刺虎"之计正是外交上的一着妙棋。同类的，公孙衍游说义渠君，使之把握时机袭击秦国，也体现了其在外交方面的高超手腕。《史记·张仪列传》（卷七〇）记曰：

义渠君朝於魏。犀首闻张仪复相秦，害之。犀首乃谓义渠君曰："道远不得复过，请谒事情。"曰："中国无事，秦得烧掇焚杅君之国；有事，秦将轻使重币事君之国。"其后五国伐秦。会陈轸谓秦王曰："义渠君者，蛮夷之贤君也，不如赂之以抚其志。"秦王曰："善。"乃以文绣千纯，妇女百人遗义渠君。义渠君致群臣而谋曰："此公孙衍所谓邪？"乃起兵袭秦，大败秦人李伯之下。

到了秦末汉初之际，如郦食其、随何、陆贾等游说之士亦多同时兼有着外交家的身份。如郦食其游说齐王田广降汉，随何游说九江王英布反楚降汉，皆可谓汉王刘邦在外交方面所取得的重大突破。汉朝建政之初，高祖刘邦派遣陆贾出使南越，并说服南越王尉佗归附臣服于汉朝，亦体现了说士陆贾在外交方面的卓越才干。《史记·陆贾列传》（卷九七）记曰：

及高祖时，中国初定，尉他平南越，因王之。高祖使陆贾赐尉他印为南越王。陆生至，尉他魋结箕倨见陆生。陆生因进说他曰："足下中国人，亲戚昆弟坟在真定。今足下反天性，弃冠带，欲以区区之越与天子抗衡为敌国，祸且及身矣。且夫秦失其政，诸侯豪桀并起，唯汉王先入关，据咸阳。项羽倍约，自立为西楚霸王，诸侯皆属，可谓至强。然汉王起巴蜀，鞭笞天下，劫略诸侯，遂诛项羽灭之。五年之间，海内平定，此非人力，天之所建也。天子闻君王王南越，不助天下诛暴逆，将相欲移兵而诛王，天子怜百姓新劳苦，故且休之，遣臣授君王印，剖符通使。君王宜郊迎，北面称臣，乃欲以新造未集之越，屈强於此。汉诚闻之，掘烧王先人冢，夷灭宗族，使一偏将将十万众临越，则越杀王降汉，如反覆手耳。"於是尉他乃蹶然起坐，谢陆生曰："居蛮夷中久，殊失礼义。"因问陆生曰："我孰与萧何、曹参、韩信贤？"陆生曰："王似贤。"复曰："我孰与皇帝贤？"陆生曰："皇帝起丰沛，讨暴秦，诛彊楚，为天下兴利除害，继五帝三王之业，统理中国。中国之人以亿计，地方万里，居天下之膏腴，人众车舆，万物殷富，政由一家，自天地剖泮未始有也。今王众不过数十万，皆蛮夷，崎岖山海间，譬若汉一郡，王何乃比於汉！"尉他大笑曰："吾不起中国,故王此。使我居中国,何渠不若汉?"乃大说陆生,留与饮数月。曰:"越中无足与语,至生来,令我日闻所不闻。"赐陆生橐中装直千金,他送亦千金。陆生卒拜尉他为南越王,令称臣奉汉约。归报,高祖大悦,拜贾为太中大夫。

对于许多先秦两汉时代的谏臣而言,外交事务亦是一政治上需要关注的重要对象。这一段时期的谏议文辞,有许多皆与外交有关系。如《国语·周语上》记录的"祭公谏穆王征犬戎"之事:

穆王将征犬戎,祭公谋父谏曰:"不可。先王耀德不观兵。夫兵戢而时动,动则威,观则玩,玩则无震。是故周文公之颂曰:'载戢干戈,载橐弓矢。我求懿德,肆于时夏,允王保之。'先王之于民也,懋正其德而厚其性,阜其财求而利其器用,明利害之乡,以文修之,使务利而避害,怀德而畏威,故能保世以滋大。昔我先王世后稷,以服事虞、夏。及夏之衰也,弃稷不务,我先王不窋用失其官,而自窜于戎、狄之间,不敢怠业,时序其德,纂修其绪,修其训典,朝夕恪勤,守以敦笃,奉以忠信,奕世载德,不忝前人。至于武王,昭前之光明而加之以慈和,事神保民,莫弗欣喜。商王帝辛,大恶于民。庶民不忍,欣戴武王,以致戎于商牧。是先王非务武也,勤恤民隐而除其害也。夫先王之制,邦内甸服,邦外侯服,侯、卫宾服,蛮、夷要服,戎、狄荒服。甸服者祭,侯服者祀,宾服者享,要服者贡,荒服者王。日祭、月祀、时享、岁贡、终王,先王之训也。有不祭则修意,有不祀则修言,有不享则修文,有不贡则修名,有不王则修德,序成而有不至则修刑。于是乎有刑不祭,伐不祀,征不享,让不贡,告不王。于是乎有刑罚之辟,有攻伐之兵,有征讨之备,有威让之令,有文告之辞。布令陈辞而又不至,则增修于德而无勤民于远,是以近无不听,远无不服。今自大毕、伯士之终也,犬戎氏以其职来王。天子曰:'予必以不享征之,且观之兵。'其无乃废先王之训而王几顿乎!吾闻夫犬戎树惇,帅旧德而守终纯固,其有以御我矣!"王不听,遂征之,得四白狼,四白鹿以归。自是荒服者不至。

祭公向周穆王系统地阐述了周代政治制度对于不同地区人民的礼仪要求,认为属于"荒服"的犬戎并没有违失礼仪的举动,穆王贸然兴兵伐之,是自己违背了礼仪,在道义上是过不去的。这里,祭公在进谏时所关注的,则明显地属于外交(与犬戎的关系)方面的事务了。到了汉代,这种国君不可随意兴兵向外讨伐的思维在相当一部分谏臣那里依然存在。故而他们向皇帝进谏,也多涉及外交关系。如《史记·刘敬列传》(卷九九)即记载了汉代初年刘敬谏高祖刘邦不要轻易讨伐匈奴之事：

汉七年，韩王信反，高帝自往击之。至晋阳，闻信与匈奴欲共击汉，上大怒，使人使匈奴。匈奴匿其壮士肥牛马，但见老弱及羸畜。使者十辈来，皆言匈奴可击。上使刘敬复往使匈奴，还报曰："两国相击，此宜夸矜见所长。今臣往，徒见羸瘠老弱，此必欲见短，伏奇兵以争利。愚以为匈奴不可击也。"是时汉兵已逾句注，二十余万兵已业行。上怒，骂刘敬曰："齐虏！以口舌得官，今乃妄言沮吾军。"械系敬广武。遂往，至平城，匈奴果出奇兵围高帝白登，七日然后得解。高帝至广武，赦敬，曰："吾不用公言，以困平城。吾皆已斩前使十辈言可击者矣。"乃封敬二千户，为关内侯，号为建信侯。

到了汉武帝时代，武帝又大规模兴兵北伐匈奴。对于他的这种擅自挑起战争的举动，当时也有不少大臣上书予以谏阻。如《史记·平津侯主父列传》（卷一百十二）记载主父偃上书武帝劝谏其勿要轻易讨伐匈奴之事曰：

司马法曰："国虽大，好战必亡；天下虽平，忘战必危。"天下既平，天子大凯，春蒐秋狝，诸侯春振旅，秋治兵，所以不忘战也。且夫怒者逆德也，兵者凶器也，争者末节也。古之人君一怒必伏尸流血，故圣王重行之。夫务战胜穷武事者，未有不悔者也。昔秦皇帝任战胜之威，蚕食天下，并吞战国，海内为一，功齐三代。务胜不休，欲攻匈奴……遂使蒙恬将兵攻胡，辟地千里，以河为境。地固泽卤，不生五谷。然后发天下丁男以守北河。暴兵露师十有余年，死者不可胜数，终不能逾河而北。是岂人众不足，兵革不备哉？其势不可也。又使天下蜚刍挽粟，起於黄、腄、琅邪负海之郡，转输北河，率三十锺而致一石。男子疾耕不足於粮饷，女子纺绩不足於帷幕。百姓靡敝，孤寡老弱不能相养，道路死者相望，盖天下始畔秦也。

及至高皇帝定天下，略地於边，闻匈奴聚於代谷之外而欲击之。御史成进谏曰："不可。夫匈奴之性，兽聚而鸟散，从之如搏影。今以陛下盛德攻匈奴，臣窃危之。"高帝不听，遂北至於代谷，果有平城之围。高皇帝盖悔之甚，乃使刘敬往结和亲之约，然后天下忘干戈之事。故兵法曰"兴师十万，日费千金"。夫秦常积众暴兵数十万人，虽有覆军杀将系虏单于之功，亦适足以结怨深雠，不足以偿天下之费。夫上虚府库，下敝百姓，甘心於外国，非完事也。夫匈奴难得而制，非一世也。行盗侵驱，所以为业也，天性固然。上及虞夏殷周，固弗程督，禽兽畜之，不属为人。夫上不观虞夏殷周之统，而下近世之失，此臣之所大忧，百姓之所疾苦也。且夫兵久则变生，事苦则虑易。乃使边境之民弊靡愁苦而有离心，将吏相疑而外市，故尉佗、章邯得以成其私也。夫秦政之所以不行者，权分乎二子，此得失之效也。故周书曰"安危在出令，存亡在所用"。原陛下详察之，少加意而熟虑焉。

武帝虽然在后来并未接纳主父偃的谏言，仍大肆发兵北伐匈奴，但他对于主父偃的此番谏言倒是甚为欣赏的，并且还因之而拜主父偃为郎中。可见，在汉代，外交事务仍为大臣们进谏的一个重要主题。除了外交事务，国家政治事务中的另一个关键性的部分——军事亦是游说之士与谏臣们共同关注的对象。例如，《左传·僖公五年》记载了宫之奇谏假道之事云：

晋侯复假道于虞以伐虢。宫之奇谏曰："虢，虞之表也。虢亡，虞必从之。晋不可启，寇不可玩，一之谓甚，其可再乎？谚所谓'辅车相依，唇亡齿寒'者，其虞、虢之谓也。"公曰："晋，吾宗也，岂害我哉？"对曰：大伯、虞仲，大王之昭也。大伯不从，是以不嗣。虢仲、虢叔，王季之穆也，为文王卿士，勋在王室，藏于盟府。将虢是灭，何爱于虞？且虞能亲于桓、庄乎，其爱之也？桓、庄之族何罪，而以为戮，不唯逼乎？亲以宠逼，犹尚害之，况以国乎？"公曰："吾享祀丰洁，神必据我。"对曰："臣闻之，鬼神非人实亲，惟德是依。故《周书》曰：'皇天无亲，惟德是辅。'又曰：'黍稷非馨，明德惟馨。'又曰：'民不易物，惟德繄物。'如是，则非德，民不和，神不享矣。神所冯依，将在德矣。若晋取虞而明德以荐馨香，神其吐之乎？"弗听，许晋使。宫之奇以其族行，曰："虞不腊矣，在此行也，晋不更举矣。"……冬十二月丙子朔，晋灭虢，虢公丑奔京师。师还，馆于虞，遂袭虞，灭之，执虞公及其大夫井伯，以媵秦穆姬。而修虞祀，且归其职贡于王。

宫之奇乃虞国的大夫，在知道了虞公接受晋献公借道伐虢国的建议后，随即向虞公进谏，鲜明地指出了"虢亡，虞必从之"的"唇亡齿寒"的道理，希望虞公能明智地拒绝晋献公。这里，宫之奇所主要关注的，乃是晋国与虞国、虢国之间的攻伐征战的问题。这一问题,亦是游说之士们极为关注的。像《左传·僖公三十年》所记载的郑国大夫烛之武说退秦师之事曰：

九月甲午，晋侯、秦伯围郑，以其无礼于晋，且贰于楚也。晋军函陵，秦军汜南。佚之狐言于郑伯曰："国危矣，若使烛之武见秦君，师必退。"公从之。辞曰："臣之壮也，犹不如人，今老矣，无能为也已。"公曰："吾不能早用子，今急而求子，是寡人之过也。然郑亡，子亦有不利焉。"许之，夜缒而出，见秦伯，曰："秦、晋围郑，郑既知亡矣。若亡郑而有益于君，敢以烦执事。越国以鄙远，君知其难也，焉用亡郑以陪邻。邻之厚，君之薄也。若舍郑以为东道主，行李之往来，共其乏困，君亦无所害。且君尝为晋君赐矣，许君焦、瑕，朝济而夕设版焉，君之所知也。夫晋何厌之有？既东封郑，又欲肆其西封，不阙秦，将焉取之？阙秦以利晋，唯君图之。"秦伯说，与郑人盟，使杞子、逢孙、扬孙戍之，乃还。

烛之武说服秦穆公而使之退兵的事件，可谓春秋时代一次著名的游说事件。面对秦晋两大强国的合围，弱小的郑国危在旦夕。身为郑国大夫的烛之武为了拯救国家，来到秦军营中游说秦穆公，离间秦晋二国之关系。他的理由很充分：秦与郑二国并不接壤，郑亡，国土自然全部归于晋国，秦国捞不到什么好处；另外，晋国对于秦国也有过不讲信用，忘恩负义的行径，秦国又何必一力地帮助晋国呢？这番说辞说服了秦穆公，便不顾晋国而单方面退了兵。晋国君臣眼看秦军退兵，自己也只好撤兵了。从此，秦晋之间乃出现了矛盾，导致了后来的殽之战，而郑国则凭此得到了保全。烛之武的这番游说，也充分表明了游说之士们对于战争、军事的高度关注。到了后来的战国时代，年年征战，如苏秦、张仪、犀首等纵横游说之士，在游说列国诸侯之时也常常表达了自己对于战争、军事的注意与重视，由于前文已多有引述，此处就不再赘言了。

另外，先秦两汉时代中央朝廷所要面对的另一项重要政治事务——封建诸侯之事，亦是当时的谏臣与说士们所共同关注的一个问题。先秦时代为典型的实行分封建国之封建制时代，列国并立，诸侯纷争，封建的事务自然是人们重点注意的问题。到了两汉时代，虽主要实行的是大一统的中央集权制度，但在西汉前期，大致上仍是实行的"郡国并存"的封建与集权共存的制度，因此，当时的谏臣与说士们，对于分封诸侯之事仍然有所关注。如《史记·袁盎传》（卷一〇一）记录了文景时代的名臣袁盎曾因淮南厉王之事，数度向汉文帝进谏之事：

淮南厉王朝，杀辟阳侯，居处骄甚。袁盎谏曰："诸侯大骄必生患，可适削地。"上弗用。淮南王益横。及棘蒲侯柴武太子谋反事觉，治，连淮南王，淮南王徵，上因迁之蜀，轞车传送。袁盎时为中郎将，乃谏曰："陛下素骄淮南王，弗稍禁，以至此，今又暴摧折之。淮南王为人刚，如有遇雾露行道死，陛下竟为以天下之大弗能容，有杀弟之名，柰何？"上弗听，遂行之。淮南王至雍，病死，闻，上辍食，哭甚哀。盎入，顿首请罪。上曰："以不用公言至此。"盎曰："上自宽，此往事，岂可悔哉！且陛下有高世之行者三，此不足以毁名。"上曰："吾高世行三者何事？"盎曰："陛下居代时，太后尝病，三年，陛下不交睫，不解衣，汤药非陛下口所尝弗进。夫曾参以布衣犹难之，今陛下亲以王者脩之，过曾参孝远矣。夫诸吕用事，大臣专制，然陛下从代乘六传驰不测之渊，虽贲育之勇不及陛下。陛下至代邸，西向让天子位者再，南面让天子位者三。夫许由一让，而陛下五以天下让，过许由四矣。且陛下迁淮南王，欲以苦其志，使改过，有司卫不谨，故病死。"於是上乃解，曰："将奈何？"盎曰："淮南王有三子，唯在陛下耳。"於是文帝立其三子皆为王。盎由此名重朝廷。

袁盎在劝谏之中，以为文帝对于诸侯一方面不应该太过于骄纵，放任其任性胡来，一方面也不应该压抑过甚，而令其难于忍受。这种"持中"的态度，正体现了谏臣袁盎对于汉代初年封建诸侯问题的关注。与之类似的，当时也有不少的大臣、名士亦曾因诸侯的事务来游说当权者，亦达成自己在政治上的某些期望。例如在汉景帝、武帝时代的名臣韩安国，即曾为了梁孝王而游说景帝时的大长公主及太后。《史记·韩长孺列传》（卷一〇八）记载其事曰：

梁孝王，景帝母弟，窦太后爱之，令得自请置相、二千石，出入游戏，僭於天子。天子闻之，心弗善也。太后知帝不善，乃怒梁使者，弗见，案责王所为。韩安国为梁使，见大长公主而泣曰："何梁王为人子之孝，为人臣之忠，太后曾弗省也？夫前日吴、楚、齐、赵七国反时，自关以东皆合从西乡，惟梁最亲为艰难。梁王念太后、帝在中，而诸侯扰乱，一言泣数行下，跪送臣等六人，将兵击卻吴楚，吴楚以故兵不敢西，而卒破亡，梁王之力也。今太后以小节苛礼责望梁王。梁王父兄皆帝王，所见者大，故出称跸，入言警，车旗皆帝所赐也，即欲以侂鄙县，驱驰国中，以夸诸侯，令天下尽知太后、帝爱之也。今梁使来，辄案责之。梁王恐，日夜涕泣思慕，不知所为。何梁王之为子孝，为臣忠，而太后弗恤也？"大长公主具以告太后，太后喜曰："为言之帝。"言之，帝心乃解，而免冠谢太后曰："兄弟不能相教，乃为太后遗忧。"悉见梁使，厚赐之。其后梁王益亲欢。太后、长公主更赐安国可直千馀金。名由此显，结於汉。

韩安国在当时是为梁孝王出使朝廷的使者。那时的形势，是梁孝王与汉景帝这两兄弟之间有了些猜疑与摩擦，身为两人共同母亲的窦太后心中忧念，却不知当如何才好。为了梁孝王的安全与利益，韩安国乃游说为景帝所信任的大长公主，向她说明了梁孝王与景帝之间误会是次要的，兄弟间的亲情方是主要的。韩安国的这番说辞，入情入理、绘声绘色，立刻就说服了公主，跟着又打动了窦太后与景帝，使景帝与梁孝王恢复了以往的亲密关系。同时，韩安国本人也得到了厚赏，以及景帝与太后的重视。可见，汉代善于游说的臣子，对于封建诸侯之事也是甚为在意的。

第二，如前所述，谏议与游说的主要不同处有两点，一点为动机与目的，另一点则为言辞之风格。在大多数情况下，这两点不同都是相当明显的。但是，在某些个别、具体的情况下，谏议与游说的用意、主旨及其言语的风格则呈现出近似、类同和互为模仿的特点。譬如，在一些场合，游说之士们游说当权者的出发点与用意正是为了那位当权者谋求利益。或者说，他的内心里所认可的自我的利益与自己的游说对象的利益是一致的。在这个时候，他的游说就接近乃至等同于谏议。《战国策·赵策四》（卷二一）中所记述的"触龙说赵太后"之事即属于此种情况：

赵太后新用事，秦急攻之。赵氏求救于齐，齐曰："必以长安君为质，兵乃出。"太后不肯，大臣强谏，太后明谓左右："有复言令长安君为质者，老妇必唾其面！"左师触龙言愿见太后，太后盛气而揖之。入而徐趋，至而自谢，曰："老臣病足，曾不能疾走，不得见久矣。窃自恕，而恐太后玉体之有所郄也，故愿望见太后。"太后曰："老妇恃辇而行。"曰："食饮得无衰乎？"曰："恃鬻耳。"曰："老臣今者殊不欲食，乃自强步，日三四里，少益耆食，和于身也。"太后曰："老妇不能。"太后之色少解。左师公曰："老臣贱息舒祺，最少，不肖。而臣衰，窃爱怜之，愿令得补黑衣之数，以卫王宫，没死以闻。"太后曰："敬诺。年几何矣？"对曰："十五岁矣。虽少，愿及未填沟壑而托之。"太后曰："丈夫亦爱怜其少子乎？"对曰："甚于妇人。"太后笑曰："妇人异甚！"对曰："老臣窃以为媪之爱燕后，贤于长安君。"曰："君过矣！不若长安君之甚。"左师公曰："父母之爱子，则为之计深远。媪之送燕后也，持其踵为之泣，念悲其远也，亦哀之矣！已行，非弗思也，祭祀不必祝之，祝曰：'必勿使反。'岂非计久长有子孙相继为王也哉？"太后曰："然。"左师公曰："今三世以前，至于赵之为赵，赵主之子侯者，其继有在者乎？"曰："无有。"曰："微独赵，诸侯有在者乎？"曰："老妇不闻也。""此其近者祸及身，远者及其子孙。岂人主之子孙则必不善哉？位尊而无功，奉厚而无劳，而挟重器多也。今媪尊长安君之位，而封之以膏腴之地，多与之重器，而不及今令有功于国。一旦山陵崩，长安君何以自托于赵？老臣以媪为长安君计短也，故以为其爱不若燕后。"太后曰："诺！恣君之所使之。"于是为长安君约车百乘质于齐，齐兵乃出。

触龙的这篇说辞，从日常的饮食起居说起，层层引入，最后谈到了国家大事，认为太后如果想要长安君长久地保住尊贵的地位，则"多予之重器，而不及今令有功于国。"不仅条理明晰,而且善于揣摩太后的心理,几乎句句都能打动太后,相当富于感染力与说服力,可以称得上是一番成功的游说之辞。探究触龙的内心,他之所以来游说太后,主要还是从赵国的利益出发,以自己的机智与辩才说服了赵太后,使之最终答应派长安君入齐作人质,换来齐国出兵帮助赵国抵抗秦国的入侵。故此,这番说辞,与那些出发点在于向国家与人民尽忠的谏议的性质几乎是一致的。与之类似的,还有茅焦游说秦王嬴政之事。《史记·秦始皇本纪》(卷六)记曰:

己酉,王冠,带剑。长信侯毐作乱而觉,矫王御玺及太后玺以发县卒及卫卒、官骑、戎翟君公、舍人,将欲攻蕲年宫为乱。王知之,令相国昌平君、昌文君发卒攻毐。……毐等败走。即令国中:有生得毐,赐钱百万;杀之,五十万。尽得毐等。卫尉竭、内史肆、佐弋竭、中大夫令齐等二十人皆枭首。车裂以徇,灭其宗。……相国吕不韦坐嫪毐免。……齐人茅焦说秦王曰:"秦方以天下为事,而大王有迁母太后之名,恐诸侯闻之,由此倍秦也。"秦王乃迎太后於雍而入咸阳,复居甘泉宫。

茅焦游说秦王嬴政,使之不要因为嫪毐的叛乱而疏远冷落了太后,其用意自然是为秦王本人的亲情及秦国的利益着想。这一游说事件在汉代刘向所著的《说苑·正谏》之中亦有记载。可见,在许多人心目中,茅焦的游说与谏议其实是可以等同的。同类的情况,还有《史记·淮阴侯列传》(卷九二)当中所记载的在韩信与成安君陈馀作战之前,谋士李左车游说陈馀以奇兵断绝韩信辎重之议:

信与张耳以兵数万,欲东下井陉击赵。赵王、成安君陈馀闻汉且袭之也,聚兵井陉口,号称二十万。广武君李左车说成安君曰:"闻汉将韩信涉西河,虏魏王,禽夏说,新喋血阏与,今乃辅以张耳,议欲下赵,此乘胜而去国远斗,其锋不可当。臣闻千里馈粮,士有饥色,樵苏后爨,师不宿饱。今井陉之道,车不得方轨,骑不得成列,行数百里,其势粮食必在其后。原足下假臣奇兵三万人,从间道绝其辎重;足下深沟高垒,坚营勿与战。彼前不得斗,退不得还,吾奇兵绝其后,使野无所掠,不至十日,而两将之头可致於戏下。原君留意臣之计。否,必为二子所禽矣。"成安君,儒者也,常称义兵不用诈谋奇计,曰:"吾闻兵法十则围之,倍则战。今韩信兵号数万,其实不过数千。能千里而袭我,亦已罢极。今如此避而不击,后有大者,何以加之!则诸侯谓吾怯,而轻来伐我。"不听广武君策,广武君策不用。

虽然后来陈馀没有采用李左车的计谋，导致了兵败身死的结局，但李左车的此番游说，无疑体现了他对于陈馀是一片忠诚的。因此，李左车的这番说辞，其性质与谏言也别无二致。此外，在《战国策·楚策》中所载的庄辛说楚襄王之事，《史记·淮阴侯列传》中所载的蒯通游说韩信之事等事例中，庄辛与蒯通的游说之语在性质上也近同于表达忠心的谏言。由于前文已有引述，此处就不再重复了。

另外，在某些个别场合中，大臣们向统治者进献的谏言也有类同乃至于模仿游说之辞的情况。譬如《史记·李斯列传》（卷八七）中所记的李斯向秦王嬴政上《谏逐客书》之事：

会韩人郑国来间秦，以作注溉渠，已而觉。秦宗室大臣皆言秦王曰："诸侯人来事秦者，大抵为其主游间於秦耳，请一切逐客。"李斯议亦在逐中。斯乃上书曰：

臣闻吏议逐客，窃以为过矣。昔缪公求士，西取由余於戎，东得百里奚於宛，迎蹇叔於宋，来丕豹、公孙支於晋。此五子者，不产於秦，而缪公用之，并国二十，遂霸西戎。孝公用商鞅之法，移风易俗，民以殷盛，国以富强，百姓乐用，诸侯亲服，获楚、魏之师，举地千里，至今治强。惠王用张仪之计，拔三川之地，西并巴、蜀，北收上郡，南取汉中，包九夷，制鄢、郢，东据成皋之险，割膏腴之壤，遂散六国之从，使之西面事秦，功施到今。昭王得范雎，废穰侯，逐华阳，强公室，杜私门，蚕食诸侯，使秦成帝业。此四君者，皆以客之功。由此观之，客何负於秦哉！向使四君却客而不内，疏士而不用，是使国无富利之实而秦无强大之名也。……臣闻地广者粟多，国大者人众，兵强则士勇。是以太山不让土壤，故能成其大；河海不择细流，故能就其深；王者不却众庶，故能明其德。是以地无四方，民无异国，四时充美，鬼神降福，此五帝、三王之所以无敌也。今乃弃黔首以资敌国，却宾客以业诸侯，使天下之士退而不敢西向，裹足不入秦，此所谓"藉寇兵而赍盗粮"者也。夫物不产於秦，可宝者多；士不产於秦，而愿忠者众。今逐客以资敌国，损民以益雠，内自虚而外树怨於诸侯，求国无危，不可得也。

李斯此篇文章虽然名曰《谏逐客书》，但其言辞却颇带有战国纵横游说的色彩。如"陛下致昆山之玉"一段，反复运用了排比的句式与类比的手法，辞采华茂，文气流畅，实在可算作文学佳作。后面的"泰山不让土壤"一段，文句形象而又极富于说服力,与苏秦、张仪这些游说名家的言辞比起来亦不遑多让。又,《史记·留侯世家》(卷五五)中记载的张良劝谏刘邦不要封六国贵族之后为诸侯的言语也带有鲜明的游说之辞的色彩:

汉三年,项羽急围汉王荥阳,汉王恐忧,与郦食其谋桡楚权。食其曰:"昔汤伐桀,封其后於杞。武王伐纣,封其后於宋。今秦失德弃义,侵伐诸侯社稷,灭六国之后,使无立锥之地。陛下诚能复立六国后世,毕已受印,此其君臣百姓必皆戴陛下之德,莫不乡风慕义,原为臣妾。德义已行,陛下南乡称霸,楚必敛衽而朝。"汉王曰:"善。趣刻印,先生因行佩之矣。"食其未行,张良从外来谒。汉王方食,曰:"子房前!客有为我计桡楚权者。"其以郦生语告,曰:"於子房何如?"良曰:"谁为陛下画此计者?陛下事去矣。"汉王曰:"何哉?"张良对曰:"臣请藉前箸为大王筹之。"曰:"昔者汤伐桀而封其後於杞者,度能制桀之死命也。今陛下能制项籍之死命乎?"曰:"未能也。""其不可一也。武王伐纣封其后於宋者,度能得纣之头也。今陛下能得项籍之头乎?"曰:"未能也。""其不可二也。武王入殷,表商容之闾,释箕子之拘,封比干之墓。今陛下能封圣人之墓,表贤者之闾,式智者之门乎?"曰:"未能也。""其不可三也。发钜桥之粟,散鹿台之钱,以赐贫穷。今陛下能散府库以赐贫穷乎?"曰:"未能也。""其不可四矣。殷事已毕,偃革为轩,倒置干戈,覆以虎皮,以示天下不复用兵。今陛下能偃武行文,不复用兵乎?"曰:"未能也。""其不可五矣。休马华山之阳,示以无所为。今陛下能休马无所用乎?"曰:"未能也。""其不可六矣。放牛桃林之阴,以示不复输积。今陛下能放牛不复输积乎?"曰:"未能也。""其不可七矣。且天下游士离其亲戚,弃坟墓,去故旧,从陛下游者,徒欲日夜望咫尺之地。今复六国,立韩、魏、燕、赵、齐、楚之後,天下游士各归事其主,从其亲戚,反其故旧坟墓,陛下与谁取天下乎?其不可八矣。且夫楚唯无强,六国立者复桡而从之,陛下焉得而臣之?诚用客之谋,陛下事去矣。"汉王辍食吐哺,骂曰:"竖儒,几败而公事!"令趣销印。

在此段记载中,张良与刘邦一问一答,排比、反问句式之应用,无疑加强了文章的气势及感染力。同时,张良还以大量的史实及当时的实际情势向刘邦清楚地讲明了,不能像周代初年那样分封六国贵族之后为诸侯。这些阐述自然也增添了语辞的说服力。这样的一番劝谏之言,与战国时及汉代初年流行的游说之辞无论是在形式上,还是在风格上,都是相当接近的。

到了汉武帝时代,闽越兴兵进攻南越,武帝遂欲发动军队以讨伐闽越。此时淮南王刘安则上书予以劝阻。《汉书·严助传》(卷六四)中载录了刘安上

书武帝的谏文,其辞曰:

后三岁,闽越复兴兵击南越。南越守天子约,不敢擅发兵,而上书以闻。上多其义,大为发兴,遣两将军将兵诛闽越。淮南王安上书谏曰:

陛下临天下,布德施惠,缓刑罚,薄赋敛,哀鳏寡,恤孤独,养耆老,振匮乏,盛德上隆,和泽下洽,近者亲附,远者怀德,天下摄然,人安其生,自以没身不见兵革。今闻有司举兵将以诛越,臣安窃为陛下重之。越,方外之地,(赞利刀旁)发文身之民也。不可以冠带之国法度理也。自三代之盛,胡越不与受正朔,非强弗能服,威弗能制也,以为不居之地,不牧之民,不足以烦中国也。故古者封内甸服,封外侯服,侯卫宾服,蛮夷要服,戎狄荒服,远近势异也。自汉初定已来七十二年,吴越人相攻击者不可胜数,然天子未尝举兵而入其地也。……臣闻道路言,闽越王弟甲弑而杀之,甲以诛死,其民未有所属。陛下若欲来内,处之中国,使重臣临存,施德垂赏以招致之,此必携幼扶老以归圣德。若陛下无所用之,则继其绝世,存其亡国,建其王侯,以为畜越,此必委质为藩臣,世共贡职。陛下以方寸之印,丈二之组,填抚方外,不劳一卒,不顿一戟,而威德并行。今以兵入其地,此必震恐,以有司为欲屠灭之也,必雉兔逃入山林险阻。背而去之,则复相群聚;留而守之,历岁经年,则士卒罢倦,食粮乏绝,男子不得耕稼树种,妇人不得纺绩织纴,丁壮从军,老弱转饷,居者无食,行者无粮。民苦兵事,亡逃者必众,随而诛之,不可胜尽,盗贼必起。臣闻长老言,秦之时尝使尉屠睢击越,又使监禄凿渠通道。越人逃入深山林丛,不可得攻。留军屯守空地,旷日引久,士卒劳倦,越出击之。秦兵大破,乃发適戍以备之。当此之时,外内骚动,百姓靡敝,行者不还,往者莫反,皆不聊生,亡逃相从,群为盗贼,于是山东之难始兴。此老子所谓"师之所处,荆棘生之"者也。兵者凶事,一方有急,四面皆从。臣恐变故之生,奸邪之作,由此始也。《周易》曰:"高宗伐鬼方,三年而克之。"鬼方,小蛮夷;高宗,殷之盛天子也。以盛天子伐小蛮夷,三年而后克,言用兵之不可不重也。臣闻天子之兵有征而无战,言莫敢校也。如使越人蒙徼幸以逆执事之颜行,厮舆之卒有一不备而归者,虽得越王之首,臣犹窃为大汉羞之。陛下以四海为境,九州为家,八薮为囿,江汉为池,生民之属皆为臣妾。人徒之众足以奉千官之共,租税之收足以给乘舆之御。玩心神明,秉执圣道,负黼依,冯玉几,南面而听断,号令天下,四海之内莫不向应。陛下垂德惠以覆露之,使元元之民安生乐业,则泽被万世,传之子孙,施之无穷。天下之安犹泰山而四维之也,夷狄之地何足以为一日之闲,而烦汗马之劳乎!《诗》云"王犹允塞,徐方既来",言王道甚大,而远方怀之也。臣闻之,农夫劳而君子养焉,愚者言而智者择焉。臣安幸得为陛下守藩,以身为障蔽,人臣之任也。边境有警,爱身之死而不毕其愚,非忠臣也。臣安窃恐将吏之以十万之师为一使之任也!

刘安之劝谏武帝讨伐闽越,固然有为汉朝国家利益考虑的因素,但究其内心,亦未必没有私意,因为中央朝廷的大兵一旦南下,闽越固然会被击灭,在地理位置上靠近闽越的淮南国自然难免会受到威胁。据史书所载,刘安对于中央朝廷本来就心怀异志,他的这篇谏文,应该有为自己淮南国的安全做打算的意思。此外,这篇谏文文辞丰赡,条理明贯清晰,从文化传统、地理因素、民生疾苦、历史经验以及现实政治需求这几个方面辩析了出兵伐越的不利,可谓情理兼胜,有很强的说服力。从这篇文章,我们亦可看出刘安非同一般的文才与善于辩说的能力。故此,不论是从内容还是从形式上看,这篇谏文和游说基本上是别无二致的。

二、先秦两汉时代谏议与游说的"此消彼长"

纵览史册,我们还可以看到,在先秦两汉时代,谏议与游说之间存在着一种颇有意思的"此消彼长"的关系。细心研读史料,我们可以发现,谏议与游说各自兴盛的时代是有所不同的。具体而言,在西周及春秋时代,谏议这种政治文化现象相当地普遍和盛行。这个时候以言论而闻名的士人、大臣如祭公、召公、富辰、单穆公、晏子等大多为谏议之士,游说这种现象在当时几乎没有,或者很少出现的。但是,到了随后的战国时代以及秦末汉初之际,情况则大有转变,游说这种社会现象开始大量出现,并进而兴盛流行起来;相对而言,谏议这种现象则出现得较为罕见了。战国及秦末汉初时以言辞议论闻名的人物如苏秦、张仪、公孙衍、陈轸、蔡泽以及郦食其、蒯通、随何诸辈则大多数为纵横游说之士。接着,随着汉代大一统帝国的建立与逐步稳固,中央集权的政体日趋成型并固化,谏议又再度兴盛起来,取代游说而成为了当时社会政治生活中的主流现象。两汉时代,尤其是在汉武帝之后凭借着言辞与议论在政治上崭露头角的人物如张释之、汲黯、刘向、谷永、杨震、李固等,又大半皆为谏议之臣了。因此,可以说,在自先秦至两汉这几百年间,游说兴起则谏议居于次要,谏议兴盛则游说趋于式微。用"此消彼长"来形容这时谏议与游说的关系,应该是比较恰当的。

那么,谏议和游说在先秦两汉时代,为何会产生这种"此消彼长"的关系呢?由西周到两汉时代社会上的一个重要阶层——士人的身份、言行、思想价值观的更易变迁正是"谏议——游说——谏议"这种现象产生的一个主要原因。

第一,从西周及春秋时代关于士阶层的身份、思想及价值观来分析。要阐释清楚此种历史情况的本源,需要从上古及三代说起,但由于上古时代及夏商二朝年代久远,史料缺乏,许多史实已不可详考,故而只好避而不论。那么,在西周及春秋时代,士人阶层的情况又是怎样的呢?纵览史料,在春秋时代,掌握着知识与文化的"士"基本上属于贵族阶层的士大夫。这些出身于贵族的士大夫们多数从小就受到了自周代初年传下来的礼乐文化的培养与熏陶。"礼"固然有着政治制度方面的内容,但其中一个重要组成部分,则是对被称为"君子"的士大夫的言行举止与精神道德的修养之规定。就言行举止而言,周礼要求士大夫们能够有着敦厚、谦逊与稳重的风貌;就道德修养而言,周礼则要求士大夫们能做到忠君、护国、爱民。在很大程度上,周礼中所规定这些要求,已经成为了当时贵族士大夫们所普遍认同的价值观。根据《左传》《国语》《史记》等史籍的记载,这个时候善于言议的著名士大夫有祭公、富辰、仲山父、单穆公、邵公、晏子等人。这些士大夫们则差不多都具有忠君爱民的道德节操及稳重谦谨的举止风貌。如《国语·周语下》载单穆公因周景王铸大钱而进谏之事曰:

> 二十三年,王将铸无射,而为之大林。单穆公曰:"不可。作重币以绝民资,又铸大锺以鲜其继。若积聚既丧,又鲜其继,生何以殖?且夫锺不过以动声,若无射有林,耳弗及也。夫锺声以为耳也,耳所不及,非锺声也。犹目所不见,不可以为目也。夫目之察度也,不过步武尺寸之间;其察色也,不过墨丈寻常之间。耳之察和也,在清浊之间;其察清浊也,不过一人之所胜。是故先王之制锺也,大不出钧,重不过石。律度量衡于是乎生,小大器用于是乎出,故圣人慎之。今王作锺也,听之弗及,比之不度,锺声不可以知和,制度不可以出节,无益于乐,而鲜民财,将焉用之!夫乐不过以听耳,而美不过以观目。若听乐而震,观美而眩,患莫甚焉。夫耳目,心之枢机也,故必听和而视正。听和则聪,视正则明。聪则言听,明则德昭,听言昭德,则能思虑纯固。以言德于民,民歆而德之,则归心焉。上得民心,以殖义方,是以作无不济,求无不获,然则能乐。夫耳内和声,而口出美言,以为宪令,而布诸民,正之以度量,民以心力,从之不倦。成事不贰,乐之至也。口内味而耳内声,声味生气。气在口为言,在目为明。言以信名,明以时动。名以成政,动以殖生。政成生殖,乐之至也。若视听不和,而有震眩,则味入不精,不精则气佚,气佚则不和。于是乎有狂悖之言,有眩惑之明,有转易之名,有过慝之度。出令不信,刑政放纷,动不顺时,民无据依,不知所力,各有离心。上失其民,作则不济,求则不获,其何以能乐?三年之中,而有离民之器二焉,国其危哉!"

单穆公之谏言,意旨明确,辞文显得质实真切,没有浮夸张扬之风,可见单穆公本人性格的稳重敦朴。谏言中反复强调了铸大钱对民众的种种不利,民众的财产匮乏了,国君及整个国家自然也会受到不好的影响。这番谆谆教诲,所体现的正是单穆公对于国家民众的关注以及对于国君本人的忠心。同样的,前文所引的召公谏厉王弭谤、仲山甫谏宣王料民,以及晏子向齐景公的诸次谏议,均体现出了这时贵族士大夫多数有着忠君爱民的道德价值观以及稳重谦厚的君子之风。故此,这一类士君子们对于君主的进言,就基本上是体现其忧国忧民之情怀的谏言,而非干谒功名富贵的游说之辞了。

第二,春秋末期及战国时代,士人阶层的整个风貌及价值观发生了巨大变化,由拘谨稳重、讲究道德信义变得好尚功利,大胆开放。由于春秋后期的伟大思想家孔子将历来只有贵族才能传习的"王官之学"散布到了民间,遂使得许多本身出自平民阶层的士人得到了受文化教育的机会,"百家之学"乃纷纷涌现,蔚为大观。再者,战国时代诸侯列国在军事、政治方面的竞争加剧,征伐兼并之风愈演愈烈,为了侵吞别国而不至于被别国所侵吞,各国君主们纷纷变法图强,而变法图强的一个最重要的条件,即是招揽并拥有人才。人才得当,则国家可迅速变得强大。如秦用商鞅,魏用李悝,楚用吴起,皆由此而使自己国家实力大增。因此,战国时代想要有所作为的君主皆相当重视人才。但人才从哪里来呢?由于当时封建贵族阶级已经没落,那些出身于传统贵族阶级的士大夫无论是从智力、能力以及追名逐利的雄心等方面都比不上由平民阶层中崛起的新兴士人了。在此种情形下,战国诸侯们自然更为重视,且更愿意任用平民阶级出身的士人,在他们的协助下实现富国强兵的理想。战国时代诸侯及贵族们皆喜豢养门客与游说之士的现象正由此而来。像当时的"战国四君子"——齐国的孟尝君、魏国的信陵君、楚国的春申君与赵国的平原君皆因大量招揽门客并尊礼、崇敬平民士人而名满天下。此外,还形成了齐国的"稷下之学"及吕不韦门下创作《吕氏春秋》的士人团体。所谓的"士贵,王不贵"的局面,正是在此种尊贤重士的风气影响下形成的。

在国家分裂、思想自由开放,平民士人蓬勃兴起乃至于掌握列国政权的环境中,士人们纵横游谈,以言议干预朝政,凭自己的口才、能力谋求功名富贵的风气大为兴盛。由于出身于社会下层,缺乏财富,许多平民士人们皆有谋取富贵利禄的强烈欲望,有人甚至将功名利禄视为人生最大的追求目标。与之同时,战国时代周王室衰微,礼崩乐坏,列强群雄们纷纷以谋利益、求事功为国家政治上的最高追求。在这样的内在驱使与外在环境的促激之下,出身于平民阶层的士人们,在思想价值观方面大多数有着轻视道德礼义而崇尚功利乃至于诡诈权谋之术的倾向。早在春秋末期,这种游走各国,干谒名利的士人便已经出现,孔子的弟子子张便已有干谒权贵,求取利禄的举动;他的其他弟子如子路、冉求等为了谋求利禄,也出任过当时诸侯及权要们的属臣。其中尤为有名的当属子贡,他的游走各国,说服诸侯的行为,已经颇有战国之时纵横家的色彩了。《史记·仲尼弟子列传》(卷六七)中,记载子贡为制止齐国田常讨伐鲁国而游说齐国、吴国、越国、晋国诸位统治者之事道:

> 遂行,至齐,说田常曰:"君之伐鲁过矣。夫鲁,难伐之国,其城薄以卑,其地狭以泄其君愚而不仁,大臣伪而无用,其士民又恶甲兵之事,此不可与战。君不如伐吴。夫吴,城高以厚,地广以深,甲坚以新,士选以饱,重器精兵尽在其中,又使明大夫守之,此易伐也。"田常忿然作色曰:"子之所难,人之所易;子之所易,人之所难:而以教常,何也?"子贡曰:"臣闻之,忧在内者攻强,忧在外者攻弱。今君忧在内。吾闻君三封而三不成者,大臣有不听者也。今君破鲁以广齐,战胜以骄主,破国以尊臣,而君之功不与焉,则交日疏於主。是君上骄主心,下恣群臣,求以成大事,难矣。夫上骄则恣,臣骄则争,是君上与主有卻,下与大臣交争也。如此,则君之立於齐危矣。故曰不如伐吴。伐吴不胜,民人外死,大臣内空,是君上无强臣之敌,下无民人之过,孤主制齐者唯君也。"田常曰:"善。虽然,吾兵业已加鲁矣,去而之吴,大臣疑我,柰何?"子贡曰:"君按兵无伐,臣请往使吴王,令之救鲁而伐齐,君因以兵迎之。"田常许之,使子贡南见吴王。……子贡因去之晋,谓晋君曰:"臣闻之,虑不先定不可以应卒,兵不先辨不可以胜敌。今夫齐与吴将战,彼战而不胜,越乱之必矣;与齐战而胜,必以其兵临晋。"晋君大恐,曰:"为之奈何?"子贡曰:"修兵休卒以待之。"晋君许诺。子贡去而之鲁。吴王果与齐人战於艾陵,大破齐师,获七将军之兵而不归,果以兵临晋,与晋人相遇黄池之上。吴晋争强。晋人击之,大败吴师。越王闻之,涉江袭吴,去城七里而军。吴王闻之,去晋而归,与越战於五湖。三战不胜,城门不守,越遂围王宫,杀夫差而戮其相。破吴三年,东向而霸。故子贡一出,存鲁,乱齐,破吴,强晋而霸越。子贡一使,使势相破,十年之中,五国各有变。

到了战国时代,社会上就出现了一大批以纵横游谈之术来谋求功名利禄的人物。如苏秦、张仪、吴起、范雎、蔡泽、犀首、苏厉、苏代、陈轸以及后来的李斯等。从出身来看,这些人大多出身于社会中下层,故而皆有着强烈的向上奋斗,谋求功名富贵的动机。像苏秦,就因为嫂子对自己"前倨后恭"的态度发出"势位富贵,盖可忽乎哉"的感叹。《战国策·秦策一》(卷三)记苏秦之事道:

（苏秦）说秦王书十上，而说不行。黑貂之裘弊，黄金百镒尽。资用乏绝，去秦而归。羸縢履，负书担橐，形容枯槁，面目犁黑，状有归色。归至家，妻不下纴，嫂不为炊，父母不与言。苏秦喟叹曰："妻不以我为夫，嫂不以我为叔，父母不以我为子，是皆秦之罪也！"乃夜发书，陈箧数十，得《太公阴符》之谋，伏而诵之，简练以为揣摩。读书欲睡，引锥自刺其股，血流至踵，曰："安有说人主不能出其金玉锦绣、取卿相之尊者乎？"期年，揣摩成，曰："此真可以说当世之君矣！"……将说楚王，路过洛阳。父母闻之，清宫除道，张乐设饮，郊迎三十里。妻侧目而视，倾耳而听；嫂蛇行匍伏，因拜自跪而谢。苏秦曰："嫂何前倨而后卑也？"嫂曰："以季子之位尊而多金。"苏秦曰："嗟乎！贫穷则父母不子，富贵则亲戚畏惧。人生世上，势位富贵，盖可忽乎哉！"

以游说之士出身，后来做到了秦朝丞相的李斯，也有过"诟莫大于卑贱，而悲莫甚于穷困"的向往富贵之语。《史记·李斯列传》（卷八七）记载道：

李斯者，楚上蔡人也。年少时，为郡小吏，见吏舍厕中鼠食不絜，近人犬，数惊恐之。斯入仓，观仓中鼠，食积粟，居大庑之下，不见人犬之忧。於是李斯乃叹曰："人之贤不肖譬如鼠矣，在所自处耳！"乃从荀卿学帝王之术。学已成，度楚王不足事，而六国皆弱，无可为建功者，欲西入秦。辞於荀卿曰："斯闻得时无怠，今万乘方争时，游者主事。今秦王欲吞天下，称帝而治，此布衣驰骛之时而游说者之秋也。处卑贱之位而计不为者，此禽鹿视肉，人面而能强行者耳。故诟莫大於卑贱，而悲莫甚於穷困。久处卑贱之位，困苦之地，非世而恶利，自托於无为，此非士之情也。故斯将西说秦王矣。"

从这些赤裸裸的重视富贵功名的言语中我们可以明白地看到，在苏秦、李斯之类战国时代游说之士心目中，凭借着自己的口才、辩才来获取功名富贵乃是人生最重要的目标，其他的东西，像亲情、道德、国家、人民、国君等，都是不值一提的，或者只是实现这一目标的手段。可以说，这些人的道德水准是相当卑下的，如苏秦即曾与厚待自己的燕易王的母亲文侯夫人通奸；吴起为了获得鲁君的重用，甚至于杀掉了自己的妻子；李斯为了保住自己的丞相之位与利禄富贵，甘心与赵高、胡亥合作，害死了扶苏、蒙恬，任由赵高、胡亥胡作非为，最终导致了秦王朝的覆灭。其他的如张仪、范雎、蔡泽等游说之士，也多有着与之类似的重富贵而轻德行的性格及举动。

在这种看重文辞之才，崇尚名利而又轻视人伦道德、国计民生的社会风气之中，夸夸其谈、言不由衷的游说自然成为了一种主流的文化政治现象，而强调忠君爱国，重视民众福祉的谏议则退而处在了一个较为次要的地位，对当时社会文化的影响也就比不上游说了。

第三，大一统的两汉时代，士人们的思想、价值取向及精神风貌均再度发生了显著的变化，又变得像西周、春秋时代的士大夫们那样拘谨、儒雅、稳重。另外，由于受到当时已成为国家意识形态的儒家思想的影响，士人们对于道德、名节之砥砺显得更为看重。秦代国祚短促，彼时之士人风貌可以略而不论。在汉代初年，游谈纵横之风依然相当盛行，如汉初的名臣张良、陈平、韩信及郦食其、刘敬、陆贾等人，都带有浓郁的宾客、游谈之士的色彩。他们之所以会服务于刘邦，有的是为了报仇（如张良），大多数则是为了求取功名利禄。《史记·陈丞相世家》（卷五六）之中，记陈平之言道：

项王为人，恭敬爱人，士之廉节好礼者多归之。至於行功爵邑，重之，士亦以此不附。今大王慢而少礼，士廉节者不来；然大王能饶人以爵邑，士之顽钝嗜利无耻者亦多归汉。

陈平之言，一语道破了许多士人跟着刘邦打天下的最重要的动机——爵邑，即是功名富贵。在这种崇尚功利之风的环境中，这时的士人们的言行仍以游说干谒为主。如陆贾之游说南越王尉佗、蒯通之游说韩信、郦食其之游说齐王。甚至在汉文帝、汉景帝之时，贾谊、晁错等人的言论，也有明显的游说之文的特点。

然而，自高祖刘邦确立了大一统的集权专制制度之后，中央朝廷就逐渐开始了对于士人的言行的压抑。士人们自由张扬、无拘无束的个性与精神逐渐地消解、式微以至于消失。在汉文帝时代，贾谊郁郁而终；在汉景帝之时，晁错身着朝服被斩于东市。到了汉武帝时代，朝廷对于士人们肉体、精神上的压抑、打击更是变本加厉、肆无忌惮。汉武帝虽然喜欢大量地延揽人才，但其对于有才华的士人基本上是持利用的态度，利用完了，就往往除掉或者摒弃。像严助、朱买臣、主父偃等，最终皆死于非命；有的人，像韩安国，虽侥幸逃过一死，却再也难受重用。对于由自己亲自任命重用的宰相之类重臣，汉武帝尤为猜忌，动辄加以诛杀。如李蔡、庄青翟、赵周、公孙贺、刘屈氂等，皆死于汉武帝的淫威之下。在这样血腥恐怖的氛围之中，士大夫们的心情自然会变得极为压抑和沮丧，其言行举止自然也就变得谦卑、怯懦与小心翼翼了。当然，汉武帝压服、控制士大夫们的最有成效，也最有影响力的措施，则是其罢黜百家、独尊儒术的政策。此种政策，对于士人们的精神及个性造成了长期的、根本性的影响。

自孔子以来崇尚言议开放、思想自由、百家争鸣的风气从此一去不复返,取而代之的,则是经学一家独尊,思想的禁锢与停滞。汉武帝时的著名文士东方朔,在其著名的辞赋文《答客难》之中,即深刻地揭示了从战国到汉代士人心态、风貌的这一巨大的转化。《汉书·东方朔传》(卷六五)引其辞道:

> 东方先生喟然长息,仰而应之曰:"是固非子之所能备也。彼一时也,此一时也,岂可同哉?夫苏秦、张仪之时,周室大坏,诸侯不朝,力政争权,相禽以兵,并为十二国,未有雌雄,得士者强,失士者亡,故谈说行焉。身处尊位,珍宝充内,外有廪仓,泽及后世,子孙长享。今则不然。圣帝流德,天下震慑,诸侯宾服,连四海之外以为带,安于覆盂,动犹运之掌,贤不肖何以异哉?遵天之道,顺地之理,物无不得其所;故绥之则安,动之则苦;尊之则为将,卑之则为虏;抗之则在青云之上,抑之则在深泉之下;用之则为虎,不用则为鼠;虽欲尽节效情,安知前后?夫天地之大,士民之众,竭精谈说,并进辐凑者不可胜数,悉力慕之,困于衣食,或失门户。使苏秦、张仪与仆并生于今之世,曾不得掌故,安敢望常侍郎乎?故曰时异事异。

汉武帝时代政治上的打压、杀戮加上有意识的对于自由思想、学术的禁锢与窒息,使得士人的精神风貌由战国时代的追名逐利、自由张扬变得拘谨小心、谦卑怯懦。与之同时,随着大一统君主专制制度的巩固以及儒家经学的熏陶,在西周、春秋时代所崇尚、强调的忠君、爱国、重民、行仁义、讲礼仪等道德价值观再度成为了士人们所认可、尊奉的言行准则。在这样一种强调规矩、顺从的较为压抑的政治、社会与文化氛围之中,战国时代那种铺张扬厉、文辞华美而又虚夸不实的游说之文逐渐趋于衰微、消亡,以忠君、爱民为宗旨,言辞朴实的谏议之文则重新受到了士大夫们青睐与看重。进谏与纳谏再次成为了社会政治生活中的一种主流现象。

由上可知,游说与谏议此消彼长的变化情况,与当时的政治、文化环境之变迁以及由此而引起的不同时代士大夫的心态、风貌的变迁是有着紧密的关联的。

三、先秦两汉时代谏议与游说价值之比较

如前所述,谏议与游说乃是先秦两汉时代的两种重要的政治文化现象。它们之间有近似之处,也有诸多不同的地方。毫无疑问的,它们都对当时的社会产生了显著的影响。那么,这些影响究竟体现在那些方面呢?换言之,即谏议与游说在当时的社会上产生了怎样的价值呢?它们各自的价值又有哪些不同之

处呢？

第一，就政治上的实效性而言，先秦两汉时代谏议的价值要大于游说的价值。臣民们向最高统治者的进谏，一般是发自内心的忠诚，全心全意地要为国家、君主、人民谋利益。因此，谏议在社会、政治上所起到的效用大部分都是正面的，对国家、人民是有利的。在先秦两汉这一段历史时期，我们往往可以看到，如果统治者能做到虚心纳谏，知错能改，那么，他所治理的国家就会趋于稳定、繁荣和昌盛。反之，如果统治者昏庸残暴，拒谏饰非，甚至以杀戮的手段来对待谏臣，那么，他治下的国家则多半会落到衰落乃至于灭亡的境地。在春秋时代，那些将国家治理得很好的君主如齐桓公、晋文公、秦穆公等，都是善于接纳手下的贤臣如管仲、鲍叔牙、先轸、狐偃、赵衰以及百里奚、蹇叔等人的谏言的。到了战国时代，一些贤明的诸侯如赵简子、魏文侯、齐威王等君，也都是尊贤重士，乐于纳谏的。《战国策·齐策一》中所记载的"邹忌讽齐王纳谏"之事，正是一个体现了谏议对于国家在政治方面的积极性价值的代表性事件：

邹忌修八尺有余，而形貌昳丽。朝服衣冠，窥镜，谓其妻曰："我孰与城北徐公美？"其妻曰："君美甚，徐公何能及君也？"城北徐公，齐国之美丽者也。忌不自信，而复问其妾曰："吾孰与徐公美？"妾曰："徐公何能及君也？"旦日，客从外来，与坐谈，问之客曰："吾与徐公孰美？"客曰："徐公不若君之美也。"明日徐公来，孰视之，自以为不如；窥镜而自视，又弗如远甚。暮寝而思之，曰："吾妻之美我者，私我也；妾之美我者，畏我也；客之美我者，欲有求于我也。"于是入朝见威王，曰："臣诚知不如徐公美。臣之妻私臣，臣之妾畏臣，臣之客欲有求于臣，皆以美于徐公。今齐地方千里，百二十城，宫妇左右莫不私王，朝廷之臣莫不畏王，四境之内莫不有求于王：由此观之，王之蔽甚矣。"王曰："善。"乃下令："群臣吏民，能面刺寡人之过者，受上赏；上书谏寡人者，受中赏；能谤讥于市朝，闻寡人之耳者，受下赏。"令初下，群臣进谏，门庭若市；数月之后，时时而间进；期年之后，虽欲言，无可进者。燕、赵、韩、魏闻之，皆朝于齐。此所谓战胜于朝廷。

齐威王能够"战胜于朝廷"，很大程度上靠的正是其鼓励进谏并善于纳谏的正确政策。到了两汉时代，汉朝的皇帝们汲取了秦代因拒谏而灭亡的教训，多有听纳谏言的雅量。汉朝的统治之所以能维持四百余年之久，与这种纳谏的传统有着密切的联系。譬如汉代的开国之君刘邦，就曾多次采纳樊哙、张良等人的谏言，终于夺取了天下，并稳固了自己的统治。后来的汉文帝、汉景帝则能接纳张释之、贾谊、晁错、袁盎等人的谏言，故而能造成"文景之治"的治世。

汉武帝虽然骄横专断，但在很多时候毕竟也能容得下汲黯、司马相如等人的谏言。汉宣帝时代有刘向、萧望之等善于进谏的贤臣，故能出现"汉宣中兴"的局面。到了东汉初年，汉光武帝、汉明帝、汉章帝都有着纳谏的气度，能够接受下面的臣属如寒朗、第五伦、郑众等人的鲠直谏言，故此又有了"光武中兴"。

正因为谏议有着政治上的积极意义，那些不愿意纳谏，甚至于打压、杀害谏臣的君主，则往往会得到一个不利的、乃至于灾难性的后果。例如在西周后期的那位不愿接纳召公进谏的周厉王，最终为国人所推翻，被流放到了彘；春秋时代那位听不进宫之奇的谏言而假道给晋献公的虞公，最终被晋人所俘虏，国家亦因之灭亡；战国时不肯接纳屈原、陈轸等人的善意谏言，一心只听从张仪的漂亮话的楚怀王，最终使得楚国丧失了大片领土，且自身也客死秦国；秦二世则更是荒淫无道、拒谏饰非的典型，最后自然也落得个身死国灭的下场。在西汉后期，正是由于汉成帝、汉哀帝听不进正直的大臣们如刘向、谷永、王嘉等人的谏言，一味宠信外戚王氏、傅氏以及男宠董贤之流，最后使得朝廷内人心涣散，政权为外戚王莽趁机篡夺。到了东汉的后期，君主们猜忌朝廷大臣，宠幸奸佞小人，其拒绝进谏，打压谏臣之作法较西汉尤甚。在汉安帝、顺帝、桓帝、灵帝诸朝，外戚、宦官一类奸佞之徒（如梁冀、十常侍等）相继执掌朝政大权，作威作福，荼毒天下，而那些敢于抗争，直言向皇帝进谏的忠直大臣们如杨震、李固、陈蕃诸士则横遭打压，轻则贬黜、入狱，重则抄家、杀头、灭族。"党锢之祸"因之而兴起。然而，就在党锢之狱兴起后不久，黄巾大起义就爆发了，东汉政权亦因之而衰落、覆灭。上述正反两方面的事例充分地说明了谏议对于朝政重大的、正面的价值。

相较于谏议而言，游说在政治方面的积极意义就要逊色得多。因为，如前所述，游说者的最大目的，乃是为自己谋求私利，而不是为国家、人民谋求公共的利益。在很多时候，游说之言对于君主、国家及人民非但无益，而且还有害处。如战国时代著名游说之士苏秦、张仪的游说之言即是如此。苏秦力倡六国合纵以抗秦，表面上看，有联合六国抗击强秦，保家卫国的积极意义，但由于苏秦本身乃一虚诈功利之徒，其所作所为的出发点在于自己个人的利益，故而他不论是身在齐国、燕国，还是赵国，皆使得诸侯间相互猜疑，君臣上下矛盾重重。六国合纵之约最终为秦国所破，其中主要的一个原因即当是合纵策略的设计者本人——苏秦只是在借之而出名，为自己牟利，从未认真地考虑过应当怎样去有效地施行。另外，张仪所主张的连横之策，本意是要离间六国的关系，便于秦国各个击破，从而使秦国国君重视自己，给自己大官做。但，张仪在游说六国国君，推销连横的主张时，却口口声声说是为六国的利益着想。若是六国国君们相信了他的这些花言巧语，则难免会向秦国称臣割地，其国家利益自然会遭到极大的损害。其他的,则有如前文所列举的随何游说九江王英布归降汉王刘邦,郦食其游说齐王田广归降汉王刘邦等事例。随、郦二人虽然一再在口头上声明自己是为了英布与田广的利益着想,但英布与田广在听信了二人的说辞,归降汉廷之后,却反而遭遇了杀身灭国之祸。综此可见,游说对于国家政治所起到的,往往是负面的影响。

  第二,就思想文化方面的价值而言,游说之辞的价值则一般要高于谏言的价值。如我们所知,谏议的最主要目的,即站在君主、国家、民众的立场上提出一些政治上有利的且可行的建议,它所注重的是一种政治上的实效性,而并非动人的言辞,以及优美的文风。故此,谏议在文学、文化方面的价值是居于次要地位的。

  相对而言,游说在思想文化以及文学方面的价值则相当地丰富而深远。首先,从思想文化方面来看,游说产生于战国时代,那时虽然国家分裂、战乱频繁,但由于意识形态尚未统一,思想、学术、文化自由、开放而繁荣,出现了"百花齐放、百家争鸣"的学术文化之盛世。那时名为"百家"的士人们大多数有着自信的心态、开放的眼光以及大胆而率性的作风。当时许多的游说之士其实都属于"百家"中之一家——纵横家。因此,他们的游说之言自然也就充分地沾染了自信、开放而大胆的风气,折射出了当时那样一种自由、开放而多元的思想学术氛围。故此,这些游说之辞对于我们了解、认识并研究一个"百家争鸣"的自由多元时代是有着重要的史料、参考价值的。自汉代以后,谏议的传统一直在延续而发展,游说之风则因大一统政权的建立而渐趋消亡,它的这种史料、参考的价值就显得愈发地突出了。

  其次,从文风、文辞的角度来看,士人们的游说多显得辞采斐然、铺张扬厉且文气畅达。此种文学方面的特征,对于后世的文学创作,无疑是有着积极而重要的影响。譬如,汉代的辞赋创作,在很多地方就明显带有游说之辞的特性。清代的著名学者章学诚在其《文史通义》内篇卷一《诗教上》中述曰:

  后世之文,其体皆备于战国……今即《文选》诸体,以征战国之赅备。京都诸赋,苏、张纵横六国,侈陈形势之遗也。《上林》《羽猎》,安陵之从田,龙阳之同钓也。《客难》《解嘲》,屈原之《渔父》《卜居》,庄周之惠施问难也。韩非《储说》,比事征偶,《连珠》之所肇也。而或以为始於傅毅之徒,非其质矣。孟子问齐王之大欲,历举轻暖肥甘,声音采色,《七林》之所启也;而或以为创之枚乘,忘其祖矣。邹阳辨谤於梁王,江淹陈辞於建平,苏秦之自解忠信而获罪也。《过秦》《王命》《六代》《辨亡》诸论,抑扬往复,诗人讽谕之旨,孟、荀所以称述先生,儆时君也。淮南宾客,梁苑辞人,原、尝、申、陵之盛举也。

东方、司马,侍从於西京,徐、陈、应、刘,征逐於邺下,谈天雕龙之奇观也。遇有升沉,时有得失,畸才汇於末世,利禄萃其性灵,廊庙山林,江湖魏阙,旷世而相感,不知悲喜之何从,文人情深於《诗》《骚》,古今一也。

在这里,章氏明白地道出了战国的纵横游说之文对于汉赋的启发性意义。除了辞赋,在中国古代散文史上一直盛行不衰的古文创作,应当受到了游说之文的深远影响。在清代由吴楚材、吴调侯所编定的《古文观止》与姚鼐所编定的《古文辞类纂》这两部古文文集之中,战国时诸子游说之文均占有相当的比重。可见,在清代的著名文学家心目中,战国游说之文乃是后世之人学习古文创作的一种重要的参考模范。相较而言,历代的谏议之文在这方面的价值则不能与游说之文相提并论了。

先秦两汉"谤"之刑罪化趋向及"谤"与"谏"关系衍变

一、先秦两汉"谤"之刑罪化趋向

"谤"乃是我们在日常生活及文献阅读中时常会遇到的一个词语。它也常和其他字词连在一起，组成诽谤、谤讪、讥谤等词语。说起这些词的含义，大致上都是比较接近的，都带有责骂、批评、污蔑、诋毁乃至于中伤陷害的意思。清代段玉裁《说文解字注》释"谤"曰："毁也。……大言之过其实。"《辞源》对"谤"的解释则为："一，指责别人的过失。二，诽谤。"可见，在书面文献中，"谤"这个词一般都含有明显而浓郁的负面、贬恶的性质。

那么，"谤"这个字，是否从远古时代到现在一直都有着这么一种负面的含义及性质呢？对于"谤"的词义理解，我们可以分作两个层面，一个即人们社会日常生活的层面。在这个层面上，"谤"意味着某人对某人私下的埋怨、责备，乃至于诋毁。另外一个则是针对最高统治者（君主）的国家管理层面。在此一层面上，"谤"则往往意味着国家的官员或民众们对于政府（朝廷），尤其是政府的首脑（君主）的批评、埋怨或责骂。在社会日常生活这一层面上，"谤"的含义及性质从古至今基本未发生大的变化。就国家管理这一层面而言，其词意性质则有过一些变化。特别是在由先秦至两汉这一段时期，其变化尤其明显，且值得我们予以关注和作深入的研究。

然则自先秦至两汉这一段时期，"谤"一词政治层面上的含义与性质究竟发生了怎样的变化呢？杨伯峻先生在为左言东《中国政治制度史》所作的序中曾言道："'诽谤'在战国以前本是民众对国君的批评之意，战国时期由于官僚的嫉贤妒能才开始有诬陷之意，秦以后对皇帝的诽谤（批评）成为十恶不赦的大罪。"杨先生这段话，明白地道出了先秦秦汉时代"诽谤"这一举动逐渐刑罪化的趋势。因此，试对这一趋势作一具体的探讨。

在先秦时代（主要是春秋战国时代），"谤"一词在国家治理方面的含义基本上是埋怨、责备、诋毁一类。从春秋战国时代的典籍文献中，我们可以看到不少这种带有贬斥意义及负面性质的"谤"。例如《国语·晋语二》记云："其母既死，其子又有谤。"此处"有谤"，即有蒙受责骂的含义。又如《国语·晋语五》记载道：

> ……靡笄之役，韩献子将斩人。郤献子驾将救之。至则既斩之矣。郤献子请以徇其仆。曰："子不将救之乎？"献子曰："敢不分谤乎？"

所谓"分谤"者，即指自己与其他人共同承担别人的指责。又《左传·昭公四年》记云：

> 郑子产作丘赋。国人谤之，曰："其父死于路，己为虿尾。以令于国，国将若之何？"

"其父死于路"乃一种颇为恶毒的詈骂，以至于诅咒了。因此，我们亦可见郑国国人对于子产"谤"辞程度之激烈。

然而，除了这一类带有鲜明的贬义及负面意义的"谤"，有许多属于国家、政治层面的"谤"的意义则显得更为复杂与多元。对于国君、朝廷而言，这一些怨谤之辞虽然逆耳、刺耳，但同时却有着监督、批评国君，促使其改正过失，改良政治的积极效果。历史上有名的"召公谏厉王弭谤"的事例，即体现出了"谤"之监督、批评国君的正面意义。《国语·周语上》记曰：

> 厉王虐，国人谤王。召公告王曰："民不堪命矣！"王怒，得卫巫，使监谤者。以告则杀之。国人莫敢言，道路以目。王喜，告召公曰："吾能弭谤矣！乃不敢言。"召公曰："是障之也，防民之口甚於防川，川壅而溃，伤人必多，民亦如之。是故为川者决之使导，为民者宣之使言。故天子听政，使公卿至于列士献诗，瞽献曲，史献书，师箴，瞍赋，矇诵，百工谏，庶人传语，近臣尽规，亲戚补察，瞽、史教诲，耆、艾修之，而后王斟酌焉，是以事行而不悖，民之有口，犹土之有山川也，财用于是乎出，犹其原隰之有衍沃也，衣食于是乎生。口之宣言也，善败于是乎兴，行善而备败，其所以阜财用，衣食者也。夫民虑之于心而宣之于口，成而行之，胡可壅也？若壅其口，其与能几何？"

对于国人的谤言，厉王的反应是"弭谤"，以杀戮来予以禁绝。对于这种粗暴的行为，召公是反对的。他认为，"防民之口甚于防川"，防障太过，激起了民众的暴力反抗，国君的地位就危险了。由此可见，召公对国人的"谤"，是持肯定、赞同的态度。并且，他还通过大段的议论，阐明了国民有以言论来监督、批评君主，促使其改良政治的权利。召公的这种认可、肯定"谤"的积极政治

效用的意识,在春秋战国时代的相当多的有识之士那里也有体现。例如《左传·昭公二十年》记载晏子对齐景公之言曰:

> 若有德之君,外内不废,上下无怨,动无违事,其祝史荐信,无愧心矣。是以鬼神用飨,国受其福,祝史与焉。其所以蕃祉老寿者,为信君使也,其言忠信于鬼神。其适遇淫君,外内颇邪,上下怨疾,动作辟违,从欲厌私。高台深池,撞钟舞女,斩刈民力,输掠其聚,以成其违,不恤后人。暴虐淫从,肆行非度,无所还忌,不思谤讟,不惮鬼神,神怒民痛,无悛于心。其祝史荐信,是言罪也。其盖失数美,是矫诬也。进退无辞,则虚以求媚。是以鬼神不飨其国以祸之,祝史与焉。所以夭昏孤疾者,为暴君使也。……

在这里,晏子斥责了那些荒淫无道的国君的种种倒行逆施。在这诸多不道之处,"不思谤讟,不惮鬼神"是其中重要的两项。按晏子此处之意,反思、接受民众百姓的"谤讟"(批评与指责)与敬畏鬼神一样,皆是有道之君所应当遵循的准则。既然身为有道之君,需要接受百姓的谤讟,那么在一个政治上轨道的国家里,百姓们自然就可以批评、指责国君,并以批评与指责来监督国君,使他改良政治,为百姓服务。

就监督国君及国家政治的意义而言,"谤"与先秦时代流行的另一种政治行为——"谏"可以说有着颇为近似的意义、性质。所谓"谏"者,又可称"言谏""谏诤"等,指的是在传统的君主时代以言辞、舆论为主要方式针对君主(朝廷)的批评及监督。"谏"这一种现象,很早便已产生。如传说中舜的时期,便已设置了"纳言"这一专司进谏的官职。西周时代亦设有"保氏"之官专供"谏王恶"。春秋战国时代及秦汉以来的历朝历代均设有掌谏议之官,专门给统治者提供批评性的建议。对于"谏"这种现象,中国古代的主流政治理论一直是极为推许与认可的。如西汉刘向在其《说苑·正谏》中一开始就阐明了谏诤之重要价值:

> 《易》曰:"王臣蹇蹇,匪躬之故。"人臣之所以蹇蹇为难,而谏其君者非为身也,将欲以匡君之过,矫君之失也。君有过失者,危亡之萌也;见君之过失而不谏,是轻君之危亡也。夫轻君之危亡者,忠臣不忍为也。……夫不谏则危君,固谏则危身;与其危君、宁危身;危身而终不用,则谏亦无功矣。智者度君权时,调其缓急而处其宜,上不敢危君,下不以危身,故在国而国不危,在身而身不殆……

又如《册府元龟·谏诤部》总序开头亦论及谏诤在政治上的重要意义：

《传》曰：天子有诤臣七人。又曰：命百官箴王阙。……古之王者，莫不开谏诤之路，延谠直之议，思闻已过，以救时弊。然後上下之情无壅，大小之政咸叙，以臻夫至治者也。……

其实，在先秦时代，"谤"与"谏"的性质、辞义可以说是十分接近，在很多时候都是可以相提并论的。比如，《淮南子·主术训》记云：

古者天子听朝，公卿正谏，博士诵诗，瞽箴师诵，庶人传语，史书其过，宰彻其膳，犹以为未足也，故尧置敢谏之鼓，舜立诽谤之木，汤有司直之人，武王立戒慎之鞀，过若毫厘，而既已备之也。……

此一条文记载了尧时将敢谏之鼓与诽谤之木并举的情形。尧舜时代的情事固不免带有传说的意味，但这样的记载也足以说明在上古三代时期人们的心目中，谏与谤基本上就是一回事，都是人们向统治者表达批评性意见的重要手段。同样，据《后汉书·杨震传》（卷五四）所载，杨震向汉安帝所上的奏疏中，亦谈及了尧舜时代设立"谏鼓谤木"之事：

震前后所上，转有切至，帝既不平之……寻有河间男子赵腾诣阙上书，指陈得失。帝发怒，遂收考诏狱。结以罔上不道。震复上疏救之曰："臣闻尧、舜之世，谏鼓谤木，立之于朝；殷、周哲王，小人怨詈，则还自敬德。所以达聪明，开不讳，博采负薪，尽极下情也。今赵腾所坐激讦谤语为罪，与手刃犯法有差。乞为亏除，全腾之命，以诱刍荛舆人之言。"

另外，《国语·楚语上》记楚国著名谏臣白公子张之议云：

灵王虐，白公子张骤谏。……对曰："……齐桓、晋文，皆非嗣也，还轸诸侯，不敢淫逸，心类德音，以德有国。近臣谏，远臣谤，舆人诵，以自诰也。……桓、文皆然，君不度忧于二令君，而欲自逸也，无乃不可乎？"

此段议论中，有一句相当有名的"近臣谏，远臣谤"的话，明显地体现了在春秋战国时代人们的意识中"谏"与"谤"词义相近，是可以相提并论的。在《国语·晋语六》之中，范文子亦曾将"谏"与"谤"并列而言：

赵文子冠，见栾武子，武子曰："美哉！昔吾逮事庄主，华则荣矣，实之不知，请务实乎。"见中行宣子，宣子曰："美哉！惜也，吾老矣！"见范文子，文子曰："而今可以戒矣，夫贤者宠至而益戒，不足者为宠骄。故兴王赏谏臣，逸王罚之。吾闻古之王者，政德既成，又听于民，于是乎使工诵谏于朝，在列者献诗使勿兜，风听胪言于市，辨妖祥于谣，考百事于朝，问谤誉于路，有邪而正之，尽戒之术也。先王疾是骄也。"

在《左传·襄公十四年》的记载中，师旷之语，也有着同类的性质：

师旷侍于晋侯。晋侯曰："卫人出其君，不亦甚乎？"对曰："或者其君实甚。……自王以下，各有父兄子弟，以补察其政。史为书，瞽为诗，工诵箴谏，大夫规诲，士传言，庶人谤，商旅于市，百工献艺。故《夏书》曰：'遒人以木铎徇于路。官师相规，工执艺事以谏。'正月孟春，于是乎有之，谏失常也。天之爱民甚矣。岂其使一人肆于民上，以从其淫，而弃天地之性？必不然矣。"

上述两段条文中，范文子与师旷的议论，与前文所引召公谏厉王之论皆颇为近似，都列出了如诵谏、献诗、传言、规诲、谤议等臣民们向统治者表达不同意见的方式。但无论是范文子还是师旷，皆是将谏与谤并列而举的。这也说明了，在春秋时代有识之士的心目中，谤与谏基本上可以说是一回事，二者性质是十分接近的。到了战国时代，将谤与谏作为近义词并举的情形，依然时有表现。如《战国策·齐策一》（卷八）记云：

（邹忌）于是入朝见威王，……王曰："善。"乃下令："群臣吏民能面刺寡人之过者，受上赏；上书谏寡人者，受中赏；能谤议于市朝，闻寡人之耳者，受下赏。"令初下，群臣进谏，门庭若市……此所谓战胜于朝廷。

此处，齐威王将"上书谏"与"谤议于市朝"并举，足见在战国时代人们的意识里，谤与谏的性质仍然是相近、类同的。综合上述各条文，可以看到，在先秦时代，尤其是春秋战国时代，谤与谏这两个词的含义、性质大体上是一致的。诚然，由于"谤"一词在很多场合中有埋怨、责骂的意味，故而其表达意见的程度应该较"谏"更为激烈、尖锐，也更直露一些。但不论如何，由上述各材料我们不难看到，先秦时代有见识的大臣、士人以及身处高位的统治者，对于国家、政治层面上的"谤"大多数仍持一种积极的、认可的态度。纵览史籍，先秦时代直接对于"谤"表达出了禁绝的态度的重要政治人物，也就只有被召公批评的周厉王一人。其他的君主、大臣们如晋悼公、齐威王、齐宣王、晏子、范文子、师旷、邹忌等，或鲜明地表达了对于"谤"的支持，或者虽不喜欢，也不会简单粗暴地加以怪罪。据此可见，先秦时代的政治氛围在总体上是较为宽松、开明的。

二、先秦两汉"谤"与"谏"关系发生微妙变化

然而，到了实行大一统君主专制政治的秦汉时代，"谤"一词的含义、性质则发生了明显的、值得关注的变化。当然，在一般场合中，"谤"仍有着责怨、诋毁的含义，但到了国家、政治这一层面上，特别是涉及到君主、朝廷重大政治事务的时候，"谤"在先秦时代所含有的监督、批评统治者，并促使其改良政治、善待民众的积极意义则逐渐淡化，后来几乎消失。而其负面的、贬义的色彩，则愈来愈鲜明、浓厚，甚至于形成了一种严重的罪行——"诽谤罪"。

"诽"这个词，在中国古代社会生活中与"谤"的词义相当接近，也带有非议、诋毁的意味。《说文解字注》对"诽"的解释为："诽，谤也。诽之言非也，言非其实。"可见"诽"与"谤"之意甚为相近，二字连用而成的"诽谤"一词在先秦时代的重要文献典籍如《尚书》《诗经》《左传》《国语》《战国策》等书中并不常见。《管子·桓公问》之中，有"以观人诽也"之言，此处之"诽"，亦指臣民对于国君的批评，与先秦时代"谤"之意义相近。到了战国后期，在《韩非子》一书之中，"诽谤"一词语出现的次数就较多了。当然，在《韩非子》一书中，"诽谤"仍只有责备、埋怨之意。譬如《韩非子》卷六《解老篇》论曰："今有道之士，虽中外信顺，不以诽谤穷堕；虽死节轻财，不以侮罢羞贪；虽义端不党，不以去邪罪私；虽势尊衣美，不以夸贱欺贫。"又如卷廿〇《忠孝篇》述曰："夫为人子而常誉他人之亲，曰：'某子之亲，夜寝早起，强力生财以养子孙臣妾。'是诽谤其亲者也。为人臣常誉先王之德厚而愿之，是诽谤其君者也。"此二段条文中的"诽谤"，明显地有着怨骂、诋毁之意，但并未上升到罪行的高度。总的看来，除了周厉王残杀"谤者"等个别情况之外，先秦时代的大部分统治者均未将"谤"或"诽谤"视作严重的罪行。

秦汉时代，"谤"有时仍带有指责、埋怨的意义。例如《汉书·五行志中之上》载曰："君炕阳而暴虐，臣畏刑而钳口，则怨谤之气发於歌谣，故有诗妖。"此处的"怨谤"一词中的"谤"，仍然是臣民们对统治者不合理的举动表达不满，并督促其改良社会的一种手段。但是，更多时候，秦汉时代的统治者们对于涉及到治理方面的"谤"或者"诽谤"的理解与认识，就不仅仅只是停留在责备、诋毁的层次上，而是将之判定为一种欺君犯上的严重罪行。在这一时代，凡是

发出了为统治者所不喜欢的"谤言"的臣民，一般会遭到朝廷的逮捕、惩罚，甚至于被处死、灭族。例如《史记·魏其武安后列传》（卷一〇七）记载道：

> 武安曰："天下幸而安乐无事，蚡得为肺腑，所好音乐狗马田宅。蚡所爱倡优巧匠之属，不如魏其、灌夫日夜招聚天下豪桀壮士与论议，腹诽而心谤，不仰视天而俯画地，辟倪两宫间，幸天下有变，而欲有大功。臣乃不知魏其等所为！"

武安侯田蚡与魏其侯窦婴虽均为汉廷的外戚，但因为一些摩擦而成为了政治上的对头。此处田蚡控告窦婴与其挚友灌夫"腹诽而心谤"，其用意不外乎是要借此来对窦、灌二人进行政治上的打击，进而置之于死地。后来灌夫因田蚡的指控被灭族，窦婴也因极力营救灌夫，被政敌诬陷而"弃市渭城"。可见"腹诽"与"心谤"在当时的政治环境中已经是一种足以引来杀身乃至于灭族之祸的严重罪行了。

同样的，《汉书·盖诸葛刘郑孙毋将何传》（卷七七）中亦载录了汉宣帝时的大臣盖宽饶因上书而犯下"怨谤"之罪的事件：

> 是时，上方用刑法，信任中尚书宦官，宽饶奏封事曰："方今圣道浸废，儒术不行，以刑余为周、召，以法律为《诗》《书》。"……书奏，上以宽饶怨谤终不改，下其书中二千石。时，执金吾议，以为宽饶指意欲求禅，大逆不道。谏大夫郑昌愍伤宽饶忠直忧国，以言事不当意而为文吏所诋挫，上书颂宽饶曰：……上不听，遂下宽饶吏。宽饶引佩刀自刭北阙下，众莫不怜之。

对于盖宽饶的此种"怨谤"的罪行，执金吾将之判定为"大逆不道"，宣帝本人也恶恨盖宽饶之言，故而盖宽饶终于被迫自尽。由这一事件也可看出，汉代的君主，即使贤明如汉宣帝，对于发出刺耳的"谤言"之人，也是难于容忍，势必要将之加以诛灭的。

除了"心谤""怨谤"这些罪名，秦汉时代的统治者们更喜欢明确地以"诽谤"这一用语来给那些为自己所厌恶的，或者说出了犯忌的逆耳之言的臣民们定罪。"诽谤罪"这一名谓之出现，当在秦始皇的时候。据《史记·秦始皇本纪》（卷六）所载，秦始皇之所以会"坑儒"，一个最重要的原因，即在于这些儒生、方士之类的人物"诽谤"了自己：

> 侯生卢生相与谋曰：……於是乃亡去。始皇闻亡，乃大怒曰："吾前收

天下书不中用者尽去之。悉召文学方术士甚众，欲以兴太平，方士欲练以求奇药。今闻韩众去不报，徐市等费以巨万计，终不得药，徒奸利相告日闻。卢生等吾尊赐之甚厚，今乃诽谤我，以重吾不德也。诸生在咸阳者，吾使人廉问，或为訞言以乱黔首。"於是使御史悉案问诸生，诸生传相告引，乃自除犯禁者四百六十馀人，皆阬之咸阳，使天下知之，以惩后。……

又据《史记·李斯列传》（卷八七）所载，赵高与李斯矫诏以陷害扶苏与大将蒙恬，他们所捏造的一个主要的罪名即是"怨望诽谤"：

于是乃相与谋，诈为受始皇诏丞相，立子胡亥为太子。更为书赐长子扶苏曰："朕巡天下，祷祠名山诸神以延寿命。今扶苏与将军蒙恬将师数十万以屯边，十有余年矣，不能进而前，士卒多耗，无尺寸之功，乃反数上书直言诽谤我所为，以不得罢归为太子，日夜怨望。扶苏为人子不孝，其赐剑以自裁！将军蒙恬与扶苏居外，不匡正，宜知其谋。为人臣不忠，其赐死，以兵属裨将王离。"封其书以皇帝玺，遣胡亥客奉书赐扶苏于上郡。

如《史记·高祖本纪》（卷八）中所载，秦代苛法横行，"诽谤者族，偶语者弃市。"汉代虽因秦亡而兴起，但它对秦代以"诽谤"论罪的恶政，非但没有加以改革，在一定程度上反而变本加厉了。遍览《史记》《汉书》以及《后汉书》，统治者借着"诽谤罪"迫害臣民的事例，可谓屡见不鲜，比比皆是。如《史记·乐书》（卷二四）记曰：

中尉汲黯进曰："凡王者作乐，上以承祖宗，下以化兆民。今陛下得马，诗以为歌，协于宗庙，先帝百姓岂能知其音邪？"上默然不说。丞相公孙弘曰："黯诽谤圣制，当族。"

按照汲黯的政治对头公孙弘之意，汲黯犯了"诽谤圣制"之罪，这种罪行相当严重，犯事者不仅应该被处死，而且还要灭族。惩处之严重，令人震惊。据《汉书·刑法志》（卷二三）中的记载，在汉代初年以"大辟""夷三族"论罪的罪行中，即有所谓"诽谤詈诅"之罪：

汉兴之初，虽有约法三章，网漏吞舟之鱼。然其大辟，尚有夷三族之令。令曰："当三族者，皆先黥，劓，斩左右止，笞杀之，枭其首，菹其骨肉于市。其诽谤詈诅者，又先断舌。"故谓之具五刑。彭越、韩信之属皆受此诛。

像"笞杀""枭首""菹其骨肉"等等，刑罚之残酷，令人触目惊心。到了后世，虽然未必所有触犯"诽谤"之罪者皆要身受这样的酷刑，但他们的遭际，也是相当凄惨的。像《汉书·楚元王传》（卷三六）记云："孝宣皇帝时，夏侯胜坐诽谤系狱三年，免为庶人。"夏侯胜因诽谤之罪被判了三年囚刑，这应该还算是比较轻的处罚，至于宣帝时候的杨恽、元帝时候的京房，他们的运气就没那么好了。《汉书·公孙刘田王杨蔡陈郑传》（卷六六）记载宣帝之诛杀杨恽云：

会有日食变，驺马猥佐成上书告恽"骄奢不悔过，日食之咎，此人所致。"章下廷尉案验，得所予会宗书，宣帝见而恶之。廷尉当恽大逆无道，要斩。妻子徙酒泉郡。

由上述记载可知，宣帝之所以会腰斩杨恽，最主要的原因在于杨恽时常发一些为自己所厌恶的言论。如《报孙会宗书》中，便有些令宣帝不悦的不逊之辞。这类言辞，在刻意逢迎宣帝好恶的廷尉诸辈的眼中，则符合了"诽谤"的标准，由此引起了宣帝时代的一次大的文字狱。与之相似的，还有在《汉书·眭两夏侯京翼李传》（卷七五）中所载的元帝诛杀京房之事：

初，淮阳宪王舅张博从房受学，以女妻房。房与相亲，每朝见，辄为博道其语，以为上意欲用房议，而群臣恶其害己，故为众所排。……石显微司具知之，以房亲近，未敢言。及房出守郡，显告房与张博通谋，非谤政治，归恶天子，诖误诸侯王……初，房见道幽、厉事，出为御史大夫郑弘言之。房、博皆弃市，弘坐免为庶人。……

京房之遇害，其实是源于其政敌石显对于他的诬陷。石显陷害京房的一个主要理由，即是他与张博通谋以"诽谤政治，归恶天子"。这个事例也生动地说明了"诽谤罪"正是汉代的权要制造冤狱，清洗政敌，赢得政治斗争的一项重要手段。

到了东汉时代，统治者们以"诽谤"怪罪臣民，进而加以迫害的情形，亦未曾减少。譬如《后汉书·梁统列传》（卷三四）记云：

松数为私书请托郡县，……乃县飞书诽谤，下狱死，国除。

梁松乃东汉初年名臣梁统之子。他封国被除灭，自己也下狱论死，其主要的原因，还是犯了"怀怨望""飞书诽谤"之罪。"诽谤罪"不仅适用于臣民，也可以施之于皇帝的宗亲——刘姓诸侯王身上。譬如《后汉书·宗室四王三侯列传》（卷十四）载曰：

永元二年，和帝封睦庶子斟乡侯威为北海王，奉睦后。立七年，威以非睦子，又坐诽谤，槛车征诣廷尉，道自杀。

刘威乃光武、明帝所宠信的北海王刘睦的后嗣，本人也曾被立为北海王。但即使拥有这样显赫贵重的身份，亦难免因"诽谤"之罪而被迫自尽。除了上述事例，《后汉书》中还记载了不少当权之君主、大臣借"诽谤"的罪名来迫害臣民的史实。例如卷廿九《申屠刚鲍永郅恽列传》记载的权臣窦宪借诽谤罪迫害郅寿之事：

是时，大将军窦宪以外戚之宠，威倾天下。宪尝使门生赍书诣寿，有所请托，寿即送诏狱。前后上书陈宪骄恣，引王莽以诫国家。……宪怒，陷寿以买公田诽谤，下吏当诛。侍御史何敞上疏理之曰：……书奏，寿得减死，论徙合浦。未行，自杀，家属得归乡里。

又如卷五六《张王种陈列传》记载的汉顺帝借诽谤之罪收系赵腾等人之事：

及顺帝即位……时清河赵腾上言灾变，讥刺朝政，章下有司，收腾系考，所引党辈八十余人，皆以诽谤当伏重法。……

另如卷五七《杜栾刘李刘谢列传》所载的汉顺帝驾崩后，梁太后借诽谤罪打击上书苦谏营陵的栾巴之事：

会帝崩，营起宪陵。陵左右或有小人坟冢，主者欲有所侵毁，巴连上书苦谏。时梁太后临朝，诏诘巴曰："大行皇帝晏驾有日，卜择陵园，务从省约，茔域所极，裁二十顷，而巴虚言主者坏人家墓。事既非实，寝不报下，巴犹固遂其愚，复上诽谤。苟肆狂瞽，益不可长。"巴坐下狱，抵罪，禁锢还家……

东汉末年，掌权之臣王允亦借着谤书、讪议的名义处死了名臣蔡邕。卷六〇下《蔡邕列传》记曰：

及卓被诛，邕在司徒王允坐，殊不意言之而叹，有动于色。允勃然叱之曰："董卓国之大贼，几倾汉室。君为王臣，所宜同忿，而怀其私遇，以忘大节！今天诛有罪，而反相伤痛，岂不共为逆哉？"即收付廷尉治罪。邕陈辞谢，乞黥首刖足，继成汉史。……允曰："昔武帝不杀司马迁，使作谤书，流于后世。方今国祚中衰，神器不固，不可令佞臣执笔在幼主左右。既无益圣德，复使吾党蒙其讪议。"……邕遂死狱中。允悔，欲止而不及。

综上可见，在秦汉时代，"诽谤罪"乃一项近似于"欺君之罪"的严重、可怖的罪名。凡蒙受此一罪名者，大多数落得一个可悲的下场。"诽谤罪"在秦汉时代的大量出现，充分表明了大一统时代的专制者们对于辞气较为尖锐、激烈的"谤"言无法容忍，甚至可谓是切齿痛恨，必欲诛之而后快的一种心态。到了后世，虽然有的朝代废除了"诽谤罪"，但也常常以"非所宜言""妖言"等名目向那些言论不合于统治者心意的臣民们治罪并加以迫害。可以说，"以言治罪""文字狱"的传统一直贯穿于自秦汉以来的整个君主专制时代。秦汉时代以"诽谤"论罪的政治习惯，对于此种传统的养成，无疑是有着重要的开创性的作用的。

相对于"谤"或"诽谤"而言，秦汉时代（尤其是汉代）的统治者们对于"谏"的态度就要宽和大度得多。基本上是予以认同进而接纳的。秦代的皇帝一般都是拒绝臣民的进谏的，但秦代仍设有"谏大夫"这一官职（注），这表明，至少在名义、形式上，秦代的统治者们是认可"谏"这样一种政治行为的。到了汉代，君主们因为汲取了秦拒谏而亡的教训，对于臣民们的"谏诤""言谏"，大多都采取了认可、推崇的态度，有的时候甚至会因为天变、灾异或者政治上的疑难问题主动下诏求谏。例如，汉文帝就曾因日食的出现下诏求贤良及谏言之士。《汉书·文帝纪》（卷四）记曰：

（汉文帝二年）十一月癸卯晦，日有食之。诏曰："朕闻之，天生民，为之置君以养治之。人主不德，布政不均，则天示之灾以戒不治。乃十一月晦，日有食之，适见于天，灾孰大焉！……令至，其悉思朕之过失，及知见之所不及，以启告朕。及举贤良方正能直言极谏者，以匡朕之不逮。……

汉代的主流政治理论，亦颇以向帝王进谏为臣民们的一项重要而光荣的任务。如在《汉书·贾山传》（卷五一）之中，贾山上书于文帝，极言"忠谏"的必要性曰：

臣闻忠臣之事君也，言切直则不用而身危，不切直则不可以明道，故切直之言，明主所欲急闻，忠臣之所以蒙死而竭知也。……古者圣王之制，史在前书过失，工诵箴谏，瞽诵诗谏，公卿比谏，士传言谏，庶人谤于道，商旅议于市，然后君得闻其过失也。闻其过失而改之，见义而从之，所以永有天下也……

又，《汉书·鲍宣传》（卷七二）记载鲍宣上书汉哀帝云：

治天下者当用天下之心为心，不得自专快意而已也。上之皇天见谴，下之黎庶怨恨，次有谏争之臣，陛下苟欲自薄而厚恶臣，天下犹不听也。臣虽愚戆，独不知多受禄赐，美食太官，广田宅，厚妻子，不与恶人结仇怨以安身邪？诚迫大义，官以谏争为职，不敢不竭愚。……

《汉书·谷永传》（卷八五）载谷永上书汉成帝，亦有"危言可以保国"之语：

臣闻王天下有国家者，患在上有危亡之事，而危亡之言不得上闻；如使危亡之言辄上闻，则商、周不易姓而迭兴，三正不变改而更用。……。《易》曰："危者有其安者也，亡者保其存者也。"陛下诚垂宽明之听，无忌讳之诛，使刍荛之臣得尽所闻于前，不惧于后患，直言之路开，则四方众贤不远千里，辐凑陈忠，群臣之上愿，社稷之长福也。

上述诸贤士之议，均从君王之社稷安危、臣下之责任、黎民之福祉这几个角度论述了谏争对于国家治理的重要意义。这些倡导谏争的议论的大量出现，充分说明了汉代官方意志对于"谏"这一行为的肯定与推许。纵览史册，我们可以明白地看到，对于臣下的直谏，汉代帝王们一般不会加以怪罪，而且有时还会加以采纳。就此意义而言，汉代的"谏"与"谤"的词义、性质就渐渐由先秦时代的相似、接近变得越来越远，后来几乎成为了反义词。臣民们向君主进谏会得到称许、嘉奖乃至于被举荐为官，但他们若向统治者发出了"诽谤""谤讪"之言，则就成了大逆不道的罪犯，会蒙受到种种不幸与灾难。

三、先秦两汉"谤"与"谏"关系走向对立面

由上文所述，"谤"这一词语的基本概念乃是批评、埋怨与责骂。从先秦到两汉时代这一词语在一般日常社会生活中的含义其实并未发生根本性的改变，但它在国家治理这一层面上的意义、性质及其所附带的褒贬的色彩则发生了引

人关注的重大转变。这种转变的表现即是"谤"与"谏"的关系由相近相似变得几乎成为了反义词。那么,为什么会出现这种变化呢?其个中原因,即是相较于先秦时代而言,秦汉时代整个社会文化氛围以及君主们对自己身份的认同态度发生了重大的变革。此种变革,直接导致了秦汉时代君主们对于"谤"这种举动的态度的转变,跟着引起了"谤"一词含义的转变。

首先,从先秦时代的社会文化背景来看。在先秦时代(由于上古、夏、商、时代文献资料较少,本文主要考察的是西周及春秋战国时代的情形。)就政治制度而言,主要实行的乃是分封建国的制度。这时的君主们,不论是身为共主的天子,还是分封于各地的诸侯,大多数皆为世袭的贵族。他们当中固然不乏昏庸残暴之辈,然就总体的社会文化氛围而言,则大多数是尊贤重士,重视士大夫们的言议,也颇能够体察民情的。如《尚书·无逸》载周公之言曰:

呜呼!自殷王中宗及高宗及祖甲及我周文王,兹四人迪哲。厥或告之曰:"小人怨汝詈汝。"则皇自敬德。厥愆,曰:"朕之愆。"

周公在这里讲述了商周时代的贤明君主殷中宗祖乙、高宗武丁、祖甲及周文王重视臣民的舆论,善于接纳别人批评的雅量。对这些明君们而言,大臣、臣民对我之所以会有批评与埋怨,主要的责任应在我身上,我理当接受批评来鞭策自己,不敢对责骂我的人有愤怒的情绪。这样一种谦虚自抑、宽纳直言及詈骂的态度,正体现出了武丁、周文王等君主博大的胸襟与旁人难以企及的雅量。《诗·大雅·文王》赞颂道:"穆穆文王,于缉熙敬止。"此种由贵族政治衍生出来的讲究礼仪道德、尊重臣民们批评意见的作风,对于春秋战国时代的君主们起到了相当大的模范作用。刘向《新序·杂事第五》记载了一则闾丘卬游说齐宣王之事:

齐有闾丘卬年十八,道鞍宣王曰:"家贫亲老,愿得小仕。"宣王曰:"子年尚稚,未可也。"闾丘卬曰:"不然,昔有颛顼行年十二而治天下,秦项橐七岁为圣人师,由此观之,卬不肖耳,年不稚矣。"宣王曰:"未有咫角骖驹而能服重致远者也,由此观之,夫士亦华发堕颠而后可用耳。"闾丘卬曰:"不然。夫尺有所短,寸有所长,骅骝绿骥,天下之俊马也,使之与狸鼬试于釜灶之间,其疾未必能过狸鼬也;黄鹄白鹤,一举千里,使之与燕服翼,试之堂庑之下,庐室之间,其便未必能过燕服翼也。辟闾巨阙,天下之利器也,击石不缺,刺石不锉,使之与管槁决目出眯,其便未必能过管槁也,由此观之,华发堕颠与邛,何以异哉?"宣王曰:"善。子有善言,何见寡人之晚也?"卬对曰:"夫鸡处謷噷,则夺钟鼓之音;云霞充咽则夺日月之明,谏人在侧,是见晚也。诗曰:'听言则对,言则退。'庸得进乎?"宣王拊轼曰:"寡人有过。"遂载与之俱归而用焉。

闾丘卬在当时仅为一个十八岁的平民,为了求取官职而在宣王面前无所拘忌,高谈阔论,宣王身为一国之君,则放下了君主的架子,对这位年青人敬礼有加,足可见先秦时代的君主们礼贤下士的风度。

另外,春秋战国时代的君主们都是分封割据之主(即使是周天子,其直接统辖的区域也是有限的),他们中的很多人,即便是在自己所统辖的国家之内,其政治权力也常常被一些世袭的权贵及大家族所分割、侵夺。如春秋时代的齐国国内有高氏、国氏、田氏这样的世袭权贵家族,晋国国内有赵氏、韩氏、魏氏、郤氏、智氏、栾氏等世袭权贵家族,鲁国国内有号称"三桓"的季孙氏、叔孙氏、孟孙氏这三大权贵之家。到了战国时代,权贵擅权,与国君抗衡的情形在许多国家内依然存在。如赵国的平原君、魏国的信陵君、楚国的春申君及齐国的孟尝君皆是名望满天下,且势力足以与国君分庭抗礼的权贵重臣。就连秦国这样的素来强调君主权威的国家,也有穰侯魏冉、文信侯吕不韦这样的亲贵重臣,其权势曾一度凌驾于国君之上。故此,可以说,春秋战国时代的很多君主,他们的权力与声望在很多时候是受到了诸多限制的,还有的甚至已经被权臣完全架空,成为了傀儡。相较而言,他们的政治声威与权势是无法与秦汉时代大一统的集权君主的绝对权威相比拟的。

正因为并不拥有至高无上的权位,同时又受到了相当程度的道德、礼仪文化的训练,故而这些分封的君主们多数都能谦抑自己,尊重有才能的士人,并且希望依靠士人们来辅助自己,让自己的国家变得富强。在春秋战国时代,这样一种礼贤重士的习惯甚至于演化成了"士贵,王不贵"的风气。《资治通鉴》卷一记载了战国时代魏国子击与田子方的一段对话:

子击出,遭田子方于道,下车伏谒。子方不为礼。子击怒,谓子方曰:"富贵者骄人乎?贫贱者骄人乎?"子方曰:"亦贫贱者骄人耳,富贵者安敢骄人!国君而骄人则失其国,大夫而骄人则失其家。失其国者未闻有以国待之者也,失其家者未闻有以家待之者也。夫士贫贱者,言不用,行不合,则纳履而去耳,安往而不得贫贱哉!"子击乃谢之。

从这段贫贱之士可以骄人的言论,可以看出战国时代"士"这一阶层普遍受到统治者的尊重的情况。又,《战国策·齐策四》(卷十一)载录齐宣王见颜斶的情形道：

> 齐宣王见颜斶，曰："前！"亦曰："王前！"宣王不悦。左右曰："王，人君也。斶，人臣也。王曰'斶前'，斶亦曰'王前'，可乎"斶对曰："夫斶前为慕势，王前为趋士。与使斶为慕势，不如使王为趋士。"王忿然作色曰："王者贵乎？士贵乎？"对曰："士贵耳，王者不贵。"……

同样的，由《史记·孟子荀卿列传》（卷七四）对于各国诸侯及当权者尊奉邹衍之行为的记载，我们亦可以看见到在战国时代，统治者对于当时游谈列国的名士的一种尊奉敬重，甚至可谓是卑躬屈膝的态度：

> 是以驺子重于齐。适梁，惠王郊迎，执宾主之礼。适赵，平原君侧行撇席。如燕，昭王拥彗先驱，请列弟子之座而受业，筑碣石宫，身亲往师之。

在士人们普遍受到国君尊敬的同时，战国时代许多政论家们对于当时处于社会下层的民众的地位亦十分看重。其中最典型的表现是由儒家"亚圣"孟子所推许的"民贵君轻"之说。《孟子·尽心下》明确提出了"民为贵，社稷次之，君为轻"的看法。同时，孟子还提出了"暴君放伐论"。在《孟子·梁惠王下》之中，他认为，民众对那些"残贼百姓"的"独夫"，是完全可以加以诛杀的。按照孟子的逻辑，民众连诛杀君主的权力都有，那么，埋怨、责骂一下为政不善的君主，就更加天经地义了。在这样的习惯于限制君主的权势，"士贵，王不贵"，以及"民贵君轻"的较为平等、宽松的政治文化氛围之中，士大夫、平民们批评、责骂一下君主，不论是"谏"也好，"谤"也好，都是理所当然，无伤大雅的。故此，在先秦时代，我们较少看到国君因为"谤"或者"诽谤"而论罪于臣民的情况。

然而，到了秦汉时代，国家的政治制度及整个社会文化氛围都发生了大转折、大变革，君主与臣民之间的关系也随之而发生了巨大的变动。先来看秦朝，就政治制度而言，秦始皇灭六国，一统天下，废封建而立郡县，以一套完整而庞大的大一统集权政治制度取代了先秦时代延续已久的分封建国的制度。在文化思想方面，秦朝焚诗书、坑儒生、灭百家，以商鞅、韩非的法家理论为主流的治理理论。在这套治理理论所设计的政治制度中，皇帝拥有绝对的权力，以及至高无上的地位，居于皇权统治之下的臣民们，则务必是低贱、卑下，绝对服从于皇权的。这就是所谓的"尊君卑臣"或者"扬君抑臣"之说。《史记·商君列传》记商鞅变法之一重要内容即是"明尊卑，秩等级"。韩非子更明确地表达了君主当以权势与刑罚凌越于群臣万民之上,不能使臣民们反过来控制君主的观念。如《韩非子·五蠹》议曰:"今人主处制人之势,有一国之厚,重赏严诛,得操其柄以修明术之所烛,虽有田常、子罕之臣,不敢欺也……"又其《扬权》论曰:"君不同于群臣。是故明主贵独到之容,君臣不同道。"故而"有道之君,不贵其臣。"他的《二柄》亦论曰:"明主之导制其臣者,二柄而已矣。二柄者,刑德也。"这些言论充分地表明了在韩非的眼中,君与臣之间是没有任何情义可言的,有的只是赤裸裸的权力和利益的争斗。君主所要做的,乃是牢牢地控制住臣民,使之为自己的私人利益服务;身为臣下平民之人则必须唯唯诺诺,绝对服从君主的指令与意愿。如《韩非子·忠孝》所言:"尽力守法,专心事主为忠臣。"如果敢于违抗,则当遭受严厉惩罚。

如果说韩非子的"扬君抑臣"之论还可以说是愤恨于春秋战国之世乱臣贼子篡权夺位的屡屡发生而发出的过激之论的话,那么秦朝的重臣李斯为秦始皇及秦二世所阐扬的种种尊君卑臣的理论则是出于追求功名利禄的目的,有意而又无耻的对于绝对君权的吹捧与谄谀了。据《史记·李斯列传》(卷八七)所载,在秦始皇的时代,李斯就曾非常即积极地提出了尊奉秦始皇为"泰皇",以及"焚书"的政策意见,以附和秦始皇一人专权的欲望。到了秦二世的时候,他为了保住自己的禄位,又主动地向二世上书道:

> 夫贤主者,必且能全道而行督责之术者也。督责之,则臣不敢不竭能以徇其主矣。此臣主之分定,上下之义明,则天下贤不肖莫敢不尽力竭任以徇其君矣。是故明主独制於天下而无所制也。……夫不能修申、韩之明术,行督责之道,专以天下自适也,而徒务苦形劳神,以身徇百姓,则是黔首之役,非畜天下者也,何足贵哉!……彼唯明主为能深督轻罪。夫罪轻且督深,而况有重罪乎?故民不敢犯也。……天下安则主严尊,主严尊则督责必,督责必则所求得,所求得则国家富,国家富则君乐丰。故督责之术设,则所欲无不得矣。……

这篇文章,真可谓是君主专权思想的宣言书了。在李斯看来,处于独尊地位的"明主",就应该追求"所欲无不得",即想干什么就干什么。同时,对于臣下与百姓,他又应该行"督责"之法,即叫他们做什么他们就得做什么。据《史记》本传所载,这篇文章呈上之后,二世皇帝对之颇为欣赏("书奏,二世悦")。其实,秦帝国自始皇开始,至子婴亡国,基本上都是按照这一套政治理论来行事的。如秦始皇焚书坑儒,滥用民力来修长城、筑驰道、建阿房宫;二世听信赵高之言大肆屠戮自己的兄弟亲眷、公卿将士。在这样一种政治氛围当中,处于权力中心的君主的私欲自然就无限地膨胀起来,变成骄横自负的"独夫"。他会想当然地认为自己在任何时候都是完全绝对正确的，甚至就是真理的化身。有了这样一种自我身份认同，君主怎么可能听得进臣民们的批评、逆耳之言呢？处在君主"督责"之下的臣民们，整日都是提心吊胆，唯恐一不小心就触到君主的"逆鳞"，惹来杀身之祸，他们又怎么敢冒大不韪去直言批评君主呢？

其次，从汉朝的情形来看。秦因暴虐无道而为平民及六国贵族的联合起义所推翻。秦亡之后，取而代之者即为汉朝。汉朝的开国之君高祖刘邦虽然也曾是反秦起义的领袖之一，但他很明显地对秦王朝的大一统专制制度抱有浓厚的兴趣。在战胜项羽后不久，他便在群臣的拥戴之下做了大一统汉帝国的开国皇帝。在汉朝大一统集权政治的格局之中，皇帝虽然有时候出于政治的需要会对一些重臣、诸侯作出一些权力上的让步，会勉强接纳一些儒生、文士的谏言，但他至高无上的权威仍然是凛然不可侵犯的。汉朝自武帝起虽说大规模地缘饰儒术，独尊经学，然而在很大程度上，其政治的本质仍然是由法家所强调的"尊君卑臣"的皇权专制。同时，在施政过程中，汉武帝更多的还是依赖由法家所强调的严刑重法。在西汉最强盛的汉武帝和汉宣帝时代，可以说是酷吏丛夥的时代。汉宣帝时代诚然也有不少有名的仁厚爱民的"循吏"，然而和泛滥于各地的酷吏比起来，在数量和影响力都是无法比拟的，这说明了汉朝政治"外儒内法"的特质。汉宣帝"汉家自有法度，本以霸王道杂之"之语，表明皇帝本人也认识到了这一点。这表明汉朝政治制度在很大程度上是沿袭秦朝政治制度而来的，二者本质上的区别其实是很有限的。

比如汉武帝时期，可谓是汉王朝最为强盛的时期，同时也是大一统的专制政治发展到了登峰造极地步的时期。譬如，他大兴兵役，北击匈奴，虽说战功不少，但也耗尽了天下的民力财力。到了后期，他又到处求神访仙、縻费钱财，给社会民生带来了巨大的损害。另外，他颁布了"推恩令"以削弱地方分封诸侯的势力，先后找借口除灭了淮南、江都、衡山三个王国，使得地方诸侯噤若寒蝉。在中央朝廷之内，他又随意猜忌、诛杀公卿名士。许多被他一手提拔起来的宰相，如李蔡、庄青翟、赵周、公孙贺、刘屈氂等，皆被他一一诛杀。他亲自选用的一些重臣名士如严助、主父偃、朱买臣等人，也最终一一死于非命。如前所述，汉武帝还喜欢任用酷吏，像甯成、周阳由、义纵、张汤、杜周等人。此辈酷吏，多阿附武帝的私欲，以苛酷的刑法来冤枉迫害群臣百姓，迎合取悦武帝。由《汉书》之《酷吏列传》《张汤传》《杜周传》及《刑法志》中的记载，可以充分地了解到武帝时代刑狱的黑暗以及冤狱的丛多。据《汉书·眭两夏侯京翼李传》（卷七五）所载，汉宣帝之时，长信少府夏侯胜曾上书论武帝之功过道：

> 武帝虽有攘四夷广土斥境之功,然多杀士众,竭民财力,奢泰亡度,天下虚耗,百姓流离,物故者半。蝗虫大起,赤地数千里,或人民相食,畜积至今未复。亡德泽于民,不宜为立庙乐。

可见,在滥用民力、苛待臣民、重用刑治等方面,汉武帝比起秦始皇来简直是有过之而无不及。在这种苛酷、专制的政治环境之中,汉代的君主们自然会养成如秦朝皇帝一样的骄横自大,难容逆耳之言的心理。他们以言治罪,将"谤"或"诽谤"列为大逆不道的罪行的做法,自然也与秦朝的帝王们的行径别无二致了。

据史书的记载,在汉代建国之初,高祖刘邦曾以"约法三章"代替了秦王朝的繁刑苛法,汉文帝也曾一度下诏废除"诽谤"之罪,但这一宽大的政策并未执行多久。到了武帝时代,又恢复了"腹诽心谤"的罪刑并以之来惩治自己所不喜欢的臣民。到了宣帝、元帝时代,以诽谤论罪的情况愈来愈多,前文所述的宣帝时的盖宽饶、杨恽诸人的案例即是显证。

当然,不论如何,汉代的统治者们较之于秦代的统治者还是要聪明一些。他们对于言论、思想的管制相对来说还是有了些改进。其最大的表现,即是汉代的帝王们对于那些忠直的谏言大多数采取的是容忍、接纳的态度,不像秦朝的皇帝那样一昧的拒绝、打压。汉朝的帝王们之所以在怪罪"谤"的同时又接纳"谏",其缘由一则是汲取秦亡的教训,为了自己江山社稷的稳固与长久需要有人提意见与建议;二则是与辞气激烈、尖锐的谤言比起来,谏言一般都显得较为委婉、含蓄。"谤"是责骂式的,"谏"则是奉劝式的。相较之下,"谤"自然更容易触动专制君主们自大自负而又敏感的神经,从而引起他们的猜忌与恼怒,进而加以怪罪与严惩;"谏"则不大会触怒君主,有的时候反而会令君主觉得自己很开明,是尧舜一样的善于"纳谏"的贤明君主,满足了君主自信自大的心理。君主的态度与处理方式的不同,也正是两汉时代"谤"与"谏"的词义性质越来越远,甚至于走向了对立面的重要原因。

总而言之,从先秦两汉"谤"一词含义及性质的转化,可以看出在分封建国制与君主集权制这两种政治制度下君主自我身份认定及其施政态度的截然不同,以及不同的制度对于社会的文化、心理所造成的不同的影响。

两汉时代谏议与灾异学说之关系

一、谏议现象概述

谏议，或曰言谏，乃是中国传统君主社会中一种源远流长，且有着巨大的社会、文化影响力的现象。所谓的"谏议"，与"言谏""谏诤"等词，其词义较为接近，再结合历代文献的记载，均可以解释为一种传统君主时代的以言辞、议论为主要方式的针对君主（以及君主所负责的朝廷）的一种监督。这种监督主要是道德、舆论性质的。可以说，谏议乃是传统的君主社会中唯一相对有效的以臣民监督君主的方法，它能在一定程度上抑止君主的贪暴、腐败之行径，从而使国家得到治理，社会获得长久的安定。因此，它在中国古代有着巨大的影响力和举足轻重的地位。

二、两汉时代的谏议与灾异学说

谏议基本上贯穿于整个君主时代。不论在哪个朝代，它以臣下监督君上的实质都是一致的。然而，在不同的时代，谏议的具体表现形态及特征则有差异。从这些差异，我们亦可以窥见各个时代社会、文化等背景的某些特质。汉朝作为中国君主时代第一个统一而长久的中央集权制王朝，它所执行的谏议理念是有着一定的典型性意义的。具体而言，其中一个鲜明而重要的特征是，它与当时社会上所流行的天人感应中的灾异学说，或曰灾异谴告学说紧密关联与相互融合。这种融合对于两汉时代的谏议政治及思想文化均造成了相当的影响，因此，是有着研讨价值的。

所谓灾异学说，或曰灾异谴告学说，应该可算作两汉之际社会上盛行的天人感应学说中重要的一环。天人感应学说乃是中国古代十分重要的一种神秘主义理论。它的主要内涵，简而言之，即是将上天视为人格化的，有主观意识的主宰。它时刻关注着世间人们的种种行为、事件，并通过各种方式来与人事产生感应与互动。此种认为天命、人事可以互为感知、反应的观念，早在上古三代之际即已产生。如《尚书·汤誓》述曰："有夏多罪，天命殛之。"《诗经·商颂》云："天命玄鸟，降而生商。"到了两汉时代，天人感应学说进一步丰富、系统化，基本形成了一套较为完备的理论体系。彼时社会上流行的许多神秘主义理念如阴阳五行学说、谶纬说、天命说、祥瑞说，还有灾异学说，其实皆可以纳入这一体系之中。

作为天人感应学说的一个重要组成部分，灾异谴告学说的基本理念，也不外乎是上天与人事因为某种缘故而产生感应与影响。不过，灾异学说所涉及的内容更为具体。提到了灾异学说，就有必要讲一讲祥瑞说。灾异学说与祥瑞说可谓一对性质相似，又互为相反的学说。它们的政治意味均十分浓厚，主要关注的是上天（上帝）与人世间的君主及他的各类政治性言行的关系。如果人世的君主贤明有德，将国家治理得井井有条，那么，上天就会十分欣喜，为此而呈现或降下一些预示着美好未来的事物，如龙、凤、麒麟、灵芝、嘉禾等，这些事物被称为祥瑞。它们代表着上苍对于君主的认可与褒扬，同时也预告国家进一步的兴旺发达、太平安乐。这就是所谓的祥瑞说。

反之，如果人世的君主品性行为乖戾，在政治上举措失当，致使国家动荡、百姓遭殃，那么，上天就会因此而降下一些灾害性的事物及现象，比如日蚀、星象变异、地震、洪水、旱灾，或一些被称作"妖孽"的反常的事物来予以警示。这些灾异性的现象与事物，亦可说是对于未来君主下台、王朝走向灭亡的一种预兆。面对这些灾异性的预兆、警示，君主则应该改正失误，整顿政治，尽力恢复国家与社会的稳定与安宁。如此，上天所降下的灾异即会消失。如果君主继续一意孤行，执迷不悟，上天就会因之而愈发震怒，最终降下灾难，使得王朝覆亡。此种富于逻辑性的神秘理念，是所谓的灾异说。因为上天降下灾异有着谴责君主，预示其在未来覆亡的命运，故又常被称作灾异谴告学说。

这种上天警示、灾异谴告的观念，早在三代时期便已出现。例如，《左传·昭公七年》载晋国文伯之言曰："国无政，不用善，则自取谪于日月之灾，故政不可不慎也。"此处，文伯将"日月之灾"与国君的政治行为联系起来。又如《国语·周语上》载："幽王三年，西周三川皆震。伯阳父曰：'周将亡矣。夫天地之序，不失其序。若过其序，民乱之也。阳伏而不能出，阴迫而不能烝，于是有地震。今三川实震，是阳失其所而镇阴也。阳失而在阴，川源必塞。源塞，国必亡。'"这里，伯阳父将三川之震视作了预示西周最终灭亡的灾异，也体现出了一种明显的灾异思想。

到了两汉时代，特别是武帝、昭帝及以后的时期，灾异的思想观念进一步丰富化、逻辑化和系统化，并且与阴阳五行学说、谶纬学说等神秘主义理念产生了进一步的关联。这个时代产生了许多有名的说灾异的学者，诸如董仲舒、刘向、谷永、夏侯胜、眭弘、李寻等。在这些学者当中，董仲舒的灾异学理论无疑是最具有体系性及逻辑性的。他的著作《春秋繁露·必仁且智》，细致地诠释"灾异谴告说"云：

> 臣谨案《春秋》之中，视前世已行之事，以观天人相与之际，甚可畏也。国家将有失道之败，而天乃先出灾害以谴告之，不知自省，又出怪异以警惧之，尚不知变，而伤败乃至。以此见天心之仁爱人君而欲止其乱也。

董仲舒之此番论述明确体现出了一种天意——人事互动的逻辑观念。除董仲舒之外，西汉后期的谷永，亦是一位对灾异学说有着较为深入认识的学者，《汉书·谷永传》（卷八五）记其向汉成帝上书论及灾异云：

> 臣闻灾异，皇天所以谴告人君过失，犹严父之明诫。畏惧敬改，则祸销福降；忽然简易，则咎罚不除。……今三年之间，灾异锋起，小大毕具，所行不享上帝，上帝不豫，炳然甚著。不求之身，无所改正，疏举广谋，又不用其言，是循不享之迹，无谢过之实也，天责愈深。此五者，王事之纲纪。南面之急务，唯陛下留神。

谷永之言的涵义与董仲舒所言大致相近，其大意与前文中关于灾异说的阐述也基本上一致。就董、谷二人的灾异论来看，汉代的灾异说理论已经相当地成熟、完备而系统化了。自昭帝、宣帝以来，有不少的文人、大臣借助于灾异说的理论来向皇帝进谏，说服皇帝接受自己对某一问题的意见。因此，谏议政治中开始融入了大量的灾异学说之因素。在诸多的借灾异以进谏的谏臣之中，刘向应当是其中最具有代表性的一位。

刘向，字子政，又名更生，乃是汉代有名的文人、学者及政治家，同时，他也是一位说《春秋》灾异之学的专家。他的《春秋》灾异之学，当时承自董仲舒而来。此外，他还根据《尚书·洪范篇》编写了一部详述灾异之说的《洪范五行传论》。论起出身，刘向乃高祖刘邦之弟楚元王刘交之后代，算得上是汉朝的宗室子弟。他身处汉成帝之时，目睹了当时外戚王氏之擅权，太后王政君的兄弟王凤诸人相继身任权臣、列侯，心中忧虑刘姓皇室大权旁落，甚而至于皇位不保，故而借《洪范五行传论》中的灾异说来劝谏汉成帝黜远王氏。除了外戚王氏，对于朝廷中的其他奸险之辈，刘向亦采取了斗争的态度。例如，在元帝时期，中枢书宦官弘恭及石显等权奸当道，诬陷萧望之、周堪、张猛等忠良之臣，刘向心中为之鸣不平，即上书劝谏元帝，希望元帝能远斥奸小，亲近贤良。《汉书·刘向传》（卷三六）其奏疏言曰：

> ……是后尹氏世卿而专恣,诸侯背畔而不朝,周室卑微。二百四十二年之间,日食三十六,地震五,山陵崩阤二,彗星三见,夜常星不见,夜中星陨如雨一,火灾十四。长狄入三国,五石陨坠,六鹢退飞,多麋,有蜮、蜚,鸜鹆来巢者,皆一见。……当是时,祸乱辄应,弑君三十六,亡国五十二,诸侯奔走,不得保其社稷者,不可胜数也。……由此观之,和气致祥,乖气致异;祥多者其国安,异众者其国危,天地之常经,古今之通义也。……今以陛下明知,诚深思天地之心,……考祥应之福,省灾异之祸,以揆当世之变,放远佞邪之党,坏散险诐之聚,杜闭群枉之门,广开众正之路,决断狐疑,分别犹豫,使是非炳然可知,则百异消灭,而众祥并至,太平之基,万世之利也。

此篇文章历数了自春秋以来的各种灾异,得出了这样的一个结论:"和气致祥,乖气致异"。灾异之出现,乃是由于像石显、弘恭这样的权奸当道弄权,谮害忠良之臣。要消除灾异,招来祥和之气,就必须任用贤良之士,黜斥小人,杜塞佞臣妄言。从此篇文章中我们即可看出刘向谏议奏疏中的灾异谴告之意识:君主为政不当,任用石显、弘恭等奸恶之辈,故而上天示之以灾异谴告。若君主醒悟而黜逐惩罚显、恭之辈,则灾异自会消除,祥和之气亦会因之而降临。

在刘向之外,西汉中后期时的许多大臣如谷永、京房、杜邺等也多借助于灾异之说来向皇帝进谏,以求得政治的清明与社会的治理。像谷永,不仅熟悉灾异学理论,而且更善于利用此种理论来向皇帝进谏,以发挥其政治上的实效。《汉书·谷永传》(卷八五)载汉成帝建始三年冬,谷永借天气异常、日食、地震等灾异之变向成帝上书进谏云:

> ……元年正月,白气较然起乎东方,至其四月,黄浊四塞,覆冒京师,申以大水,著以震蚀。各有占应,相为表里,百官庶事无所归倚,陛下独不怪与?白气起东方,贱人将兴之表也;黄浊冒京师,王道微绝之应也。……后宫女吏使令有直意者,广求于微贱之间,以遇天所开右,慰释皇太后之忧愠,解谢上帝之谴怒,则继嗣蕃滋,灾异讫息。陛下则不深察愚臣之言,忽于天地之戒,咎根不除,水雨之灾,山石之异,将发不久;发则灾异已极,天变成形,臣虽欲捐身关策,不及事已。

谷永以为天变、日蚀、地震等灾异之出现,乃由于成帝为政不当,宠溺美色与奸佞小人。要清除此等灾异,应远离美色、奸小之辈。这里的美色应当指的是成帝宠幸的"红颜祸水"赵飞燕。到了东汉时代,朝中大臣借灾异之说向君主进谏的风气依然盛行。东汉一些较为有名的忠直之臣，如杨震、李固、窦武等人上疏劝谏君主，皆有借助于灾异之说的情形。

两汉时代谏议与灾异学说之紧密关联，除了表现在臣民们经常借灾异学说进谏的行为上，还表现在这一时期的帝王们屡屡因为自然界发生的各种灾异而颁下诏书自责，并同时号召直言之士上疏进谏的举动。如据《汉书·宣帝纪》所载，地节三年，汉宣帝曾因地震的灾害下诏求取直言极谏之士："乃者九月壬申地震，朕甚惧焉。有能箴朕过失，及贤良方正直言极谏之士以匡朕之不逮，毋讳有司。"又，汉元帝在初元二年亦曾因地震之灾而求取直言极谏之士。同样的情形，在汉成帝时代也曾发生过。据《汉书·成帝纪》所载，建始三年这一年中，曾接连发生日蚀、地震等诸多灾异。汉成帝乃因此而颁下诏书，求取谏言，并举荐直言不讳之士。到了东汉时代，则几乎每一代的君主们都有类似的因天灾而求取直谏之言的习惯，或曰规矩。这些因灾异而虚心求谏的君主，其间固不乏贤明有德者，但亦有相当的一部分，如汉哀帝、汉桓帝等，乃是一向为人们所诟病的昏庸之君。就连他们，亦能做到因灾异而下诏求取直谏之士与直谏之言，足见此种举措已不只是帝王的个人行为，而已经成为一种相沿成习的政治传统，或曰固定的制度了。就此，我们可以看出两汉时代灾异学说与谏议政治的密切联系与结合。

三、两汉时代谏议政治与灾异学说互为融合之原因

在两汉时代，臣民们借灾异进谏以及帝王们因灾异而下诏求谏言的现象可谓比比皆是。那么，谏议和灾异学说为何会在两汉时代产生这样密切而深入的联系与融合呢？这自然与当时的社会、文化背景等因素息息相关。其个中原因大体可以归纳为以下三点：

第一，汉代谏议与灾异说之结合，与中国自上古以来形成的一种巫师或主持沟通神灵之官员借上天或上帝的意旨来劝谏君主，影响君主的各类决策的政治传统有莫大的关系。在上古时代，尤其是商代，巫师在国家政权中享有着极为崇高的地位。举凡国家大事，如如何治理国家、战争、祭祀等，处处都有巫师来参与甚至于作出决策。如商代太戊时的巫咸，可谓当时国家神权之最高代表，享有极高的权位。巫师之所以在当时拥有这么高的权位，其主要原因是由于那时人们认为巫师可以与上天、上帝相沟通，能够代表上天的意志。这样，即使身处国家权力中心的帝王，亦不得不对之表现出敬畏的态度。正是由于有了此种特殊尊崇的身份，故而巫师往往可借助于所谓上天的旨意、"神谕"来向君王提意见，劝谏君王，影响君王的某些决策。在大多数情况下，君王也只好采取听从的态度。

到了春秋战国时代，随着人们理性意识的提高及周王朝中央王权的崩溃，巫师在国家政权中的地位大为降低，旧的巫术信仰系统也渐趋瓦解分散，大部分流落到了民间，成为了算命先生、捉妖捉鬼术士之类的下层人物。这样，巫师劝喻君主的政治现象便愈来愈少了。但是，此种借助于上天的意旨、神谕及神秘主义的理念来劝喻君主，向君主进谏的习惯性思维在社会上仍然是存在的。就在春秋战国以及秦汉时代，虽然旧的巫术信仰流落到了民间，但同时也涌现出了许多新式的神秘主义信仰，例如宣扬长生不老的神仙信仰、宣扬天人交感互动的阴阳五行学说、符命说、谶纬说、祥瑞说、灾异说。这些新式的神秘主义信仰被当时社会上不少的大臣、文人、方士拿来与借天意、神谕向君主进谏的习惯结合起来，造成了汉代所流行的借灾异说向君主进谏的政治现象。

第二，汉代今文经学之盛行，亦是促成当时谏议与灾异说相结合的重要原因。汉代自武帝实行"罢黜百家，独尊儒术"的文化学术政策以来，儒家经学大为盛行。昭帝、宣帝之后，今文经学取得了社会主流意识形态的地位。今文经学之一重要特征，即是对于阴阳灾异祥瑞之说的认可与宣扬。例如汉武帝时代宣扬"独尊儒术"的董仲舒是一位有名的借《公羊春秋》说灾异的学者，汉元帝时的名士京房借《易》以说灾异，著名学者刘向则以《尚书·洪范》说灾异。另外，昭帝时研习《春秋》的眭弘、研习《尚书》的夏侯胜、元帝时研习《诗》的翼奉、成帝时研习《尚书·洪范》的李寻，以及经学名臣谷永、杜邺诸人，皆是善言灾异之士。故此，我们可以说，今文经学之昌盛引发了汉代自昭帝、宣帝之后天命及阴阳灾异之说的流行。许多政治事件的发生，皆与灾异之说有密切的关系。如霍光废掉昌邑王刘贺之事件，即伴随有许多妖灾变怪之现象。《汉书·武五子传》（卷六三）记曰：

> 初，贺在国时，数有怪。尝见白犬，高三尺，无头，其颈以下似人，而冠方山冠。后见熊，左右皆莫见。又大鸟飞集宫中。王知，恶之，辄以问郎中令遂。遂为言其故，语在《五行志》。王仰天叹曰："不祥何为数来！"……后又血污王坐席，王问遂，遂叫然号曰："宫空不久，祅祥数至。血者，阴忧象也。宜畏慎自省。"……贺不用其言，卒至于废。

同类的，如汉成帝时宰相翟方进因天象变异而被赐自尽（见《汉书》卷八四《翟方进传》）、权臣王凤借助于灾异之说来打倒其政敌王章（见《汉书》卷六八《外戚传》）……种种事例，均说明了当时天命灾异之说对于政治的深切影响。到了东汉时代，灾异说的观念在社会上仍然流行。如《后汉书·方术列传》中记载了东汉时代许多有名的儒学化的方士，其中大部分人皆擅长于灾异之学。

如博士郭凤"亦好图谶,善说灾异,吉凶占应"。樊英"又善风角、星算、河洛七纬,推步灾异"。唐檀"尤好灾异星占"。

由上述诸例,我们可明显看出两汉时代灾异说与时事的密切联系了。就谏议现象而言,谏议既然为当时政治生活中相当重要的一部分,自然很容易与灾异说发生关系。另外,因为灾异说与谏议皆以君主之言行为主要关注的对象,故而汉代的方士、大臣、文人们很自然地将自己所熟稔擅长的灾异说运用到向君主进谏的活动中去,以上天的旨意来劝喻并监督君主,这时的君主们由于受到灾异说的时代风气的感染,对于借灾异以进呈的谏言也格外地重视,也更加乐于接纳。这样,便造成了谏议与灾异说相结合的局面。

第三,汉代大部分的帝王们对灾异说皆有一种宽纳、自信,甚至是自谦的态度。这种态度亦是两汉时代灾异说盛行并与谏议相结合的一个重要原因。我们都知道,两汉时代基本上是一个和平稳定的时代,政治较为清明,社会动乱也不多。这时皇权大体上是稳固的,臣民们对于皇帝权力的合法性还是普遍认可的。皇帝一般不会时时担心自己的权位会被人篡夺,因而,他充满自信,容易接受来自臣民们的批评、指责式的建议,也不讳言谈及一些涉及自身权位的如灾异、天命、政权转移之类的敏感性话题。有的时候,他还会因为天灾人祸的发生,以及自己政治方面的失误而下"罪己诏"谴责自己。据统计,两汉时代皇帝们下"罪己诏"的情况足有三十多次,其中最有名的则莫过于汉武帝的"轮台罪己诏"了。汉武帝是汉代的一位具有雄才大略,又颇有些自负、专横的君主,他也能因为自己的过失而颁罪己诏责备自己,表示悔过之意,就此可看出汉代君主们的一种开放、自信而又自谦的心态。清代赵翼在其《廿二史札记》中提到过"汉诏多惧词"的政治现象,并说:"继体守文之君,不能有高、武英气,然皆小心谨畏,故多蒙业而安。"汉文帝后元元年所颁的一次诏书,无疑是此种"多惧词"特点的一次鲜明体现。另外,从《汉书·京房传》(卷七五)中汉元帝与当时著名的说灾异之臣京房的一次对话,可以看到汉元帝对一些涉及政权安危的话题,基本上能保持一种自谦以及开放性的态度。《京房传》中言道:

> 房因免冠顿首,曰:"《春秋》纪二百四十二年灾异,以视万世之君。今陛下即位已来,日月失明,星辰逆行,山崩泉涌,地震石陨,夏霜冬雷,春凋秋荣,陨霜不杀,水旱螟虫,民人饥疫,盗贼不禁,刑人满市,《春秋》所记灾异尽备。陛下视今为治邪,乱邪?"上曰:"亦极乱耳。尚何道!"……

对于京房所陈列出的种种乱象、灾祸,汉元帝并没有像一些心胸狭隘、拒谏饰非的统治者一样一昧地怪罪、打压京房,他只是无奈地应了一句"亦极乱耳,尚何道？"并且还颇为虚心地听取了京房的谏言。在两汉之世，汉元帝算不得一位十分贤明的君主，他尚且能有这种胸襟，其他更为贤明的君主也就可想而知了。

既然皇帝们对这种借灾异而进谏的行为持有一种自谦、接纳甚至于表扬的态度，身为臣下者自然也就乐而从之，纷纷积极而大胆地借着灾异之事上书进谏了。这样，君臣之间营造出了一种开放而活跃的氛围。从《汉书》《后汉书》《资治通鉴》等代表性历史文献中可以看到，汉代的君主们在大多数时候乐于接受大臣们借灾异所上的谏言。即使有不愿意听从谏言的情形，君主们一般也只是置之不理。除了东汉末年那一段反常、黑暗的时期之外，君主很少有因为直谏而打压、杀害谏臣的行径。在这种忌讳较少、言论较宽松的氛围里面，灾异说与谏议也就充分地结合了起来。

四、汉代以后谏议现象中灾异说因素的消褪

谏议与灾异说之融合乃是两汉时代谏议现象的一大显著特色，反映了汉代特有的社会文化背景。一个值得我们注意的现象，就是在汉代之后，谏议中灾异说的治理色彩渐趋黯淡，最终几乎消失了。根据历代官方史书所记载的，两汉时代大臣们因灾变之发生而正式向君主进谏的情况约九十次，而与两汉时间跨度相近的魏晋南北朝，臣下们借灾异正式向君主进谏的情况则仅有三十余次。进谏次数的大幅度减少，无疑表明了魏晋南北朝时代谏臣们对灾异说的热情大大降低了。到了其后的唐宋元明清诸朝，虽然谏议仍然在不停地发展、衍变，但从这些时代出现的谏议思想以及当时的谏议实践来看，灾异说的影响更是微乎其微，可以忽略不计了。那么，为何在汉代以后谏议政治中灾异说的要素逐渐消减了呢？大体而言，有以下几点原因：

其一，魏晋南北朝时期大臣们借灾异进谏的次数之所以会锐减，与这时大部分君主对灾异学说的态度之变化有关。简言之，这一时期的君主们不再喜欢灾异学说，转而对祥瑞说产生了浓厚的兴趣。上有所好，下必甚焉。君主们的态度，自然会影响到臣属们的态度。于是，臣民们对于借灾异以进谏的积极性也就渐渐地消歇了。

但是，为何魏晋南北朝君主们的态度会发生这种陡然的变化呢？其个中缘由可以用一句话来加以说明，即"治世多灾异，乱世多祥瑞。"这句话的意思，是说在汉代这样一个政权较为稳固，社会也相对安定的时代，君主与大臣们反而愿意接受一些带有批评意识的，甚至是危言耸听的灾异之说。而在魏晋南北朝这样一个政权更迭频繁、战乱丛生、社会动不休的时代，君主与大臣们反而讳谈危乱之言，而乐于去关注那些兆示着喜庆、安宁与和平的祥瑞之说。

魏晋南北朝时代是一个大分裂、大动荡，人人都朝不保夕的时代，政权如走马灯一般地轮替不休，以武力叛乱或阴谋政变来夺权、篡权的情形可谓是司空见惯、屡见不鲜了。在这种政治背景之下，身为最高统治者的君主首先关注的是自己的皇位是否稳固，自己的权位是否有被篡夺的危险；就臣民的角度来看，他们对于一个政权的合法、合理性也普遍存在着怀疑、不信任的态度。如《资治通鉴》（卷一四五）中所记沈约劝萧衍代齐为帝之言，体现了当时人们心目中已经没有了绝对忠诚于某一个政权的正统意识：

大司马（萧衍）内有受禅之志。沈约微扣其端，大司马不应；它日，又进曰："今与古异，不可以淳风期物。士大夫攀龙附凤者，皆望有尺寸之功。今童儿牧竖皆知齐祚已终，明公当承其运；天文谶记又复炳然。天心不可违，人情不可失。苟历数所在，虽欲谦光，亦不可得已。"大司马曰："吾方思之。"约曰："公初建牙樊、沔，此时应思；今王业已成，何所复思！若不早定大业，脱有一人立异，即损威德。且人非金玉，时事难保，岂可以建安之封遗之子孙！若天子还都，公卿在位，则君臣分定，无复异心。君明于上，臣忠于下，岂复有人方更同公作贼！"大司马然之。

受此种时代氛围之影响，魏晋南北朝时代的君主们由于对自身的权位缺乏自信与安全感，迫切地需要一些声称来自于天意的符命、祥瑞之物来证明自己"君权神授"的合法性，以巩固自身权位，故而也普遍对于祥瑞说十分感兴趣。君主既然有这种需求，一些贪求功名利禄的臣民为了投其所好，也就故意地制造了大量的"祥瑞"现象，来证明君主的"德业"与"天命"。例如三国时吴国孙皓当政之时，由于君主昏暴，国家动荡不安，然而民间反而涌现出了许多"祥瑞"之事物。王昶《金石萃编》（卷二四）《魏一·禅国山碑》因之而论道："大命将堕，天出反常者以戒之。而（孙皓）侈然自喜，妄意为天平之兆，于是群臣百姓造作奇诡争相献媚，以致繁夥不可胜数，理必然矣。"

还有如《周书·明帝纪》（卷四）中所载北周周明帝之时，顺阳献三足乌之祥瑞，明帝甚是欣喜自得，因而颁诏自炫云：

夫天不爱宝，地称表瑞。莫不威凤巢阁，图龙跃沼……文考至德下覃，遗仁爱备，远符千载，降斯三足……惟此大体，景福在民……

祥瑞之说之所以为魏晋南北朝的诸多君主所青睐，不仅由于它有巩固自己权力的效用，而且它能为那些谋求篡夺政权、改朝换代的野心家服务。众所周知,魏晋南北朝乃一个政权更迭十分频繁的时代,其间不少君主都是依靠政变或者武装叛乱而篡夺的政权。要谋朝篡位,不仅需要相当的武装实力,而且还需要人心的拥护。如何最大限度地获得人心的支持,以使自己由一个篡权者摇身一变成为一个合法、合理的统治者呢?修德治国,使人民心悦诚服固然是一条行之有效的办法,借助于祥瑞之说以证明自己取得政权是来自于天命、天意则为一条更为便捷、重要,甚至于是必不可少的途径。遍览魏晋南北朝的历史,可以发现,几乎在每一次政权更迭的过程之中,篡位者都要借助于天命祥瑞之说来作为自己取代前朝的理由。从曹魏取代汉室,一直到隋文帝之取代北周,无不如此。譬如,魏文帝曹丕篡夺汉朝政权之际,不少臣下就大造祥瑞之舆论,以证明天命已在于曹魏。《三国志·魏书·文帝纪》(卷二)载当时的太史丞许芝上言于魏王曹丕曰道:

殿下即位,初践阼,德配天地,行合神明,恩泽盈溢,广被四表,格于上下。是以黄龙数见,凤皇仍翔,麒麟皆臻,白虎效仁,前后献见于郊甸;甘露醴泉,奇兽神物,众瑞并出。斯皆帝王受命易姓之符也。昔黄帝受命,风后受河图;舜、禹有天下,凤皇翔,洛出书;汤之王,白鸟为符;文王为西伯,赤鸟衔丹书;武王伐殷,白鱼升舟;高祖始起,白蛇为徵。巨迹瑞应,皆为圣人兴。观汉前后之大灾,今兹之符瑞,察图谶之期运,揆河洛之所甄,未若今大魏之最美也。

正是因为有实效性,祥瑞之说在魏晋南北朝时代达到了极为昌盛的状态,很大程度上已经取代了盛行于汉代的灾异说,成为了官方神秘主义学说的主流。南齐的沈约还专门在其所著的《宋书》之中创设了《符瑞志》,专记历代符命祥瑞之事。其后,《南齐书》中设《祥瑞志》,《魏书》中亦设《灵徵志》,即充分表明了官方主流思想的这一倾向。在此种大趋势之下,灾异说被边缘化,借灾异以进谏的政治传统自然也就逐渐被人们淡忘了。"治世多灾异,乱世多祥瑞",富于反思批判性的"灾异"的消减与粉饰太平的"祥瑞"的泛滥,正是魏晋南北朝时代的政权普遍难以持久,政局长期动荡不安的重要原因。

其二,汉代以后谏议现象中灾异因素的消减,还有一个属于思想文化方面的重要原因。在汉代之后,许多在思想文化领域有着重要影响力的文人、学者及思想家们对灾异说的态度变得普遍趋向于怀疑、不满乃至于批判。在两汉时代,尤其是西汉中后期,思想界对于天命灾异之说基本上是一种认可、崇信的态度。当时的许多代表性的思想家、学者,如董仲舒、刘向、刘歆、扬雄、谷永、京房等,皆明显地持有此种态度。到了东汉,许多著名学者如杨震、李固等人也大体认可灾异之说。然而,也就在这个时代,学界中一开始萌生出针对灾异说的不满与怀疑之声。这种与时代主流思潮迥异的声音的代表,便是东汉著名的思想家王充。他对于灾异祥瑞之说,表现出了一种特立独行的怀疑的态度。在其代表作《论衡》卷十六《讲瑞第五十》之中,王充论述道:

夫瑞应犹灾变也。瑞以应善,灾以应恶,善恶虽反,其应一也。灾变无种,瑞应亦无类也。阴阳之气,天地之气也,遭善而为和,遇恶而为变,岂天地为善恶之政,更生和变之气乎?然则瑞应之出,殆无种类,因善而起,气和而生。……是故气性,随时变化,岂必有常类哉?

在这段言论中,王充虽然没有彻底否认灾异祥瑞之说,但他认为灾异之变乃生于天地之气。气随时随地随物都在变化,并没有固定的类型,所以灾异祥瑞也没有固定的种类,即"灾变无种,瑞应亦无类也"的意思。地震、水旱、日蚀等现象并不一定就是灾异,凤凰、麒麟、白鹿等也不一定就是祥瑞。此种见解与传统的祥瑞灾异之说无疑是有差异的。到了魏晋南北朝时代,学者文人们对于灾祥说的反思与质疑更是有增无减。如曹植在其《诰咎文》中曾言道:"五行致灾,先史咸以为应政而作。天地之气,自有变动,未必政治之所兴致也。",又如北齐时代的樊逊曾对文宣帝高洋上言道:"臣闻五方易辨,尚待指南;百世可知,犹须吹律。况复天道秘远,神迹难源,不有通灵,孰能尽悟。……造化之理,既寂寞而无传;报应之来,固难得而妄说。"到了魏晋南北朝之后的唐宋元明清时期,思想、学术界对于灾异祥瑞之说的认知则更趋于理性,质疑与批判的意见也更多且更深刻。譬如唐代刘知几在其《史通》中曾批判祥瑞之说道:"夫祥瑞者……上下数千载,其可得言者,盖不过一二而已……盖主上所惑,臣下相欺,而史官征其谬说……是非无别……"同代的孔颖达在《春秋左传正义》中亦表达了对于妖祥之说的怀疑:"……中下之主,信妖祥以自惧,但神道可以助教,不可专以为教。"宋代的郑樵斥灾祥之学道:"呜呼!天地之间,灾祥万种,人间祸福,冥不可知,奈何以一虫之妖,一气之戾,而一一质之以为祸福之应?其愚甚矣!况吉凶有不由于灾祥者?"同代的著名文人、史学家欧阳修在编修《新唐书·五行志》(卷二四)时,同样地对由董仲舒、刘向等人所倡导的灾异妖祥之学表示了怀疑与不满:

盖君子之畏天也,见物有反常而为变者,失其本性,则思其有以致而为之戒惧……至为灾异之学者不然,莫不指事以为应。及其难合,则旁引曲取而迁就其说。盖自汉儒董仲舒、刘向与其子歆之徒,皆以《春秋》《洪范》为学,而失圣人之本意。至其不通也,父子之言自相戾。可胜叹哉!

像孔颖达、欧阳修这样的撰修官方儒学经典与史志的学者，他们的思想与见解应该说在很大程度上代表了官方及社会上的主流思想倾向。因此，从他们的言论中可以明白地看出，时至唐宋及以后诸朝，天命、灾异、祥瑞一类学说虽然在某种层面上仍在流传，但是大体上已经被官方与知识界的主流思想所否定与摒弃，无法在政治上造成大的影响了。在这样的思想文化环境中，不论是向皇帝上书进谏的臣民，还是求取、接纳谏议的皇帝，对天变、灾异之说也就再也没有了汉代君臣们的那种热情。如此，曾经盛行于汉代的借以进谏的传统也就渐渐消失，再难复兴了。

五、两汉时代借灾异进谏的传统评价

天命灾异的学说，乃是两汉时代为官方统治阶层及知识分子阶层所普遍认可、崇信的一种神秘信仰。就臣民们的角度而言，拥有极大威信力的"天命""天意"乃可以为他们向君主进谏，道出逆耳之言提供一种巨大的动力与自信；就君主的层面而言，"天命"则是一种有效的监督性力量，君主如果拒绝听从臣下的进谏，则违背了"天命"，则会遭到"天谴"。所以，臣民们更愿意借灾异来进谏，君主对这类谏言也更易于接纳，有时甚至是主动下诏来求取。这在一定程度上使得汉代谏议的实施变得更为顺畅和有效。因此，天命灾异之说有着值得肯定的一面。

然而，无论如何，以今天科学的眼光来审视，天命、灾异之说所宣扬的一系列神秘理念都是虚假、荒谬的。它阻碍了人们对自然、社会的客观、正确的认识。另外，那种与灾异说性质相近的祥瑞说还容易被野心家所利用，成为其篡夺政权的工具。两汉与魏晋南北朝时代的许多历史事实都充分地说明了这一点。随着人们理性认知的进步与发展、社会文化的变迁，此种神秘主义的学说最终逃不过被统治者与知识阶层所摒弃的命运，它对谏议的实施自然也就不能再起到汉代那样的效用了。

两汉时代谏议之主题

谏议，又称为谏诤、言谏等，是中国古代社会的一种重要现象，即身处下位的臣民们向上级的统治者提出批评、指正的意见或建议，以舆论、言辞来监督统治者，督促其改正自己的错误，使其统治更为稳固而长久。谏议作为一种社会现象，早在上古时代即已出现，直至明清时代依然存在，可谓贯穿了整个中国古代史。同时，它对于中国古代的社会治理亦有着重大的效用，对于中国古代的社会与文化也产生了诸多深远的影响。关于谏议的效用，古人也有一些总结性、规律性的观点，其中最主要的一条，即是纳谏者昌盛，拒谏者衰亡。纵览中国古代史，这一总结无疑是相当合理的。像中国古代史上一些有名的，将国家治理得繁荣昌盛的贤君如汉文帝、唐太宗等即是善于纳谏的典型；而那些昏暴之君如秦二世、隋炀帝等之所以会身败名裂、国破家亡，与其拒绝谏议之言与杀戮谏臣的行为是密切相关的。

故此，中国古代的谏议现象无疑是一种很值得我们关注、研究的现象。同时，相对于其他朝代而言，两汉时代的谏议现象尤其值得探讨与研究。一方面，汉代是中国君主专制时代的第一个实行大一统中央集权政治而又年代长久的朝代。这时政治上的许多设计与制度对后世的政治、社会、文化以及国民的心理均产生了巨大而深远的影响。另一方面，两汉时代进谏的士人、大臣们多数有着长于议论、正直、勇敢而又讲究清高、节操的品性。他们进谏的言行在当时的诸多领域均产生了重要而积极的效果，同时，对于后世以至于今天的政治理论研究有着重要的参考价值。他们进谏的成功给了后人宝贵的经验，他们进谏的失败则给了后人值得反思的教训。一言以概之，要研究中国古代的谏议现象，两汉的谏议实践是一个不容忽视，有着典型意义的研究对象。

那么，两汉时代的士人、大臣们向君主所上的谏议究竟包含了哪些重要的内容，或曰主题呢？由于处于君主政治时代，君主的道德、品性、能力乃至其一言一行，均可对国家的命运产生决定性的影响。因此，他们进谏的主题，都是与君主相关，以君主为核心对象而开展的。具体而言，有以下几类主题：

一、劝谏君主远斥权奸佞幸，重用贤直之士

中国古代之基本政治制度是君主制度。在这一制度下，一国或一朝政治的核心是君主。当然，君主要治理好国家，单凭一己之力是远远不够的，他还需要大臣们的辅佐与协助。故此，协助君主治理政事的大臣亦可谓是决定一国一朝政治兴衰成败的关键性因素。对于这个道理，中国古代的许多政治家或政治学家均有着明确的阐述。譬如，春秋时代齐国著名政治家晏子曾对齐景公言道："举贤以临国，官能以敕民，则其道也，举贤官能，则民兴善矣。"先秦时的《管子》一书中也说道："古之圣王，所以取明名广誉，厚功大业，显于天下，不忘于后世，非得人者，未之尝闻。暴王之所以失国家，危社稷，覆宗庙，灭于天下，非失人者，未之尝闻。"又，先秦时代的著名思想家墨子在其《墨子·尚贤上》之中也言道："故古者圣王之为政，列德而尚贤，虽在农与工肆之人，有能则举之，高予之爵，重予之禄，任以之事，断予之令，……举三者授之贤者，非为贤赐也，欲其事之成。……故士者所以为辅相承嗣也，故得士则谋不困，体不劳，名立而功成，美章而恶不生，则由得士也。"战国时代的大思想家荀子对于"谏""争""辅""拂"几类贤能忠直之臣在政治上的功用更有详明的阐述：

> 君有过谋过事，将危国家陨社稷之惧也；大臣父兄，有能进言于君，用则可，不用则去，谓之谏；有能进言于君，用则可，不用则死，谓之争；有能比知同力，率群臣百吏而相与强君挢君，君虽不安，不能不听，遂以解国之大患，除国之大害，成于尊君安国，谓之辅；有能抗君之命，窃君之重，反君之事，以安国之危，除君之辱，功伐足以成国之大利，谓之拂。故谏争辅拂之人，社稷之臣也，国君之宝也，明君之所尊厚也，而闇主惑君以为己贼也。

三国时代的诸葛亮在其《前出师表》中曾总结性地言道："亲贤臣，远小人，此先汉之所以兴盛也；亲小人，远贤臣，此后汉所以倾颓也。"可见，中国古代主流政治意识认为，亲近、重用那些忠心为国，不顾一己之私利，且又有政治才能的忠贤之臣，乃是君主治理好国家的先决性条件。反之，如果君主所亲近与任用的不是贤直之臣，甚至是一些佞幸权奸小人，那么国家就会不可避免地走向腐败与衰亡。故此，劝导君主亲近、任用贤良忠直之士，远斥诛除佞幸权奸之辈，则成为了两汉时代臣民谏议之辞中的一个主要的、代表性的内容。

那么，何谓贤能忠直之士，何谓权奸佞幸小人呢？纵观两汉史，我们可以发现，贤直之士们均有着一些大致相同的身份与特征。如，他们中的大多数受

过良好教育的世家经术之士,有丰富的文化学术知识,以及由文化知识的陶冶而养成的高尚人格与远见卓识,拥有崇高的社会地位与名气,掌握一定的政治权力,最重要的是,他们中绝大部分人士都有一种忠君爱国、处处为民众考虑、将一己一家之私利放在次要地位的公益精神。当然,全面而又优秀的人才是不可多得的,但以天下之大,"江山代有才人出",只要统治者愿意认真考查与筛选,要选拔出这类贤直之士也并非不可能。另一方面,所谓的权奸佞幸之辈也有一些共同的特征,其中最主要的则是贪婪、阴险、虚伪,为图谋个人及家族或小集团的私利而不惜牺牲国家与民众的公益。这类人主要是依凭皇后或皇太后而获得巨大权益的外戚、依靠皇帝的私人宠信而掌握权位的宦官、乳母一类奸佞小人。

西汉初年至东汉末年的四百多年中,几乎每一位皇帝在位之时,均有谏臣上书皇帝,谈及亲近贤臣、疏远小人的话题。尤其是在汉王朝政治开始走下坡路,外戚、宦官当道之时,谏臣们的言辞、文疏中对于权奸、佞幸之辈的批评斥责更显得大胆、鲠直而恳切。对于汉代谏臣们的这种不避权贵,忠直敢言的高尚精神,我们今天的读者也不能不为之感佩。大体而言,在西汉时代,对国家政权造成危害的主要权奸佞幸之辈乃是外戚以及一些帝王的私宠之臣;在东汉时代,这一类奸佞之辈则主要是宦官。因此,谏臣们的指责对象,在西汉时主要是外戚及私宠小人,在东汉时代更多的是宦官群小之辈。因此,他们的谏议言行,可分为西汉时期与东汉时期两大部分:

(一)亲贤臣、远小人之谏议主题在西汉时的表现

西汉王朝在大体上是一个较为开明、稳定,在政治上颇有成就的王朝。由于它从一开始建立之际就注重汲取亡秦的教训,施行宽缓、清净的政治,轻徭薄赋、重视民生,又善于任用贤能之臣,能够尽量听取他们的谏言与建议,以防止在政治上出现大的偏差与错失,所以造就了一个"治世""盛世"的局面。总体而言,西汉的政治是值得予以肯定和称道的,即使后来出现了哀帝的乱政、王莽的篡权,上至中央朝廷的大臣,下至民间的百姓,整个社会的心理都仍然是认可西汉王朝的贤明政治的。光武帝之所以能够起兵而迅速兴复汉室,在很大程度上靠的就是朝廷及民间的这种普遍的对于西汉政治的怀念与期望的心理。如"复见汉官威仪"之典故,即民心对于汉室怀念之情的明显表现。《后汉书·光武帝纪》(卷一)中道:

更始将北都洛阳,以光武行司隶校尉,使前整修宫府。于是置僚属,作文移,从事司察,一如旧章。时三辅吏士东迎更始,见诸将过,皆冠帻,而服妇人衣,

诸于绣镼,莫不笑之,或有畏而走者。及见司隶僚属,皆欢喜不自胜。老吏或垂涕曰:"不图今日复见汉官威仪!"由是识者皆属心焉。

可以说,西汉王朝在大部分时间里皆由贤直大臣们辅政。在西汉前期,辅政之臣主要为功臣元老,中期多为贤良文学之士,后期则多是儒学经术之士。权奸、佞幸之辈对于朝政的危害,基本是处于次要地位的。由于有着这样的历史与现实的经验,所以西汉时代的许多大臣、文士们在向帝王进谏献言之时,都会一再地提及忠直贤能之臣的重要性,希望君主们能予以容纳并重用。譬如,汉武帝时代的名儒董仲舒在其向武帝所上的贤良对策中,就曾列举史实,详细地说明,君主若想治理好国家,重用贤直之臣乃为必不可少的条件。《汉书·董仲舒传》(卷五六)记其进言曰:

臣闻尧受命,以天下为忧,而未以位为乐也,故诛逐乱臣,务求贤圣,是以得舜、禹、稷、卨、咎繇。众圣辅德,贤能佐职,教化大行,天下和洽,万民皆安仁乐谊,各得其宜,动作应礼,从容中道。故孔子曰:"如有王者,必世而后仁,"此之谓也。尧在位七十载,乃逊于位以禅虞舜。尧崩,天下不归尧子丹朱而归舜。舜知不可辟,乃即天子之位,以禹为相,因尧之辅佐,继其统业,是以垂拱无为而天下治。孔子曰"《韶》尽美矣,又尽善矣",此之谓也。

按董氏之意,自上古三代以来,历代明君皆有贤臣作为辅佐。有了贤臣辅助,就可以"教化大行""万民皆安仁乐谊",君主本人也可以"垂拱无为而天下治"。西汉中后期的著名学者、文人刘向曾多次上书向皇帝进谏,希望君主任用、亲近贤良正直之臣。《汉书·刘向传》(卷三六)记载了刘向为了替当时的贤直之臣萧望之、周堪等人申诉而向汉元帝上书谏诤,力言亲任贤能之士、疏斥奸佞小人的必要性:

小人道长,君子道消,君子道消,则政日乱,故为"否"。否者,闭而乱也。君子道长,小人道消,小人道消,则政日治,故为"泰"。泰者,通而治也。《诗》又云"雨雪麃麃,见晛聿消",与《易》同义。昔者鲧、共工、驩兜与舜、禹杂处尧朝,周公与管、蔡并居周位,当是时,迭进相毁,流言相谤,岂可胜道哉!帝尧、成王能贤舜、禹、周公而消共工、管、蔡,故以大治,荣华至今。孔子与季、孟偕仕于鲁,李斯与叔孙俱宦于秦,定公、始皇贤季、孟、李斯而消孔子、叔孙,故以大乱,污辱至今。故治乱荣辱之端,在所信任;信任既贤,在于坚固而不移。《诗》云"我心匪石,不可转也",言守善笃也。《易》曰"涣汗其大号",

言号令如汗,汗出而不反者也。今出善令,未能逾时而反,是反汗也;用贤未能三旬而退,是转石也。《论语》曰:"见不善如探汤。"今二府奏佞谄不当在位,历年而不去。做出令则如反汗,用贤则如转石,去佞则如拔山,如此望阴阳之调,不亦难乎!

刘向在此提出了一个关于为政的重要论断:"小人道长,君子道消"。他认为,治乱荣辱之关键,在于是否任用贤人。除刘向之外,西汉中后期还有一些著名的文士、大臣,也持有相似的观点。他们也曾屡次上书皇帝,提倡亲近重用贤直之臣而使政治昌明。例如,在汉宣帝时代,由益州刺史王襄向朝廷举荐的才士王褒,也曾在其进献宣帝的《圣主得贤臣颂》之中,明白地说明贤人对于圣主治理天下的重要意义。《汉书·王褒传》(卷六四下)记载其辞文道:

记曰:"共惟《春秋》法五始之要,在乎审己正统而已。夫贤者,国家之器用也。所任贤,则趋舍省而功施普;器用利,则用力少而就效众。故工人之用钝器也,劳筋苦骨,终日矻矻。及至巧冶铸干将之朴,清水焠其锋,越砥敛其号,水断蛟龙,陆剸犀革,忽若彗泛画涂。如此,则使离娄督绳,公输削墨,虽崇台五增,延袤百丈,而不溷者,工用相得也。庸人之御驽马,亦伤吻敝策而不进于行,胸喘肤汗,人极马倦。及至驾啮膝,骖乘旦,王良执靶,韩哀附舆,纵驰骋骛,忽如景靡,过都越国,蹴如历块;追奔电,逐遗风,周流八极,万里一息。何其辽哉?人马相得也。故服絺绤之凉者,不苦盛暑之郁燠;袭貂狐之暖者,不忧至寒之凄怆。何则?有其具者易其备。贤人君子,亦圣王之所以易海内也。是以呕喻受之,开宽裕之路,以延天下英俊也。夫竭知附贤者,必建仁策;索人求士者,必树伯迹。昔周公躬吐捉之劳,故有圄空之隆;齐桓设庭燎之礼,故有匡合之功。由此观之,君人者勤于求贤而逸于得人。

在这篇强调明君当得贤臣的文章里,运用了各种比喻,说明了贤人君子乃是"圣王之所以易海内"的重要辅助。同一时代的王吉在向宣帝所上的谏疏中,也着重提到了应当选用贤良之臣,而不宜重用亲故之人的重要性。《资治通鉴》卷二六记王吉之谏言云:

舜、汤不用三公、九卿之世而举皋陶、伊尹,不仁者远。今使俗吏得任子弟,率多骄鸷,不通古今,无益于民,宜明选求贤,除任子之令;外家及故人,可厚以财,不宜居位。

汉元帝时代的名臣匡衡亦曾上书于元帝，提倡起用贤直之臣来治国化民，《资治通鉴》卷二八记载匡衡的谏辞云：

上问给事中匡衡以地震日食之变，衡上疏曰："陛下躬圣德，开太平之路，闵愚吏民触法抵禁，比年大赦，使百姓得改行自新，天下幸甚！臣窃见大赦之后，奸邪不为衰止，今日大赦，明日犯法，相随入狱，此殆导之未得其务也。今天下俗，贪财贱义，好声色，上侈靡，亲戚之恩薄，婚姻之党隆，苟合徼幸，以身设利；不改其原，虽岁赦之，刑犹难使错而不用也，臣愚以为宜壹旷然大变其俗。夫朝廷者，天下之桢幹也。朝有变色之言，则下有争斗之患；上有自专之士，则下有不让之人；上有克胜之佐，则下有伤害之心；上有好利之臣，则下有盗窃之民；此其本也。治天下者，审所上而已。教化之流，非家至而人说之也；贤者在位，能者布职，朝廷崇礼，百僚敬让，道德之行，由内及外，自近者始，然后民知所法，迁善日进而不自知也。《诗》曰：'商邑翼翼，四方之极。'今长安，天子之都，亲承圣化，然其习俗无以异于远方，郡国来者无所法则，或见侈靡而放效之；此教化之原本，风俗之枢机，宜先正者也。臣闻天人之际，精祲有以相荡，善恶有以相推，事作乎下者象动乎上，阴变则静者动，阳蔽则明者晻，水旱之灾随类而至。陛下祗畏天戒，哀闵元元，宜省靡丽，考制度，近忠正，远巧佞，以崇至仁，匡失俗，道德弘于京师，淑问扬乎疆外，然后大化可成，礼让可兴也。"

匡衡认为，君主若要实现其期盼的太平盛世的理想，第一要务在于教化民众，而要由上而下地教化民众，则必须依赖贤直之臣来加以引导与匡正。在汉成帝时代，著名的谏臣梅福也在其向成帝所上的谏疏中，倡言任用贤能之士的必要性。《汉书·梅福传》（卷六七）载梅福的上言曰：

士者，国之重器；得士则重，失士则轻。《诗》云："济济多士，文王以宁。"庙堂之议，非草茅所当言也。臣诚恐身涂野草，尸并卒伍，故数上书求见，辄报罢。臣闻齐桓之时有以九九见者，桓公不逆，欲以致大也。今臣所言非特九九也，陛下距臣者三矣，此天下士所以不至也。昔秦武王好力，任鄙叩关自鬻；缪公行伯，繇余归德。今欲致天下之士，民有上书求见者，辄使诣尚书问其所言，言可采取者，秩以升斗之禄，赐以一束之帛。若此，则天下之士发愤懑，吐忠言，嘉谋日闻于上，天下条贯，国家表里，烂然可睹矣。

梅福在此处不仅强调了"士"对于一国政治的重要，而且还认为，国君亲近、重用贤臣，首先得以包容的态度，听取士人的忠谏之言，其次还应该用爵禄重赏来激励贤能之士为国家服务。汉成帝时代的另一位著名谏臣谷永在其上成帝的谏疏之中，也多次谈及重用贤直之士，将他们安排到合适的职位上的必要性。《汉书·谷永传》（卷八五）中记录谷永之言道：

  治天下者尊贤考功则治，简贤违功则乱。诚审思治人之术，欢乐得贤之福，论材选士，必试于职，明度量以程能，考功实以定德，无用比周之虚誉，毋听浸润之谮诉，则抱功修职之吏无蔽伤之忧，比周邪伪之徒不得即工，小人日销，俊艾日隆。经曰："三载考绩，三考黜陟幽明。"又曰："九德咸事，俊艾在官。"未有功赏得于前众贤布于官而不治者也。

到汉哀帝之时，虽然西汉王朝已至末期，朝纲紊乱、奸小横行，但仍有不少谏臣向皇帝上书，提倡选任贤直之士，斥远奸佞之辈，以保证政治稳定、国祚久长。如《汉书·李寻传》（卷七五）载李寻借阴阳天命之说向汉哀帝进谏之辞曰：

  马不伏历，不可以超道；士不素养，不可以重国。《诗》曰"济济多士，文王以宁"，孔子曰"十室之邑，必有忠信"，非虚言也。陛下秉四海之众，曾亡柱干之固守闻于四境，殆闻之不广，取之不明，劝之不笃，传曰："士之美者善养禾，君之明者善养士。"中人皆可使为君子。诏书进贤良，赦小过，亡求备，以博聚英隽。如近世贡禹，以言事忠切蒙尊荣，当此之时，士厉身立名者多。禹死之后，日日以衰。及京兆尹王章坐言事诛灭，智者结舌，邪伪并兴，外戚颛命，君臣隔塞，至绝继嗣，女宫作乱。此行事之败，诚可畏而悲也。本在积任母后之家，非一日之渐，往者不可及，来者犹可追也。先帝大圣，深见天意昭然，使陛下奉承天统，欲矫正之也。宜少抑外亲，选练左右，举有德行道术通明之士充备天官，然后可以辅圣德，保帝位，承大宗。下至郎吏从官，行能亡以异，又不通一艺，及博士无文雅者，宜皆使就南亩，以视天下，明朝廷皆贤材君子，于以重朝尊君，灭凶致安，此其本也。臣自知所言害身，不辟死亡之诛，唯财留神，反复复愚臣之言。

在诸多谏臣的意识中，亲近贤臣乃是君主治国安民的一个必要条件。然而，如果在朝廷上有私佞小人、权奸之辈当道，则贤直之臣就很有可能会被这些权奸小人猜忌、排挤、陷害，遭到各种各样的厄运，国家政权也因之而难以逃过衰微、灭亡的命运。所以，对于君主来说，亲近贤臣、治国安民的一个重要前提与任务是察觉、斥逐乃至于诛灭那些扰乱朝政的奸邪小人。早在文帝、景帝、武帝之际,朝廷中就已经出现了各种各样的依附于帝王,无法根除的奸佞、私幸、狎邪小人。到了西汉后期,尤其是成帝、哀帝时期,依凭着太后王政君的裙带关系而兴起的外戚王氏开始大肆揽权,扰乱朝纲,最终王莽篡权,直接促成了西汉的灭亡。

实事求是地讲,外戚之臣中也并非没有忠心于朝廷的贤良之士,如属于窦氏的窦婴,属于王氏的王凤、王章,属于傅氏的傅商等。但是,像成帝时代的王氏那样,一个个地封为列侯,身任显要之职甚至把持朝政大权,自然会对刘姓皇室形成直接而巨大的威胁。鉴于此,不少忠心于刘姓宗室的文士、朝臣,出于对于汉王朝国祚的担忧,屡屡地向皇帝进谏,在劝导皇帝重视重用贤能之士的同时,还借助于天命灾异说、历史经验教训等来引起皇帝的戒惧。劝导皇帝疏远,并采取某些措施来防备外戚,尽可能地消除其潜在的威胁,保障刘姓皇室的长治久安。在这些谏臣之中,最为著名,也最为尽心力的无疑是上文已提及的刘向了。在汉成帝之时,外戚王氏把持朝政,其声势依然威胁到了刘姓皇室的权位。刘向目睹此种情形,忧念不已故多次上书成帝,不避时忌,直言谏诤。《汉书·刘向传》(卷三六)记载道:

> 时上无继嗣,政由王氏出,灾异浸甚。……向遂上封事极谏曰:"臣闻人君莫不欲安,然而常危;莫不欲存,然而常亡:失御臣之术也。夫大臣操权柄,持国政,未有不为害者也。……历上古至秦、汉,外戚僭贵未有如王氏者也。虽周皇甫、秦穰侯、汉武安、吕、霍、上官之属,皆不及也。物盛必有非常之变先见,为其人微象。孝昭帝时,冠石立于泰山,仆柳起于上林。而孝宣帝即位,今王氏先祖坟墓在济南者,其梓柱生枝叶,扶疏上出屋,根垂地中,虽立石起柳,无以过此之明也。……宜发明诏,吐德音,援近宗室,亲而纳信,黜远外戚,毋授以政,皆罢令就第,以则效先帝之所行,厚安外戚,全其宗族,诚东宫之意,外家之福也。王氏永存,保其爵禄,刘氏长安,不失社稷,所以褒睦外内之姓,子子孙孙无疆之计也。"

刘向借助于当时流行的灾异说以及自先秦迄于汉宣帝时的诸多历史教训与经验,力图向成帝说明,国家朝政的大权应有一国之核心——君主来操持,并应选择贤能,与之共理朝政。倘若大权落入权奸、外戚、私幸之手,则宗室危殆,国家恐有覆亡之虞。在此篇谏文中,刘向还明确提及了王氏把持朝政的现实情势以及其将要危及汉朝国祚的征兆。鉴于此,他希望皇帝能对王氏有足够的警惕,将他们尽量疏斥到权力中心之外,并采取妥善的措施来予以安抚,使得刘氏与王氏各得其宜,从而保证刘姓汉室的统治稳定。

在刘向之外,西汉后期还有一些忠心于汉室的谏臣也曾言及外戚专权的危害,希望皇帝能疏远防范他们,并任用贤直之臣来保证国祚之稳定长久。譬如西汉后期的另外一位著名谏臣谷永,亦曾在其关于灾异的对策中向汉成帝进谏。《汉书·谷永传》(卷八五)记载其进谏之言曰:

夫妻之际,王事纲纪,安危之机,圣王所致慎也。昔舜饬正二女,以崇至德;楚庄忍绝丹姬,以成伯功;幽王惑于褒姒,周德降亡;鲁桓胁于齐女,社稷以倾。诚修后宫之政,明尊卑之序,贵者不得嫉妒专庞,以绝骄嫚之端,抑褒、阎之乱,贱者咸得秩进,各得厥职,以广继嗣之统,息《白华》之怨,后宫亲属,饶之以财,勿与政事,以远皇父之类,损妻党之权,未有闺门治而天下乱者也。

谷永之文,主要的意旨在于劝谏成帝不要沉溺于美色,而应整饬后宫中的礼节。因为后宫之事直接关涉到外戚,故谷永在此处也提到了"远皇父""损妻党之权"等疏远、限制外戚的主张。

西汉中后期的翼奉,也曾向汉元帝上书进谏,提出抑制外戚的意见。《汉书·翼奉传》(卷七五)记载其谏言道:

臣奉窃学《齐诗》,闻五际之要《十月之交》篇,知日蚀、地震之效昭然可明,犹巢居知风,穴处知雨,亦不足多,适所习耳。臣闻人气内逆,则感动天地;天变见于星气日蚀,地变见于奇物震动。所以然者,阳用其精,阴用其形,犹人之有五脏六体,五脏象天,六体象地。故脏病则气色发于面,体病则欠申动于貌。今年太阴建于甲戌,律以庚寅初用事,历以甲午从春。历中甲庚,历得参阳,性中仁义,情得公正贞廉,百年之精岁也。正以精岁,本首王位,日临中时接律而地大震,其后连月久阴,虽有大令,犹不能复,阴气盛矣。古者朝廷必有同姓以明亲亲,必有异姓以明贤贤,此圣王之所以大通天下也。同姓亲而易进,异姓疏而难通,故同姓一,异姓五,乃为平均。今左右亡同姓,独以舅后之家为亲,异姓之臣又疏。二后之党满朝,非特处位,势尤奢僭过度,吕、霍、上官足以卜之,甚非爱人之道,又非后嗣之长策也。阴气之盛,不亦宜乎!

翼奉乃是元帝朝中善于阴阳灾异之学的大臣,他向元帝的进言也因之而多依托于天象灾异之说。在本文之中,他明确地提出了皇帝"独以舅后之家为亲",以及"二后之党满朝"乃"非爱人之道",亦"非后嗣之长策也"。可见,他对于外戚之揽权也是怀有不满的。

另外，成帝时候的梅福、哀帝时候的郑崇、杜邺等人，也曾经先后上书皇帝，提出抑制、防备外戚专权的谏议。《汉书·梅福传》（卷六七）记载了梅福因王氏之擅权而上书，以颇为直切的言辞，劝谏成帝抑防外戚之事：

是时，成帝委任大将军王凤，凤专势擅朝，而京兆尹王章素忠直，讥刺凤，为凤所诛。王氏浸盛，灾异数见，群下莫敢正言。福复上书曰："……方今君命犯而主威夺，外戚之权日以益隆，陛下不见其形，愿察其景。建始以来，日食地震，以率言之，三倍春秋，水灾亡与比数。阴盛阳微，金铁为飞，此何景也！汉兴以来，社稷三危。吕、霍、上官皆母后之家也，亲亲之道，全之为右，当与之贤师良傅，教以忠孝之道。今乃尊宠其位，授以魁柄，使之骄逆，至于夷灭，此失亲亲之大者也。自霍光之贤，不能为子孙虑，故权臣易世则危。《书》曰：'毋若火，始庸庸。'势陵于君，权隆于主，然后防之，亦亡及已。"

《汉书·郑崇传》（卷七七）之中则记有郑崇直言谏阻哀帝封外戚傅商为侯之事，亦体现了郑崇反对外戚权力过重的见解：

久之，上欲封祖母傅太后从弟商，崇谏曰："孝成皇帝封亲舅五侯，天为赤黄昼昏，日中有黑气。今祖母从昆弟二人已侯。孔乡侯，皇后父；高武侯以三公封，尚有因缘。今无故欲复封商，坏乱制度，逆天人之心，非傅氏之福也。臣闻师曰：'逆阳者厥极弱，逆阴者厥极凶短折，犯人者有乱亡之患，犯神者有疾夭之祸。'故周公著戒曰：'惟王不知艰难，唯耽乐是从，时亦罔有克寿。'故衰世之君夭折蚤没，此皆犯阴之害也。臣愿以身命当国咎。"崇因持诏书案起。

与之同类的，还有如《汉书·杜邺传》（卷八五）中所记载的杜邺受扶阳侯韦育之举荐而上书向哀帝进谏，指斥外戚揽权之事：

是时，帝祖母定陶傅太后称皇太太后，帝母丁姬称帝太后，而皇后即傅太后从弟子也。傅氏侯者三人，丁氏侯者二人。又封傅太后同母弟子郑业为阳信侯。傅太后尤与政专权。元寿元年正月朔，上以皇后父孔乡侯傅晏为大司马卫将军，而帝舅阳安侯丁明为大司马票骑将军。临拜，日食，诏举方正直言。扶阳侯韦育举邺方正，邺对曰："臣闻禽息忧国，碎首不恨；卞和献宝，刖足愿之。臣幸得奉直言之诏，无二者之危，敢不极陈！臣闻阳尊阴卑，卑者随尊，尊者兼卑，天之道也。是以男虽贱，各为其家阳；女虽贵，犹为其国阴。故礼明三从之义，虽有文母之德，必系于子。……案《春秋》灾异，以指象为言语，故在于得一类而达之也。日食，明阳为阴所临，《坤卦》乘《离》，《明夷》之象也。《坤》以法地，为土为母，以安静为德。震，大阴之效也。占象甚明，臣敢不直言其事！昔曾子问从令之义，孔子曰："是何言与！"善闵子骞守礼不苟，从亲所行，无非理者，故无可间也。前大司马新都侯莽退伏弟家，以诏策决，复遣就国。高昌侯宏去蕃自绝，犹受封土。制书侍中、驸马都尉迁不忠巧佞，免归故郡，间未旬月，则有诏还，大臣奏正其罚，卒不得遣，而反兼官奉使，显宠过故。及阳信侯业，皆缘私君国，非功义所止。诸外家昆弟无贤不肖，并侍帷幄，布在列位，或典兵卫，或将军屯，宠意并于一家，积贵之势，世所稀见所稀闻也。至乃并置大司马、将军之官。皇甫虽盛，三桓虽隆，鲁为作三军，无以甚此。当拜之日，暗然日食。不在前后，临事而发者，明陛下谦逊无专，承指非一，所言辄听，所欲辄随，有罪恶者不坐辜罚，无功能者毕受官爵，流渐积猥，正尤在是，欲令昭昭以觉圣朝。昔诗人所刺，《春秋》所讥，指象如此，殆不在它。由后视前，忿邑非之，逮身所行，不自镜见，则以为可，计之过者。疏贱独偏见，疑内亦有此类。天变不空，保右世主如此之至，奈何不应！"

当然，在西汉时代，扰乱朝政，败坏政治的不仅仅有外戚，还有为君主私下宠任的一些权奸之臣、宦官及嫔妃、狎臣之类。对于这些奸佞之辈，忠心正直的谏臣们也是屡屡上书加以斥责，希望皇帝能够疏远之、抑制之，甚至是诛灭之。譬如，在汉武帝时代，名臣东方朔就曾不避忌讳，犯颜直谏，劝说武帝诛杀在当时被馆陶公主（窦太主）所宠幸的董偃。《汉书·东方朔传》（卷六五）记载其事道：

是时，朔陛戟殿下，辟戟而前曰："董偃有斩罪三，安得入乎？"上曰："何谓也？"朔曰："偃以人臣私侍公主，其罪一也。败男女之化，而乱婚姻之礼，伤王制，其罪二也。"陛下富于春秋，方积思于《六经》，留神于王事，驰骛于唐、虞，折节于三代，偃不遵经劝学，反以靡丽为右，奢侈为务，尽狗马之乐，极耳目之欲，行邪枉之道，径淫辟之路，是乃国家之大贼，人主之大蜮。偃为淫首，其罪三也。昔伯姬燔而诸侯惮，奈何乎陛下？"上默然不应良久，曰："吾业以设饮，后而自改。"朔曰："不可。夫宣室者，先帝之正处也，非法度之政不得入焉。故淫乱之渐，其变为篡，是以竖貂为淫而易牙作患，庆父死而鲁国全，管、蔡诛而周室安。"上曰："善。"有诏止，更置酒北宫，引董君从东司马门。东司马门更名东交门。赐朔黄金三十斤。

东方朔乃汉武朝的著名文士，以善于言辞，诙谐幽默为汉武帝所看重。汉武帝虽然只是将他看作一个文学侍从之臣，但东方朔本人却是胸怀大志，想要在政治上有一番作为。他这次疾言厉色地直谏武帝诛除败坏纲常风俗的佞幸之臣董偃，表明了他关心朝政的忠臣风范。与之类似的忠心事主之谏臣，还有昌邑王刘贺时的龚遂。在汉昭帝去世之后，昌邑王刘贺曾一度作皇帝。龚遂在当时任郎中令，也曾力谏昌邑王，希望其疏远奸邪小人，亲近以经术出身的士大夫。《汉书·循吏传》（卷八九）记载道：

> 王尝久与驺奴宰人游戏饮食，赏赐亡度。遂入见王，涕泣膝行，左右侍御皆出涕。王曰："郎中令何为哭？"遂曰："臣痛社稷危也！愿赐清闲竭愚。"王辟左右，遂曰："大王知胶西王所以为无道亡乎？"王曰："不知也。"曰："臣闻胶西王有谀臣侯得，王所为拟于桀、纣也，得以为尧、舜也。王说其谄谀，尝与寝处，唯得所言，以至于是。今大王亲近群小，渐渍邪恶所习，存亡之机，不可不慎也。臣请选郎通经术有行义者与王起居，坐则诵《诗》、《书》，立则习礼容，宜有益。"王许之。

虽然昌邑王刘贺后来还是因为拒绝纳谏，以"淫乱"被霍光废掉，但龚遂则因"数谏"之故没有像昌邑王许多的手下那样被杀掉，在后来的汉宣帝之时，还受到了重用。到了汉元帝时代，由于元帝颇为昏懦，石显与弘恭这两个宦官乘势崛起，手握大权，谮害忠良，专横霸道，成为了朝廷中人们为之侧目而不敢冒犯的权奸。当然，对于这样蠹害国家的权奸，真正的谏臣是不会任其跋扈，坐视不理的。当时的著名谏臣刘向就曾多次上书，直斥石显与弘恭的邪恶与危险，劝谏元帝尽早疏远、斥逐之。《汉书·刘向传》（卷三六）记刘向上书元帝，为贤臣萧望之等辩护，且力斥石显、弘恭的专权乱政道：

> 元帝初即位，太傅萧望之为前将军，少傅周堪为诸吏光禄大夫，皆领尚书事，甚见尊任，更生年少于望之、堪，然二人重之，荐更生宗室忠直，明经有行，擢为散骑、宗正给事中，与侍中金敞拾遗于左右。四人同心辅政，患苦外戚许、史在位放纵，而中书宦官弘恭、石显弄权。望之、堪、更生议，欲白罢退之。未白而语泄，遂为许、史及恭、显所谮诉，堪、更生下狱，及望之皆免官。语在《望之传》。其春地震，夏，客星见昴、卷舌间。上感悟，下诏赐望之爵关内侯，奉朝请。秋，征堪、向，欲以为谏大夫，恭、显白皆为中郎。冬，地复震。时恭、显、许、史子弟侍中诸曹，皆侧目于望之等，更生惧焉，乃使其外亲上变事，言："窃闻故前将军萧望之等，皆忠正无私，欲致大治，忤于贵戚尚书。今道路人闻望之等复进，以为且复见毁谗，必曰尝有过之臣不宜复用，是大不然。

臣闻春秋地震，为在位执政太盛也，不为三独夫动，亦已明矣。……前弘恭奏望之等狱决，三月，地大震。恭移病出，后复视事，天阴雨雪。由是言之，地动殆为恭等。臣愚以为宜退恭、显以章蔽善之罚，进望之等以通贤者之路。如此，太平之门开，灾异之原塞矣。"

后来，萧望之因为石显与弘恭的陷害而被迫自尽，元帝又擢用了周堪、张猛两位士大夫来辅佐治理朝政。石显、弘恭忌恨贤能，又几番向元帝进谗，想要谮害二人。刘向为之担忧不已，乃又上书元帝，历数先代政治之经验教训、灾异变故，劝谏元帝亲贤臣而远小人。其用意自然仍在为周堪、张猛等贤臣申辩，斥责石显、弘恭一类奸邪之辈。《汉书·刘向传》（卷三六）载云：

是以群小窥见间隙，缘饰文字，巧言丑诋，流言飞文，哗于民间。故《诗》云："忧心悄悄，愠于群小。"小人成群，诚足愠也。昔孔子与颜渊、子贡更相称誉，不为朋党；禹、稷与皋陶传相汲引，不为比周。何则？忠于为国，无邪心也。故贤人在上位，则引其类而聚之于朝，《易》曰"飞龙在天，大人聚也"；在下位，则思与其类俱进，《易》曰"拔茅茹以其汇，征吉"。在上则引其类，在下则推其类，故汤用伊尹，不仁者远，而众贤至，类相致也。今佞邪与贤臣并在交戟之内，合党共谋，违善依恶，歙歙訿訿，数设危险之言，欲以倾移主上。如忽然用之，此天地之所以先戒，灾异之所以重至者也。自古明圣，未有无诛而治者也，故舜有四放之罚，而孔子有两观之诛，然后圣化可得而行也。今以陛下明知，诚深思天地之心，迹察两观之诛，览"否""泰"之卦，观雨雪之诗，历周、唐之所进以为法，原秦、鲁之所消以为戒，考祥应之福，省灾异之祸，以揆当世之变，放远佞邪之党，坏散险诐之聚，杜闭群枉之门，广开众正之路，决断狐疑，分别犹豫，使是非炳然可知，则百异消灭，而众祥并至，太平之基，万世之利也。

在很大程度上，要亲近重用贤直之臣，就必须先得斥逐、杜绝那些淆乱朝纲、排挤陷害忠良的奸佞小人。因此，在两汉谏臣们的辞文中，远斥小人的主张与重用贤臣的建议往往是并举的。刘向的此篇谏疏即为一典型的代表。与刘向处于同一时代的京房，也曾经借着灾异之说向汉元帝进谏，希望元帝能斥逐石显、弘恭及其同党五鹿充宗诸辈。《汉书·京房传》（卷七五）记京房进谏之事道：

是时，中书令石显颛权，显友人五鹿充宗为尚书令，与房同经，论议相非。二人用事，房尝宴见，问上曰："幽、厉之君何以危？所任者何人也？"上曰：

"君不明,而所任者巧佞。"房曰:"知其巧佞而用之邪,将以为贤也?"上曰:"贤之。"房曰:"然则今何以知其不贤也?"上曰:"以其时乱而君危知之。"房曰:"若是,任贤必治,任不肖必乱,必然之道也。幽、厉何不觉寤而更求贤,曷为卒任不肖以至于是?"上曰:"临乱之君各贤其臣,令皆觉寤,天下安得危亡之君?"房曰:"齐桓公、秦二世亦尝闻此君而非笑之,然则任竖刁、赵高、政治日乱,盗贼满山,何不以幽、厉卜之而觉寤乎?"上曰:"唯有道者能以往知来耳。"房因免冠顿首,曰:"《春秋》纪二百四十二年灾异,以视万世之君。今陛下即位已来,日月失明,星辰逆行,山崩泉涌,地震石陨,夏霜冬雷,春凋秋荣,陨霜不杀,水旱螟虫,民人饥疫,盗贼不禁,刑人满市,《春秋》所记灾异尽备。陛下视今为治邪,乱邪?"上曰:"亦极乱耳。尚何道!"房曰:"今所任用者谁与?"上曰:"然幸其愈于彼,又以为不在此人也。"房曰:"夫前世之君亦皆然矣。臣恐后之视今,犹今之视前也。"上良久乃曰:"今为乱者谁哉?"房曰:"明主宜自知之。"上曰:"不知也,如知,何故用之?"房曰:"上最所信任,与图事帷幄之中进退天下之士者是矣。"房指谓石显,上亦知之,谓房曰:"已谕。"。

到了汉成帝时代,虽然权奸石显、弘恭等遭到了清洗,但奸佞小人之辈却更多了。除了上文所提及的擅弄朝政的外戚王氏,还有如赵飞燕、赵合德这样的"红颜祸水"。汉成帝沉溺于赵氏姐妹美色之中,不理国事,正是造成西汉后期朝政紊乱,外戚王氏专权的重要原因之一。鉴于此,这一时期的谏臣们则多上书劝谏成帝,希望其尽量控制自己的私欲,不要因溺于美色而耽误了国家大事。如成帝时的谏大夫刘辅就曾上书成帝,明确地劝谏其不可因任情纵欲而贸然立赵飞燕为皇后。《汉书·刘辅传》(卷七七)载曰:

会成帝欲立赵婕妤为皇后,先下诏封婕妤父临为列侯。辅上书言:"臣闻天之所与,必先赐以符瑞;天之所违,必先降以灾变:此神明之征应,自然之占验也。昔武王、周公承顺天地,以飨鱼乌之瑞,然犹君臣祗惧,动色相戒,况于季世,不蒙继嗣之福,屡受威怒之异者虖!虽凤夜自责,改过易行,畏天命,念祖业,妙选有德之世,考卜窈窕之女,以承宗庙,顺神祗心,塞天下望,子孙之详犹恐晚暮,今乃触情纵欲,倾于卑贱之女,欲以母天下,不畏于天,不愧于人,惑莫大焉。里语曰:'腐木不可以为柱,卑人不可以为主。'天人之所不予,必有祸而无福,市道皆共知之,朝廷莫肯一言,臣窃伤心。自念得以同姓拔擢,尸禄不忠,污辱谏争之官,不敢不尽死,唯陛下深察。"

刘辅之意，以为赵飞燕出身卑贱，不配作母仪天下的皇后。她若被立为皇后，对于"不蒙继嗣之福，屡受威怒之异"的汉成帝以及整个汉家天下，定然会造成灾祸。与之同时的著名谏臣谷永亦曾上书成帝，劝谏其不要沉溺于后宫美色及无聊小人。《汉书·谷永传》（卷八五）载道：

> 《易》曰："在中馈，无攸遂"，言妇人不得与事也。《诗》曰："懿厥哲妇，为枭为鸱"；"匪降自天，生自妇人"。建始、河平之际，许、班之贵，倾动前朝，熏灼四方，赏赐无量，空虚内臧，女宠至极，不可上矣；今之后起，天所不飨，什倍于前。废先帝法度，听用其言，官秩不当，纵释王诛，骄其亲属，假之威权，从横乱政，刺举之吏，莫敢奉宪。又以掖庭狱大为乱阱，榜箠瘴于炮格，绝灭人命，主为赵、李报德复怨，反除白罪，建治正吏，多系无辜，掠立迫恐，至为人起责，分利受谢。生入死出者，不可胜数。是以日食再既，以昭其辜。王者必先自绝，然后天绝之。陛下弃万乘之至贵，乐家人之贱事，厌高美之尊号，好匹夫之卑字，崇聚僄轻无义小人以为私客，数离深宫之固，挺身晨夜，与群小相随，乌集杂会，饮醉吏民之家，乱服共坐，流面誺嫚，混淆无别，闵免遁乐，昼夜在路。典门户奉宿卫之臣执干戈而守空宫，公卿百僚不知陛下所在，积数年矣。……方今社稷宗庙祸福安危之机在于陛下，陛下诚肯发明圣之德，昭然远寤，畏此上天之威怒，深惧危亡之征兆，荡涤邪辟之恶志，厉精致政，专心反道，绝群小之私客，免不正之诏除，悉罢北宫私奴车马媚出之具，克己复礼，毋二微行出饮之过，以防迫切之祸，深惟日食再既之意，抑损椒房玉堂之盛宠，毋听后宫之请谒，除掖庭之乱狱，出炮格之陷阱，诛戮邪佞之臣及左右执左道以事上者以塞天下之望，且寝初陵之作，止诸缮治宫室，阙更减赋，尽休力役，存恤振救困乏之人以弭远方，厉崇忠直，放退残贼，无使素餐之吏久尸厚禄，以次贯行，固执无违，夙夜孳孳，屡省无怠，旧愆毕改，新德既章，纤介之邪不复载心，则赫赫大异庶几可销，天命去就庶几可复，社稷宗庙庶几可保。……

谷永在文中格外强调了所谓"女色"仗恃着君主的威权，滥造冤狱、扰乱朝政的罪行。其中所谓的"赵""李"是指当时的赵飞燕姐妹及婕妤李平。对于这种情况，谷永明确提出了抑止这些宠妃的势位，使之无法干预、扰乱朝政，以顺应天命，保障刘氏的江山社稷。

除了赵氏姐妹一类凭借着美色来扰乱朝政的女宠，西汉末年还有其他一些依仗着皇帝的宠幸而骄横乱政的佞臣小人。其中最具有代表性的一位，无疑就是汉哀帝时代的男宠董贤了。据《汉书·佞幸传》中之记载，董贤年纪轻轻就已被封为高安侯，拜大司马，成为了当时朝廷上地位极高的"三公"之一，个中主要的原因并不在于他多么的贤能,而在于他以"色相"获幸于有着"断袖之癖"的汉哀帝。汉哀帝出于一己的私好,对于这样一个狎弄之臣的宠幸与重用,令人瞠目结舌。对于这样的荒唐之举,当时的许多忠直之臣自然是看不顺眼的,不少人因此而上书予以谏诤。例如,当时的中常侍王闳对于哀帝过分宠溺董贤,甚至于拜之为大司马,就曾上书谏诤。《资治通鉴》卷三五记载其事道:

> 闳遂上书谏曰:"臣闻王者立三公,法三光,居之者当得贤人。《易》曰:'鼎折足,覆公𫗧,'喻三公非其人也。昔孝文皇帝幸邓通,不过中大夫;武皇帝幸韩嫣,常赐而已,皆不在大位。今大司马、卫将军董贤,无功于汉朝,又无肺腑之连,复无名迹高行以矫世,升擢数年,列备鼎足,典卫禁兵,无功封爵,父子、兄弟横蒙拔擢,赏赐空竭帑藏,万民喧哗,偶言道路,诚不当天心也!昔褒神虵变化为人,实生褒姒,乱周国,恐陛下有过失之讥,贤有小人不知进退之祸,非所以垂法后世也!"

据王闳之意,无端地重赏董贤及其家人,并且任用董贤作三公之一的大司马,一来浪费国家的钱财,二来弄乱了朝廷的封赏制度,三来对于董贤本人未必是好事。与王闳有着同样的谏诤之举的,还有同时代的毋将隆。《汉书·毋将隆传》(卷七七)记毋将隆因哀帝将武库中的兵器赠予董贤及乳母王阿舍而进谏道:

> 时,侍中董贤方贵,上使中黄门发武库兵,前后十辈,送董贤及上乳母王阿舍。隆奏曰:"武库兵器,天下公用,国家武备,缮治造作,皆度大司农钱。大司农钱自乘舆不以给共养,共养劳赐,一出少府。盖不以本臧给末用,不以民力共浮费,别公私,示正路也。古者诸侯方伯得颛征伐,乃赐斧钺,汉家边吏,职在距寇,亦赐武库兵,皆任其事然后蒙之。《春秋》之谊,家不臧甲,所以抑臣威,损私力也。今贤等便僻弄臣,私恩微妾,而以天下公用给其私门,契国威器共其家备。民力分于弄臣,武兵设于微妾,建立非宜,以广骄僭,非所以示四方也。孔子曰:'奚取于三家之堂!'臣请收还武库。"上不说。

毋将隆认为,武库的兵器,乃属于国家的公物,是用来捍卫国家及民众的安全,不是用来给董贤之类的幸臣私用的。故此,他希望哀帝能将兵器从董贤那里收回来。这表明,毋将隆对于哀帝不顾天下的公益,过分宠幸董贤这样的狎弄之臣是有意见的。当时的丞相王嘉,对于哀帝因宠溺董贤而损害朝廷利益的做法尤其不满,曾经多次上书哀帝不要因一己的私欲而重用董贤,否则会扰乱朝纲,且伤害皇帝本人的贤德之名。《汉书·王嘉传》(卷八六)中,记载了汉哀帝为了达到封董贤为侯的目的,不惜弄虚作假,硬要说董贤是告发东平王刘云和伍宏谋反的功臣。王嘉对于哀帝的做法甚感不妥,因而上书劝谏道:

窃见董贤等三人始赐爵,众庶匈匈,咸曰贤贵,其余并蒙恩,至今流言未解。陛下仁恩于贤等不已,宜暴贤等本奏语言,延问公卿、大夫、博士、议郎,考合古今,明正其义,然后乃加爵土;不然,恐大失众心,海内引领而议。暴平其事,必有言当封者,在陛下所从;天下虽不说,咎有所分,不独在陛下。前定陵侯淳于长初封,其事亦议。大司农谷永以长当封,众人归咎于永,先帝不独蒙其讥。臣嘉、臣延材驽不称,死有余责。知顺指不迕,可得容身须臾,所以不敢者,思报厚恩也。

王嘉知道哀帝封董贤为侯的"立功"之说是凭空捏造,靠不住的,故而建议哀帝将董贤告发刘云谋逆的奏疏拿出来与公卿、大夫、博士们共同商议,大家一起认可了方可封董贤为侯,否则就不合朝廷规矩,容易招来天下人对于皇帝及群臣的责备与批评。当然,对于王嘉的善意的劝谏,年少气盛,已被自己的私欲所蒙蔽的汉哀帝自然是听不进去的。他仍然一意孤行,在数月之后硬是下诏书将董贤封了侯。不仅如此,还下诏斥责王嘉等人。对于哀帝的这种荒谬之举,王嘉甚感不服,故而又借着日食的灾异向哀帝进谏。《汉书·王嘉传》(卷八六)记其谏辞云:

陛下在国之时,好《诗》《书》,上俭节,征来所过道上称诵德美,此天下所以回心也。初即位,易帷帐,去锦绣,乘舆席缘绨缯而已。共皇寝庙比比当作,忧闵元元,惟用度不足,以义割恩,辄且止息,今始作治。而驸马都尉董贤亦起官寺上林中,又为贤治大第,开门乡北阙,引王渠灌园池,使者护作,赏赐吏卒,甚于治宗庙。贤母病,长安厨给祠具,道中过者皆饮食。为贤治器,器成,奏御乃行,或物好,特赐其工,自贡献宗庙三宫,犹不至此。贤家有宾婚及见亲,诸官并共,赐及仓头奴婢,人十万钱。使者护视,发取市物,百贾震动,道路讙哗,群臣惶惑。诏书罢苑,而以赐贤二千余顷,均田之制从此堕坏。奢僭放纵,变乱阴阳,灾异众多,百姓讹言,持筹相惊,被发徒跣而走,乘马者驰,天惑其意,不能自止。或以为筹者策失之戒也。陛下素仁智慎事,今而有此大讥。孔子曰:"危而不持,颠而不扶,则将安用彼相矣!"臣嘉幸得备位,窃内悲伤不能通愚忠之信;身死有益于国,不敢自惜。唯陛下慎己之所独乡,察众人之所共疑。往者宠臣邓通、韩嫣骄贵失度,逸豫无厌,小人不胜情欲,卒陷罪辜。乱国亡躯,不终其禄,所谓爱之适足以害之者也。宜深览前世,以节贤宠,全安其命。

随后，哀帝又假借傅太后遗诏，益封董贤二千户，还赐予其孔乡侯、汝昌侯、阳新侯之封爵。对于这样变本加厉地宠幸董贤的举动，王嘉干脆封还诏书，又上书于哀帝及太后，再度直言极谏。《汉书·王嘉传》（卷八六）记其谏辞云：

臣闻爵禄土地，天之有也。《书》云："天命有德，五服五章哉！"王者代天爵人，尤宜慎之。裂地而封，不得其宜，则众庶不服，感动阴阳，其害疾自深。今圣体久不平，此臣嘉所内惧也。高安侯贤，佞幸之臣，陛下倾爵位以贵之，单货财以富之，损至尊以宠之，主威已黜，府藏已竭，唯恐不足。财皆民力所为，孝文皇帝欲起露台，重百金之费，克己不作。今贤散公赋以施私惠，一家至受千金，往古以来贵臣未尝有此，流闻四方，皆同怨之。里谚曰："千人所指，无病而死。"臣常为之寒心。今太皇太后以永信太后遗诏，诏丞相、御史益贤户，赐三侯国，臣嘉窃惑。山崩地动，日食于三朝，皆阴侵阳之戒也。前贤已再封，晏、商再易邑，业缘私横求，恩已过厚，求索自恣，不知厌足，甚伤尊尊之义，不可以示天下，为害痛矣！臣骄侵罔，阴阳失节，气感相动，害及身体。陛下寝疾久不平，继嗣未立，宜思正万事，顺天人之心，以求福晁，奈何轻身肆意，不念高祖之勤苦垂立制度欲传之于无穷哉！《孝经》曰："天子有争臣七人，虽无道，不失其天下。"臣谨封上诏书，不敢露见，非爱死而不自法，恐天下闻之，故不敢自劾。愚戆数犯忌讳，唯陛下省察。

面对哀帝罔顾忠谏，一心一意地宠信重用董贤，王嘉乃一次又一次地上书，疏奏中的言辞语气也越来越耿直激切。此篇谏疏之意旨，大体上仍是过分宠重董贤不仅浪费公家的财产，败坏朝廷的制度，而且使得百姓怨声载道，灾异屡现，江山社稷亦会遭遇危险。同时，这样对于董贤本人也未必是好事，"所谓爱之适足以害之者也。"从上面几篇谏文中，充分证明了谏臣王嘉的一片忠君爱国之心。他的不顾个人安危，奋然直言的精神，很值得钦佩。

但，很可惜的是，无论是汉成帝，还是汉哀帝，他们对于自己的私溺宠爱之人，皆未能从国家、人民、天下之公义出发，来公正、客观地对待。赵飞燕之于成帝，董贤之于哀帝，皆是任何人都不能批评，也不敢批评的禁忌。谁敢指出这些"特别宠物"的不是，那就触动了君主的"逆鳞"，一不小心就会遭到杀身之祸。像刘辅直谏汉成帝勿纳赵飞燕为皇后，谏疏一奏上，就被成帝下令系之于掖庭秘狱；谷永上书成帝不要沉溺于赵、李等后宫美色，也差点被成帝抓起来；王嘉不惧政治之险恶而屡屡直斥董贤，屡屡触碰哀帝心中那一处"神圣不可侵犯"的禁忌，自然引来了哀帝的痛恨，因此王嘉的遭际也异常凄惨，被收系于诏狱之中，绝食呕血而亡。成、哀二帝的这种将私人的宠臣看得比国家朝廷的事务更为重要的做法，自然引起了朝臣及天下百姓的极大不满与失望。王莽之所以能够在哀帝去世之后迅速崛起，篡夺了西汉的政权，在很大程度上就是利用了这种不满与失望。故此，可以说，成、哀二帝的溺于私宠、荒怠国政而又拒谏饰非，正是西汉王朝走向灭亡的一个重要原因。

（二）亲贤臣、远小人之谏议主题在东汉时期的表现

总体上讲，东汉时的政治较之西汉时的政治是大为不如的。正如前文所引述的诸葛亮在《前出师表》中所说的："亲贤臣，远小人，此先汉所以兴隆也；亲小人，远贤臣，此后汉所以倾颓也。"东汉朝政的一个最大的特征，就是疏远、忌防正直的士大夫而宠信、重用私幸小人之辈，如外戚、宦官等。这种特点，在当时官制设计上就有明显的体现。早从西汉成帝时代起，朝廷就已开始以三公取代丞相。东汉建政之初，光武帝就确立了三公之制。首先，本属于"天子辅弼"的丞相一个人的权力被三公三个人分化了；其次，在东汉一朝之中，三公虽有着很高的地位，也享有崇高的名望，但其实际之政治权力却被架空了，在很大程度上只是政治上的花瓶而已。这样，作为朝廷里面公卿士大夫的首脑——三公权力之虚化，自然也就意味着整个士大夫集团在政治上的实权严重削弱。

东汉的创立者刘秀之所以会设计削弱士大夫集团政治权力的政制，其最主要的原因应当是他有一种对于公卿士大夫的猜忌、不信任的心理。他虽然实际上也需要这些士人来辅助自己治理国家，在表面上也十分尊崇这些修习经术出身的士大夫，但如果这些士大夫们掌握了政治的实权，甚至对自己的专制、独尊地位构成了威胁，他就十分不放心了。因此，他就通过此种官制之设计削弱了士大夫们的代表——三公的实权，而以与自己的关系更为密切的近臣——尚书来加以代替。尚书虽然拥有了以前由丞相、三公所掌握的行政实权，但其最初的身份不过只是皇帝身边的一类私人秘书，其名望以及在整个朝廷中的影响力都是远不能与丞相、三公比拟的。这样，皇帝所拥有的专制权力就得到了加强。

权力的强化与绝对化虽然给高高在上的君主带来了安全感与满足感，但对整个国家的政治却带来了巨大的腐蚀性作用。在东汉一朝的光武帝、明帝、章帝时代，由于皇帝尚称贤明，政策得当，所以政治还算清平，国家一度颇为强盛。章帝亡故之后，执政的邓太后能力不凡，故而虽然天灾不断，四夷入寇，民间暴动此起彼伏，但还是勉强地一一加以解决，维持了朝政稳定的大局。然而，在邓太后去世，汉安帝亲政之后，朝廷政治则变得越来越腐败、黑暗。汉质帝、汉冲帝寿命短促、幼懦无能，汉安帝、汉顺帝和之后的汉桓帝、汉灵帝则昏庸糊涂、

溺于佞臣、举措乖戾。这个时期的那些为皇帝所宠幸的外戚、宦官及其他的一些私佞之臣们则交替把持朝政大权，贪污腐败、横行无忌、谮害忠良。佞臣们的恶行使得朝政日非、民怨沸腾，最终引发了灵帝末年的黄巾大起义。这一次几乎波及全国的大暴动虽然最终被镇压了下去，但东汉王朝的元气已然大受损伤。后来董卓入京，专擅朝政，终于导致了军阀的叛乱割据、天下大乱。后来，曹操"挟天子以令诸侯"，削平了北方群雄，其子曹丕继之而篡夺了汉帝之位，东汉正式灭亡。

东汉王朝之所以会走向覆灭，其最重要和最根本的原因，乃在于皇权专制本身无法克服的本质性矛盾——绝对的专制权力必然会导致权力的腐败、堕落与灭亡。就东汉朝政而言，忌防贤直士大夫的制度设计，给了朝廷中的奸佞之辈如外戚、宦官等以可乘之机来图谋私利、扰乱朝纲。那么，对于这些奸邪之辈，朝廷中正直的士大夫、谏臣们是否因为自己没有政治上的实权就无可奈何、视而不见了呢？揆之史实，由于朝廷实行了忌防、架空士大夫权力的职官制度，那些谏臣们对于受到皇帝庇护的佞臣们在很大程度上的确是无可奈何的，但他们却绝没有视而不见、无动于衷。东汉建政之初，光武帝、明帝等皇帝对于由儒家经学出身的士大夫确乎有猜防之心，然而在另外一面，他们对于儒家的经术教育则相当重视、热心，采取了各种手段来大力扶持。故此，东汉一朝的经学学术十分兴盛。在此种文化与教育的氛围之中，社会上涌现出了一大批讲道德、励名节，讲究自我心性修养，同时也关注国家朝政大事的清流士大夫。这样的一批以忠君爱国自许的贤直士大夫，在面对那些仗恃着皇帝的私宠而以权谋私、祸国殃民的外戚、宦官之类佞臣之时，其反应不仅是极为不满，而且还多半义愤填膺，要通过极力抗争来铲除、诛灭这些朝政的蠹虫、奸邪之辈。由于他们大多数是修习经术出身，故而其抗争的主要手段乃是向皇帝上疏进谏，希望皇帝亲近任用贤直之臣，疏远、诛除外戚、宦官之类奸邪小人。当然，在进谏之外，他们中的不少人还试图通过弹劾、政变等方式来清除奸邪之辈。不过，正如前文已然述及的，东汉王朝自建立之初，出于加强皇权专制的需要，对儒学士大夫多有制度上的忌防，相反的，皇帝们对于那些与自己有亲属关系或亲近关系的外戚、宦官及其他私幸之辈则信任有加，多有宠幸、庇护。这样，在与权奸小人的斗争中，清流士大夫们往往会遭到失败，轻则贬官、放逐，重则杀头、抄家乃至灭族。东汉末年桓帝、灵帝时代发生的两次党锢之祸，正标志着被称为"党人"的士大夫集团在政治斗争中的惨败。在这一批国家栋梁之才遭到沉重打击之后不久，东汉王朝也就覆亡于黄巾大暴动与军阀野心家的篡权了。这一批贤直士大夫在现实政治斗争中虽然可惜地失败了，但他们高尚的道德节操、忧国忧民的情怀以及不避禁忌、宁鸣而死、不默而生的精神将"光焰万丈长"，永垂青史，引发后人无尽的感佩与反思。他们凭着一腔热血写成的那些劝导君主亲贤臣、远小人的谏疏，无疑正是他们高洁的精神与情怀的重要载体。

大体上说，在东汉王朝建政之初的光武、明帝、章帝三朝，朝廷政治基本上是上轨道的。由于君主比较贤明，头脑也比较清醒，因此这时基本上没有出现权奸小人当道的情形，这时的谏臣谏议之中也较少触及"亲贤臣、远小人"的话题。然而，在章帝去世之后，由于其后即位的君主大多寿命短促、年纪幼小（如汉和帝只活了二十七岁，汉安帝三十二岁，汉顺帝三十岁，汉质帝年仅九岁，汉冲帝仅三岁，汉殇帝则两岁就夭亡了），就产生了一批又一批的"孤儿寡母"。"孤儿"自然无法胜任朝廷大事，如此，朝政大权就落到了身为"寡母"的皇太后手中。太后当权，属于后族的外戚自然就趁势崛起，把持朝政了。早在汉明帝、汉章帝时代，外戚阴氏、马氏已经颇为显贵；汉和帝时代有窦氏专权，汉安帝时代有邓氏专政，汉冲帝、质帝、桓帝时代又有梁氏专权。在诸多显要的外戚之中，汉和帝时代的窦氏与冲帝、质帝、桓帝时代的梁氏都是骄横跋扈、结党营私、专权独断之辈。这时身处于朝廷之中的忠直谏臣们，一则因外戚凭着裙带关系专揽大权、扰乱朝政，二则有鉴于西汉末年外戚王莽篡权的教训，因而多有上书劝谏皇帝，提出不要过分重用、依赖外戚，应该予以适当的抑制，黜远那些独断跋扈的外戚的意见。比如，在汉章帝时代，司空第五伦因章帝宠信外戚马氏，后族权势过盛，乃上书章帝，劝谏其抑防马氏之权。《后汉书·第五伦传》（卷四一）载记其事道：

> 帝以明德太后故，尊崇舅氏马廖，兄弟并居职任。廖等倾身交结，冠盖之士争赴趣之。伦以后族过盛，欲令朝廷抑损其权，上疏曰："臣闻忠不隐讳，直不避害。不胜愚狷，昧死自表。《书》曰：'臣无作威作福，其害于而家，凶于而国。'传曰：'大夫无境外之交，束修之馈。'近代光烈皇后，虽友爱天至，而卒使阴就归国，徙废阴兴宾客；其后梁、窦之家，互有非法，明帝即位，竟多诛之。自是洛中无复权戚，书记请托一皆断绝。又警诸外戚曰：'苦身待士，不如为国，戴盆望天，事不两施。'臣常刻著五臧，书诸绅带。而今之议者，复以马氏为言。窃闻卫尉廖以布三千匹，城门校尉防以钱三百万，私赡三辅衣冠，知与不知，莫不毕给。又闻腊日亦遗其在洛中者钱各五千，越骑校尉光，腊用羊三百头，米四百斛，肉五千斤。臣愚以为不应经义，惶恐不敢不以闻。陛下情欲厚之，亦宜所以安之。臣今言此，诚欲上忠陛下，下全后家，裁蒙省察。"

其实，在汉章帝时代，外戚马氏的所作所为还不算太过分，故此第五伦之意，并非要完全否定马氏，他只是对于章帝过度重用马氏，给了马氏太多的信任与权力，以及马氏结党营私的一些作法有所疑虑，认为如此发展下去，不仅朝廷的政事可能会因此而败坏，而且对马氏本身也将带来无妄之灾。所以，他希望章帝能采取适当的措施来防备马氏，并选择贤能之士来监督、辅佐马氏，使之归于正道，以长保朝政清平，马氏本身也长享福禄。后来，马氏因罪过而被遣归国，皇后窦氏一族又兴盛显贵起来，第五伦复又上书章帝，劝谏其不要过分宠任窦氏，以防止其骄纵不法，滥权专政。《后汉书·第五伦传》（卷四一）载其进谏之事道：

及诸马得罪归国，而窦氏始贵，伦复上疏曰："臣得以空虚之质，当辅弼之任。素性驽怯，位尊爵重，抱迫大义，思自策厉，虽遭百死，不敢择地，又况亲遇危言之世哉！今承百王之敝，人尚文巧，咸趋邪路，莫能守正。伏见虎贲中郎将窦宪，椒房之亲，典司禁兵，出入省闼，年盛志美，卑谦乐善，此诚其好士交结之方。然诸出入贵戚者，类多瑕衅禁锢之人，尤少守约安贫之节，士大夫无志之徒更相贩卖，云集其门。众煦飘山，聚蚊成雷，盖骄佚所从生也。三辅论议者，至云以贵戚废锢，当复以贵戚浣濯之，犹解酲当以酒也。诐险趣势之徒，诚不可亲近。臣愚愿陛下中宫严敕宪等闭门自守，无妄交通士大夫，防其未萌，虑于无形，令宪永保福禄，君臣交欢，无纤介之隙。此臣之至所愿也。"

此篇谏疏，一则有力求保证朝廷政治公平清正之意，另外也有希望窦氏长保富贵之意。其文意与前面那篇建议抑防马氏的谏文大体相同。在第五伦之外，东汉时代其余的一些谏臣亦有因外戚之事上书劝谏皇帝的情形。如《后汉书·乐恢传》（卷四三）即记述了和帝初年尚书仆射乐恢与当时擅权的外戚窦氏进行抗争，屡屡上书，劝谏汉和帝抑防窦氏，不使其过分揽权之事：

会车骑将军窦宪出征匈奴，恢数上书谏争，朝廷称其忠。入为尚书仆射。是时河南尹王调、洛阳令李阜与窦宪厚善，纵舍自由。恢劾奏调、阜，并及司隶校尉。诸所刺举，无所回避，贵戚恶之。宪弟夏阳侯瑰欲往候恢，恢谢不与通。宪兄弟放纵，而忿其不附己。妻每谏恢曰："昔人有容身避害，何必以言取怨？"恢叹曰："吾何忍素餐立人之朝乎！"遂上疏谏曰："臣闻百王之失，皆由权移于下。大臣持国，常以势盛为咎。伏念先帝，圣德未永，早弃万国。陛下富于春秋，纂承大业，诸舅不宜干正王室，以示天下之私。经曰：'天地乖互，众物夭伤。君臣失序，万人受殃。'政失不救，其极不测。方今之宜，上以义自割，下以谦自引。四舅可长保爵土之荣，皇太后永无惭负宗庙之忧，诚策之上者也。"

窦宪虽有北伐匈奴,平定北疆的功劳,但其人仗恃自己的功劳及外戚的显贵身份,多有骄横不法之行径。乐恢在谏疏中主要表现了其对于"大臣持国""权移于下"的担忧,他显然觉得若窦宪骄横太甚,最后难免会出现王莽篡权那样的灾祸;与之同时,窦氏自己也最终会身败名裂,难于长保爵禄。同类的还有《后汉书·丁鸿传》(卷三七)之载录的汉和帝时司徒丁鸿借日食灾异而向和帝上书进谏之事:

和帝即位,迁太常。永元四年,代袁安为司徒。是时窦太后临政,宪兄弟各擅威权。鸿因日食,上封事曰:"臣闻日者阳精,守实不亏,君之象也;月者阴精,盈毁有常,臣之表也。故日食者,臣乘君,阴陵阳;月满不亏,下骄盈也。昔周室衰季,皇甫之属专权于外,党类强盛,侵夺主势,则日月薄食,故《诗》曰:'十月之交,朔月辛卯,日有食之,亦孔之丑。'《春秋》日食三十六,弑君三十二。变不空生,各以类应。夫威柄不以放下,利器不可假人。览观往古,近察汉兴,倾危之祸,靡不由之。是以三桓专鲁,田氏擅齐,六卿分晋;诸吕握权,统嗣几移;哀、平之末,庙不血食。故虽有周公之亲,而无其德,不得行其势也。今大将军虽欲敕身自约,不敢僭差,然而天下远近皆惶怖承旨,刺史二千石初除谒辞,求通待报,虽奉符玺、受台敕,不敢便去,久者至数十日。背王室,向私门,此乃上威损,下权盛也。人道悖于下,效验见于天,虽有隐谋,神照其情,垂象见戒,以告人君。间者月满先节,过望不亏,此臣骄溢背君,专功独行也。陛下未深觉悟,故天重见戒,诚宜畏惧,以防其祸。《诗》云:'敬天之怒,不敢戏豫。'若敕政责躬,杜渐防萌,则凶妖销灭,害除福凑矣。夫坏崖破岩之水,源自涓涓;干云蔽日之木,起于葱青。禁微则易,救末者难,人莫不忽于微细,以致其大。恩不忍诲,义不忍割,去事之后,未然之明镜也。臣愚以为左官外附之臣,依托权门,倾覆谄谀,以者容媚者,宜行一切之诛。间者大将军再出,威振州郡,莫不赋敛吏人,遣使贡献。大将军虽云不受,而物不还主,部署之吏无所畏惮,纵行非法,不伏罪辜,故海内贪猾,竞为奸吏,小民吁嗟,怨气满腹。臣闻天不可以不刚,不刚则三光不明;王不可以不强,不强则宰牧从横。宜因大变,改政匡失,以塞天意。"

丁鸿之文首先阐发了一通在当时甚为流行的阴阳灾异之理,历数了自春秋迄于汉代近臣擅权,篡移政权的史例。借助于这些灾异之理、历史教训,丁鸿明白道出了外戚窦氏种种的专权不法之事与危险,希望和帝能够引起注意、警惕,采取一定的措施来抑损窦氏一党的声势,必要的话还应当加以诛灭。在很大程度上，正是在受到了丁鸿这封谏疏的影响，和帝才定下了诛除窦氏一党的决心。

当然，在东汉一朝的外戚之中，最是跋扈专权、最为骄横恶劣者还不是窦宪，而是在汉顺帝后期崛起，把持了冲帝、质帝及桓帝前期朝政的大将军梁冀。据《后汉书·梁统列传附梁冀传》（卷三四）之记载，梁冀乃东汉初权贵之臣梁统的后代，汉顺帝时因外戚身份而任大将军的梁商之子。梁商去世之后，梁冀继父亲而担任了大将军。在顺帝之后，他先后操控朝政而扶立了冲帝、质帝与桓帝三位皇帝。由于素来为一贪婪险恶之辈，在手握大权之后，梁冀乃表现得十分骄横残暴、阴险狠毒。汉质帝曾当面称之为"跋扈将军"，他因之而心怀不满，竟然以鸩毒弑杀了质帝。除了弑杀君主外，他还诬陷忠良、掠夺民财、滥杀无辜、结党营私，可谓恶行累累，罄竹难书。《后汉书·梁统列传附梁冀传》（卷三四）之中颇为详明地记载了梁冀在身任大将军、把持朝政大权时所犯下的种种令人发指的罪行：

冀用寿言，多斥夺诸梁在位者，外以谦让，而实崇孙氏宗亲。冒名而为侍中、卿、校尉、郡守、长吏者十余人，皆贪叨凶淫，各遣私客籍属县富人，被以它罪，闭狱掠拷，使出钱自赎，资物少者至于死徙。扶风人士孙奋居富而性吝，冀因以马乘遗之，从贷钱五千万，奋以三千万与之，冀大怒，乃告郡县，认奋母为其守臧婢，云盗白珠十斛、紫金千斤以叛，遂收考奋兄弟，死于狱中，悉没资财亿七千余万。其四方调发，岁时贡献，皆先输上第于冀，乘舆乃其次焉。吏人赍货求官请罪者，道路相望。冀又遣客出塞，交通外国，广求异物。因行道路，发取伎女御者，而使人复乘势横暴，妻略妇女，殴击吏卒，所在怨毒。冀乃大起第舍，而寿亦对街为宅，殚极土木，互相夸竞。堂寝皆有阴阳奥室，连房洞户。柱壁雕镂，加以铜漆，窗牖皆有绮疏青琐，图以云气仙灵。台阁周通，更相临望；飞梁石蹬，陵跨水道。金玉珠玑，异方珍怪，充积臧室。远致汗血名马。又广开园囿，采土筑山，十里九陂，以像二崤，深林绝涧，有若自然，奇禽驯兽，飞走其间。冀、寿共乘辇车，张羽盖，饰以金银，游观第内，多从倡伎，鸣钟吹管，酣讴竟路。或连继日夜，以骋娱恣。客到门不得通，皆请谢门者，门者累千金。又多拓林苑，禁同王家，西至弘农，东界荥阳，南极鲁阳，北达河、淇，包含山薮，远带丘荒，周旋封域，殆将千里。又起菟苑于河南城西，经亘数十里，发属县卒徒，缮修楼观，数年乃成。移檄所在，调发生菟，刻其毛以为识，人有犯者，罪至刑死。尝有西域贾胡，不知禁忌，误杀一兔，转相告言，坐死者十余人。冀二弟尝私遣人出猎上党，冀闻而捕其宾客，一时杀三十余人，无生还者。冀又起别第于城西，以纳奸亡。或取良人，悉为奴婢，至数千人，名曰"自卖人"。……专擅威柄，凶恣日积，机事大小，莫不咨决之。宫卫近侍，并所亲树。禁省起居，纤微必知。百官迁召，皆先到冀门笺檄谢恩，然后敢诣尚书。下邳人吴树为宛令，之官辞冀，冀宾客布在县界，以情托树。树对曰："小人奸蠹，比屋可诛。明将军以椒房之重，处上将之位，宜崇贤善，以补朝阙。宛为大都，士之渊薮，自侍坐以来，未闻称一长者，而多托非人，诚非敢闻！"冀嘿然不悦。树到县，遂诛杀冀客为人害者数十人，由是深怨之。树后为荆州刺史，临去辞冀，冀为设酒，因鸩之，树出，死车上。又辽东太守侯猛，初拜不谒，冀托以它事，乃腰斩之。

梁冀如此骄横不法，作恶多端，与之同处于朝堂之上的诸多以道义自许，以追求政治清平为己任的谏议之臣，自然对之扼腕痛恨，义愤填膺，为了伸张道义，也为了国家民众的利益，他们不惧梁冀的淫威，冒着杀头灭族的巨大风险，毅然纷纷向皇帝上书进谏，揭发并指斥梁冀的罪恶，希望皇帝加以抑止或者斥逐，使政治回归清平，同时也使梁氏能长保禄位。如《后汉书·梁统列传附梁冀传》（卷三四）之中，记载了郎中袁著上书桓帝，劝谏其及时处理梁冀道：

时郎中汝南袁著，年十九，见冀凶纵，不胜其愤，乃诣阙上书曰："臣闻仲尼叹凤鸟不至，河不出图，自伤卑贱，不能致也。今陛下居得致之位，又有能致之资，而和气未应，贤愚失序者，势分权臣，上下壅隔之故也。夫四时之运，功成则退，高爵厚宠，鲜不致灾。今大将军位极功成，可为至戒，宜遵悬车之礼，高枕颐神。传曰：'木实繁者，披枝害心。'若不抑损权盛，将无以全其身矣。左右闻臣言，将侧目切齿，臣特以童蒙见拔，故敢忘忌讳。昔舜、禹相戒无若丹朱，周公戒成王无如殷王纣，愿除诽谤之罪，以开天下之口。"

东汉中后期的著名贤臣李固，也曾借着灾异之变向汉顺帝上书，劝谏其疏远奸小之辈，抑损揽权的外戚梁氏之威权，求得灾变消失、朝政安稳，外戚之家本身亦获得长久的富贵。《后汉书·李固传》（卷六三）载李固之谏辞道：

夫妃后之家所以少完全者，岂天性当然。但以爵位尊显，专总权柄，天道恶盈，不知自损，故至颠仆。先帝宠遇阎氏，位号太疾，故其受祸，曾不旋时。《老子》曰："其进锐，其退速也。"今梁氏戚为椒房，礼所不臣，尊以高爵，尚可然也。而子弟群从，荣显兼加，永平、建初故事，殆不如此。宜令步兵校尉冀及诸侍中还居黄门之官，使权去外戚，政归国家，岂不休乎！

与李固同时而齐名的贤臣杜乔，也曾因梁冀及其子弟诸人无功而封侯之事向皇帝上书，力言宠重外戚梁氏之非。《后汉书·杜乔传》（卷六三）载记其谏言道：

> 时，梁冀子弟五人及中常侍等以无功并封，乔上书谏曰："陛下越从藩臣，龙飞即位，天人瞩心，万邦攸赖。不急忠贤之礼，而先左右之封，伤善害德，兴长佞谀。臣闻古之明君，褒罚必以功过；末世暗主，诛赏各缘其私。今梁氏一门，宦者微孽，并带无功之绂，裂劳臣之土，其为乖滥，胡可胜言！夫有功不赏，为善失其望；奸回不诘，为恶肆其凶。故陈资斧而人靡畏，班爵位而物无劝。苟遂斯道，岂伊伤政，为乱而已，丧身亡国，可不慎哉！"

袁著、李固、杜乔三人的谏疏，实可谓不避时忌，仗义执言，令人钦佩。但像梁冀这样的贪暴阴险之辈，又岂能容得下这样的直言批评？是故袁、李、杜三人后来皆为梁冀所加害。多行不义必自毙，梁冀本人最终也因恶贯满盈，触怒了汉桓帝，而为桓帝联合宦官加以诛灭。《后汉书·梁统列传附梁冀传》（卷三四）中较为详尽地记录了汉桓帝诛杀梁冀及其亲属党羽的过程：

> 帝大怒，遂与中常侍单超、具瑗、唐衡、左悺、徐璜等五人成谋诛冀。……帝因是御前殿，召诸尚书入，发其事，使尚书令尹勋持节勒丞郎以下皆操兵守省阁，敛诸符节送省中。使黄门令具瑗将左右厩驺、虎贲、羽林、都候敛戟士，合千余人，与司隶校尉张彪共围冀第。使光禄勋袁盱持节收冀大将军印绶，徙封比景都乡侯。冀及妻寿即日皆自杀。悉收子河南尹胤、叔父屯骑校尉让，及亲从卫尉淑、越骑校尉忠、长水校尉戟等，诸梁及孙氏中外宗亲送诏狱，无长少皆弃市。不疑、蒙先卒。其它所连及公卿、列校、尉刺史、二千石死者数十人，故吏宾客免黜者三百余人，朝廷为空，惟尹勋、袁盱及廷尉邯郸义在焉。是时事卒从中发，使者交驰，公卿失其度，官府市里鼎沸，数日乃定，百姓莫不称庆。

汉桓帝诛杀梁冀可谓是东汉后期政治史上的一个标志性事件，它意味着外戚势力的衰退与宦官势力之崛兴。宦官早在三代时期就应该出现了。随着君主制度的发展，到了春秋战国时代，宦官的数量已相当可观，其间有的人已经取得了较高的政治地位。秦代的著名宦官赵高，仗恃着秦始皇与秦二世两个专制皇帝的宠幸，手揽大权，专擅朝政，陷害了一大批公卿贵戚及忠良大臣，最后竟然发动政变，弑杀了秦二世，直接促成了秦王朝的灭亡。西汉建立之后，也许是有鉴于赵高败坏朝政的教训，对于宦官的势力多有提防与压抑。如汉文帝曾宠幸宦官赵谈，常与之共乘马车。当时的大臣袁盎遂拦车进谏，直斥赵谈乃"刀锯之余",不配与天子共车。赵谈虽深感羞耻而为之泣涕,但文帝却并未怪罪袁盎,也没有庇护赵谈,而是命令赵谈下车。汉元帝之时,元帝因私下宠幸而重用了两个宦官弘恭与石显,这两个宦官也曾在汉廷中造成相当大的危害,但元帝一去世,继位的汉成帝便很快清洗了他们的势力。因此,终西汉一朝,宦官的势力一直是受到抑制的,他们在政治上造成的祸害也是相对有限的。

但是,到了东汉时代,情况则有了截然的变化。东汉的皇帝们虽然常由于幼小及母后干政而重用外戚,但出于关注权力的敏感心理,以及汲取了西汉因重用外戚而灭亡的教训,他们中的大多数对于外戚其实是深怀戒惧及忌防的心理的。早在光武、明帝、章帝时代,君主们对于当时的阴氏、马氏、窦氏这几个影响力的外戚集团就已经采取了甚多防备、压抑的政策举措。到了后来的和帝、安帝、顺帝、桓帝时代,外戚势力大肆膨胀,而皇帝在即位之初又多为幼懦之主,他们要与外戚集团争夺权力,就必须得依靠独立于外戚势力之外的政治力量。如前所述,东汉王朝的皇帝对于以儒术出身的士大夫一向是怀有猜忌心理的,所以,在他们的眼中,最值得信赖的,则是时常随侍于自己的身旁,相对于外戚、士大夫等"外臣"而言可称得上是"自己人"的宦官了。正是由于有了最高当权者皇帝的偏爱与信赖,宦官遂获得了"外臣"们所无法比拟的权势与地位。前文已提到,宦官势力的大规模崛起,应发生于汉桓帝时期。在梁冀弑害汉质帝之后,汉桓帝以蠡吾侯的身份入继为天子。桓帝之立为天子,乃梁冀出于一己之私利而作出的选择,当时的大部分公卿士大夫如李固、杜乔、胡广等均持异议。这样,汉桓帝从一开始就对当时的公卿士大夫集团抱有忌恶的心理。等到谋划诛杀梁冀及其党羽之时,他主要信赖依靠的,就是与自己私下关系亲密的单超、具瑗、左悺、唐衡、徐璜这五个担任中常侍职务的宦官了。由于策划得当,梁冀一党被迅速诛灭、清除。这五位中常侍则就此一跃而成为了"五侯"。宦官从此得势,权倾天下。

不可否认,在东汉一朝的宦官之中,也确实有一些贤直多才之士,如和帝时发明造纸术的蔡伦,灵帝时忠直善谏的吕强等。但其他的大多数宦官因为生理上的缺陷而引发的种种变态心理,常常依恃着皇帝的宠幸而横行不轨、贪赃枉法、残害忠良之士,致使朝政日非、民不聊生。《后汉书·宦者列传》(卷七八)对于宦官之兴起及他们对于朝政的巨大危害,有着相当精到的描述:

中兴之初,宦官悉用阉人,不复杂调他士。至永平中,始置员数,中常侍四人,小黄门十人。和帝即祚幼弱,而窦宪兄弟专总权威,内外臣僚,莫由亲接,所与居者,唯阉宦而已。故郑众得专谋禁中,终除大憝,遂享分土之封,超登宫卿之位。于是中官始盛焉。自明帝以后,迄乎延平,委用渐大,而其员稍增,中常侍至有十人，小黄门二十人，改以金珰右貂，兼领卿署之职。邓后以女主临政，而万机殷远，朝臣国议，无由参断帷幄，称制下令，不出房闱之间，不得不委用刑人，寄之国命。手握王爵，口含天宪，非复掖廷永巷之职，闺牖房闼之任也。其后孙程定立顺之功，曹腾参建桓之策，续以五侯合谋，梁冀受钺，迹因公正，恩固主心，故中外服从，上下屏气。或称伊、霍之勋，无谢于往载；或谓良、平之画，复兴于当今。虽时有忠公，而竟见排斥。举动回山海，呼吸变霜露。阿旨曲求，则光宠三族；直情忤意，则参夷五宗。汉之纲纪大乱矣。若夫高冠长剑，纡朱怀金者，布满宫闱；茞茅分虎，南面臣人者，盖以十数。府署第馆，棋列于都鄙；子弟支附，过半于州国。……同敝相济，故其徒有繁，败国蠹败之事，不可单书。所以海内嗟毒，志士穷栖，寇剧缘间，摇乱区夏。虽忠良怀愤，时或奋发，而言出祸从，旋见拏戮。因复大考钩党，转相诬染。凡称善士，莫不离被灾毒。窦武、何进，位崇戚近，乘九服之嚣怨，协群英之势力，而以疑留不断，至于殄败。斯亦运之极乎！虽袁绍龚行，芟夷无余，然以暴易乱，亦何云及！自曹腾说梁冀，竟立昏弱。魏武因之，遂迁龟鼎。所谓"君以此始，必以此终"，信乎其然矣！

就严格的意义而言，宦官本身其实也可以说是皇权专制制度的受害者，但他们自己没有能力与办法来反抗和改变这种制度，故而在受到压抑、扭曲的心理的驱使下成为了贪赃枉法、阴险奸恶之徒。在残害那些比他们更弱小的官员、百姓的时候，他们可以获得一种报复、发泄式的快感。毫无疑问，他们的种种劣行最终将引致朝政的腐败、黑暗乃至于国家的灭亡。面对这样的情形，东汉时代那些身处朝廷之中，以道德、名节自许，时常挂念着百姓、国家的贤直之臣们，自然是焦虑不已、深恶痛绝的。他们当然知道，宦官乃皇帝的"自己人"，权焰熏天，炙手可热，一旦得罪，极可能会惹来杀身甚至是灭族的大祸。然而，为了天下苍生的福祉以及江山社稷的长治久安，他们中的许多人仍然义无反顾，如灯蛾扑火般向皇帝进言直谏，希望皇帝能以一种清醒的态度，来抑止、清除或者诛灭那些祸国殃民的宦竖之辈。譬如，在汉顺帝之时，御史张纲曾因顺帝颁布宦官的养子可以承袭爵位的诏令而上书进谏。《资治通鉴》卷五二记载其事道：

二月，丙子，初听中官得以养子袭爵。初，帝之复位，宦官之力也，由是有宠，参与政事。御史张纲上书曰："窃寻文、明二帝，德化尤盛，中官常侍，不过两人，近幸赏赐，裁满数金，惜费重民，故家给人足。而顷者以来，无功小人，皆有官爵，非爱民重器、承天顺道者也。"

其实，像李固、杜乔、皇甫规等顺帝时的著名谏臣，在上书指斥外戚的同时，也常常劝谏皇帝警惕、抑止那些横行不法的宦官。在汉桓帝借助于五常侍之力诛杀梁冀之后，宦官势力大张，他们对于国家政治所造成的侵蚀与危害也显得越来越严重。针对这样的局面，当时朝堂之上一批被人们称为"清流"的忠直之士们对于宦官的批判、谴责的力度也渐渐加强。其向皇帝所上谏疏的内容，多半都是揭露宦官的不法劣迹，希望皇帝能疏远、罢斥以及诛除之。在倡导"远小人"的同时，不少人也提出了"亲贤臣"的建议，希望皇帝能够亲近、任用贤能之臣来治理国家，保证国家政治上轨道。像汉桓帝时身为太学生的清流之士刘陶即因感于时势之秽乱而上书桓帝，予以劝谏。在谏疏之中，他借着灾异之变力斥宦官奸邪之辈的罪恶，同时向皇帝建议任用朱穆、李膺等在当时有着清正名望的忠直之臣来治理朝政，纾解危难之时局。《资治通鉴》卷五三记载其谏言道：

夫天之与帝，帝之与民，犹头之与足，相须而行也。陛下目不视鸣条之事，耳不闻檀车之声，天灾不有痛于肌肤，震食不即损于圣体，故蔑三光之谬，轻上天之怒。伏念高祖之起，始自布衣，合散扶伤，克成帝业，勤亦至矣；流福遗祚，至于陛下。陛下既不能增明烈考之轨，而忽高祖之勤，妄假利器，委授国柄，使群丑刑隶，芟刈小民，虎豹窟于麑场，豺狼乳于春囿，货殖者为穷冤之魂，贫馁者作饥寒之鬼，死者悲于窀穸，生者咸于朝野，是愚臣所为咨嗟长怀叹息者也！且秦之将亡，正谏者诛，谀进者赏，嘉言结于忠舌，国命出于谗口，擅阎乐于咸阳，授赵高以车府，权去己而不知，威离身而不顾。古今一揆，成败同势，愿陛下远览强秦之倾，近察哀、平之变，得失昭然，祸福可见。臣又闻危非仁不扶，乱非智不救。窃见故冀州刺史南阳朱穆、前乌桓校尉臣同郡李膺，皆履正清平，贞高绝俗，斯实中兴之良佐，国家之柱臣也，宜还本朝，挟辅王室。臣敢吐不时之义于讳言之朝，犹冰霜见日，必至消灭。臣始悲天下之可悲，今天下亦悲臣之愚惑也。

在桓帝时代，还有黄琼、刘瑜、杨秉等清流之士，因为宦官之擅弄权柄，败坏朝政而痛心疾首，奋然向桓帝上书直谏。桓帝延熹二年，白马令李云曾上书力斥在诛灭梁冀之后，五侯的骄横不法、倒行逆施，惹得汉桓帝大为恼怒，将李云抓捕起来，囚禁至死。时任司空的黄琼得知此事后，扼腕叹息，一开始托病不理政事，后来在临终之际终于忍不住愤懑而向桓帝上书，直言切谏。《后汉书·黄琼传》（卷六一）记录其进谏之举道：

七年，疾笃，上疏谏曰："臣闻天者务刚其气，君者务强其政。是以王者处高自持，不可不安；履危任力，不可不据。夫自持不安则颠，任力不据则危。故圣人升高据上，则以德义为首；涉危蹈倾，则以贤者为力。唐尧以德化为寇冕，以稷、契为筋力。高而益崇，动而愈据，此先圣所以长守万国，保其社稷者也。昔高皇帝应天顺民，奋剑而王，埽除秦、项，革命创制，降德流祚。至于哀、平，而帝道不纲，秕政日乱，遂使奸佞擅朝，外戚专恣。所寇不以仁义为冕，所蹈不以贤佐为力，终至颠蹶，灭绝汉祚。天维陵驰，民鬼惨怆，赖皇乾眷命，炎德复辉。光武以圣武天挺，继统兴业，创基冰泮之上，立足枳棘之林。擢贤于众愚之中，画功于无形之世。崇礼义于交争，循道化于乱离。是自历高而不倾，任力危而不跌，兴复洪祚，开建中兴，光被八极，垂名无穷。至于中叶，盛业渐衰。陛下初从藩国，爰升帝位，天下拭目，谓见太平。而即位以来，未有胜政。诸梁秉权，竖宦充朝，重封累积，倾动朝廷，卿校牧守之选，皆出其门，羽毛齿革、明珠南金之宝，殷满其室，富拟王府，势回天地。言之者必族，附之者必荣。忠臣惧死而杜口，万夫怖祸而木舌，塞陛下耳目之明，更为聋瞽之主。故太尉李固、杜乔，忠以直言，德以辅政，念国忘身，陨殁为报，而坐陈国议，遂见残灭。贤愚切痛，海内伤惧。又前白马令李云，指言宦官罪秽宜诛，皆因众人之心，以救积薪之敝。弘农杜众，知云所言宜行，惧云以忠获罪，故上书陈理之，乞同日而死，所以感悟国家，庶云获免。而云既不幸，众又并坐，天下尤痛，益以怨结，故朝野之人，以忠为讳。昔赵杀鸣犊，孔子临河而反。夫覆巢破卵，则凤皇不翔；刳牲夭胎，则麒麟不臻。诚物类相感，理使其然。尚书周永，昔为沛令，素事梁冀，幸其威势，坐事当罪，越拜令职。见冀将衰，乃阳毁示忠，遂因奸计，亦取侯封。又黄门协邪，群辈相党，自冀兴盛，腹背相亲，朝夕图谋，共构奸轨。临冀当诛，无可设巧，复记其恶，以要爵赏。陛下不加清澄，审别真伪，复兴忠臣并时显封，使朱紫共色，粉墨杂蹂，所谓抵金玉于沙砾，碎珪璧于泥涂。四方闻之，莫不愤叹。昔曾子大孝，慈母投杼；伯奇至贤，终于流放。夫谗谀所举，无高而不可升；阿党相抑，无深而不可论。可不察欤？臣至顽驽，世荷国恩，身轻位重，勤不补过，然惧于永殁，负衅益深。敢以垂绝之日，陈不讳之言，庶有万分，无恨三泉。"

黄琼的这篇谏文，从自三代到东汉的历史经验与教训说起，明白地阐述了君主若要治理好国家，最要紧的条件是亲近贤能之臣，疏远奸邪小人。由这一观点出发，他力陈了李固、杜乔、李云、杜众等忠贤之士的冤屈，外戚、宦官的恶行与应当被诛除的理由。后来，外戚梁氏虽被诛灭，但宦官反而因之而愈加得势。在黄琼眼中，这实在是朝政之中的一大缺憾，希望君主能有所警醒。同类的谏臣，还有汉桓帝时代的太尉杨秉。他曾因中常侍侯览之弟后参的罪行而向桓帝上书切谏，直斥宦官弄权的危害，希望桓帝能够及时地疏远、诛除宦官一类奸邪小人。《后汉书·杨秉传》（卷五四）载记其事道：

时中常侍侯览弟参为益州刺史，累有臧罪，暴虐一州。明年，秉劾奏参，槛车征诣廷尉。参惶恐，道自杀。秉因奏览及中常侍具瑗曰："臣案国旧典，宦竖之官，本在给使省闼，司昏守夜，而今猥受过宠，执政操权。其阿谀取容者，则因公褒举，以报私惠；有忤逆于心者，必求事中伤，肆其凶忿。居法王公，富拟国家，饮食极肴膳，仆妾盈纨素，虽季氏专鲁，穰侯擅秦，何以尚兹！案中常侍侯览弟参，贪残元恶，自取祸灭，览顾知衅重，必有自疑之意，臣愚以为不宜复见亲近。昔懿公刑邴歜之父，夺阎职之妻，而使二人参乘，卒有竹中之难，《春秋》书之，以为至戒。盖郑詹来而国乱，四佞放而众服。以此观之，容可近乎？览宜急屏斥，投畀豺虎。若斯之人，非恩所宥，请免官送归本郡。"书奏，尚书召对秉掾属曰："公府外职，而奏劾近官，经典汉制有故事乎？"秉使对曰："《春秋》赵鞅以晋阳之甲，逐君侧之恶。传曰：'除君之恶，唯力是视。'邓通懈慢，申屠嘉召通诘责，文帝从而请之。汉世故事，三公之职无所不统。"尚书不能诘。帝不得已，竟免览官，而削瑗国。每朝廷有得失，辄尽忠规谏，多见纳用。

杨秉乃汉安帝时著名贤直之臣杨震之子，可谓忠良世家。他不避皇帝的忌讳与奸邪的谗言而犯言直谏，语气激切，颇有其父杨震的忠耿之风。其处理宦党侯参的手段，可谓雷厉风行。在杨秉去世之后，他所举荐的贤良刘瑜对于宦官之乱政亦有直言抨击之语。《后汉书·刘瑜传》（卷五七）载记刘瑜曾专程赴京师就宦官之劣行向桓帝上书进谏道：

臣瑜自念东国鄙陋，得以丰沛枝胤，被蒙复除，不给卒伍。故太尉杨秉知臣窃窥典籍，猥见显举，诚冀臣愚直，有补万一。而秉忠谟不遂，命先朝露。臣在下土，听闻歌谣，骄臣虐政之事，远近呼嗟之音，窃为辛楚，泣血涟如。幸得引录，备答圣问，泄写至情，不敢庸回。诚愿陛下且以须臾之虑，览今往之事，人何为咨嗟，天曷为动变。盖诸侯之位，上法四七，垂文炳耀，关之盛衰者也。今中官邪孽，比肩裂土，皆竞立胤嗣，继体传爵，或乞子疏属，或买儿市道，殆乖开国承家之义。古者天子一娶九女，娣侄有序，《河图》授嗣，正在九房。今女嬖令色，充积闺帷，皆当盛其玩饰，冗食空宫，劳散精神，生长六疾。此国之费也，生之伤也。且天地之性，阴阳正纪，隔绝其道，则水旱为并。《诗》云："五日为期，六日不詹"。怨旷作歌，仲尼所录。况从幼至长，幽藏殁身。及常侍、黄门，亦广妻娶。怨毒之气，结成妖眚。行路之言，官发略人女，取而复置，转相惊惧。熟不悉然，无缘空生此谤。邹衍匹夫，杞氏匹妇，尚有城崩霜陨之异；况乃群辈咨怨，能无感乎！昔秦作阿房，国多刑人。今第舍增多，穷极奇巧，掘山攻石，不避时令。促以严刑，威以正法。民无罪而复入之，民有田而复夺之。州郡官府，各自考事，奸情赋赂，皆为吏饵。民愁郁结，起入贼党，官辄兴兵，诛讨其罪。贫困之民，或有卖其首级以要酬赏，父兄相代残身，妻孥相视分裂。穷之如彼，伐之如此，岂不痛哉！又陛下以北辰之尊，神器之宝，而微行近习之家，私幸宦者之舍，宾客市买，熏灼道路，因此暴纵，无所不容。今三公在位，皆博达道艺，而各正诸己，莫或匡益者，非不智也，畏死罚也。惟陛下设置七臣，以广谏道，及开东序金縢史官之书，从尧、舜、禹、汤、文、武致兴之道，远佞邪之人，放郑、卫之声，则政致和平，德感祥风矣。

刘瑜在其谏文之中谴责了宦官接受封爵，并且收养子嗣以承袭爵位的可怪可恨的现状，以及宦官凭借着皇帝的宠幸骄纵不法的恶行，希望皇帝能够远斥宦竖之辈小人，亲近贤直之臣，广纳谏言。这也正体现了"亲贤臣、远小人"的主张。

当然，这一时期在与宦官的斗争中显得最为积极与勇敢，且一直坚持到底的，无疑是当时天下的清流之士们所一致景仰的精神领袖——陈蕃了。桓帝清除梁氏，掌控大权之后，宦官势力愈加嚣张，属于清流一党的地方太守刘瓆、成瑨、翟超等人与属于宦官一党的侯览、赵津、张汜等辈因宦党之倒行逆施而产生了激烈的斗争。由于宦官一党有桓帝的偏袒，因此刘、成、翟等人均蒙冤受罪。陈蕃感慨于朝廷处事之不公，旋即愤而上书，向桓帝直谏。《后汉书·陈蕃传》（卷六六）记载此一事件道：

时小黄门赵津、南阳大猾张汜等，奉事中官，乘势犯法，二郡太守刘瓆、成瑨考案其罪，虽经赦令，而并竟考杀之。宦官怨恚，有司承旨，遂奏瓆、瑨罪当弃市。又山阳太守翟超，没入中常侍侯览财产，东海相黄浮，诛杀下邳令徐宣，超、浮并坐髡钳，输作左校。蕃与司徒刘矩、司空刘茂共谏请瓆、瑨、超、浮等，帝不悦。有司劾奏之，矩、茂不敢复言。蕃乃独上疏曰："臣闻齐桓修霸，务为内政；《春秋》于鲁，小恶必书。宜先自整敕，后以及人。今寇贼在外，四支之疾；内政不理，心腹之患。臣寝不能寐，食不能饱，实忧左右日亲，忠言以疏，内患渐积，外难方深。陛下超从列侯，继承天位。小家畜产百万之资，子孙尚耻愧失其先业,况乃产兼天下,受之先帝,而欲懈怠以自轻忽乎?诚不爱已,不当念先帝得之勤苦邪?前梁氏五侯,毒遍海内,天启圣意,收而戮之,天下之议,冀当小平。明鉴未远,覆车如昨,而近习之权,复相扇结。小黄门赵津、大猾张氾等,肆行贪虐,奸媚左右,前太原太守刘瓆、南阳太守成瑨,纠而戮之。虽言赦后不当诛杀,原其诚心,在乎去恶。至于陛下,有何悁悁?而小人道长,营惑圣听,遂使天威为之发怒。如加刑谪,已为过甚,况乃重罚,令伏欧刀乎!又,前山阳太守翟超、东海相黄浮,奉公不桡,疾恶如仇,超没侯览财物,浮诛徐宣之罪,并蒙刑坐,不逢赦恕。览之从横,没财已幸;宣犯衅过,死有余辜。昔丞相申屠嘉召责邓通,洛阳令董宣折辱公主,而文帝从而请之,光武加以重赏,未闻二臣有专命之诛。而今左右群竖,恶伤党类,妄相交构,致此刑谴。闻臣是言,当复啼诉。陛下深宜割塞近习豫政之源,引纳尚书朝省之事,公卿大官,五日壹朝,简练清高,斥黜佞邪。于是天和于上,地洽于下,休祯符瑞,岂远乎哉!陛下虽厌毒臣言,凡人主有自勉强,敢以死陈。"

陈蕃之奏疏,从守护江山社稷的道理说起,着力为刘、成、翟等嫉恶如仇的正直知名之士辩护,又力斥侯、赵等宦党的贪虐横行之罪,希望桓帝能够亲近忠贤之士,斥诛宦竖之辈。这里体现出的仍然是"亲贤臣、远小人"的意思。但很遗憾,昏庸糊涂的汉桓帝非但没有接纳陈蕃的一番良言规谏,反而愈加纵容宦官的胡作非为,后来竟然因为轻信宦官的诬陷谮害,大肆抓捕迫害清流士人,掀起了第一次"党锢之祸"。《资治通鉴》卷五五记载其过程曰:

河内张成,善风角,推占当赦,教子杀人。司隶李膺督促收捕,既而逢宥获免;膺愈怀愤疾,竟案杀之。成素以方伎交通宦官,帝亦颇讯其占;宦官教成弟子牢修上书,告"膺等养太学游士,交结诸郡生徒,更相驱驰,共为部党,诽讪朝廷,疑乱风俗。"于是天子震怒,班下郡国,逮捕党人,布告天下,使同忿疾。案经三府,太尉陈蕃却之曰:"今所案者,皆海内人誉,忧国忠公之臣,此等犹将十世宥也,岂有罪名不章而致收掠者乎!"不肯平署。帝愈怒,遂下膺等于黄门北寺狱,其辞所连及,太仆颍川杜密、御史中丞陈翔及陈寔、范滂之徒二百馀人。或逃遁不获,皆悬金购募,使者四出相望。陈寔曰:"吾不就狱,众无所恃。"乃自往请囚。范滂至狱,狱吏谓曰:"凡坐系者,皆祭皋陶。"滂曰:"皋陶,古之直臣,知滂无罪,将理之于帝,如其有罪,祭之何益!"众人由此亦止。陈蕃复上书极谏,帝讳其言切,托以蕃辟召非其人,策免之。

面对这样的由宦官所操纵,又由皇帝亲自发动的对于清流"党人"的大规模的迫害与清洗,身为清流人士领袖之一的陈蕃虽然一开始并没受到多少牵连,但他却没有明哲保身、知难而退,反而挺身而出,拒绝签署桓帝下达的"党锢"的诏令。同时还冒着巨大的风险向桓帝上书,就"党锢"的冤狱向桓帝直言极谏。《后汉书·陈蕃传》(卷六六)记载其谏言道:

> 臣闻贤明之君,委心辅佐;亡国之主,讳闻直辞。故汤武虽圣,而兴于伊吕;桀纣迷惑,亡在失人。由此言之,君为元首,臣为股肱,同体相须,共成美恶者也。伏见前司隶校尉李膺、太仆杜密、太尉掾范滂等,正身无玷,死心社稷。以忠忤旨,横加考案,或禁锢闭隔,或死徙非所。杜塞天下之口,聋盲一世之人,与秦焚书坑儒,何以为异?昔武王克殷,表闾封墓,今陛下临政,先诛忠贤。遇善何薄?待恶何优?夫谗人似实,巧言如簧,使听之者惑,视之者昏。夫吉凶之效,存乎识善;成败之机,在于察言。人君者,摄天下之政,秉四海之维,举动不可以违圣法,进退不可以离道规。谬言出口,则乱及八方,何况髡无罪于狱,杀无辜于市乎!昔禹巡狩苍梧,见市杀人,下车而哭之曰:"万方有罪,在予一人!"故其兴也勃焉。又青、徐炎旱,五谷损伤,民物流迁,茹菽不足。而宫女积于房掖,国用尽于罗纨,外戚私门,贪财受赂,所谓"禄去公室,政在大夫"。昔春秋之末,周德衰微,数十年间无复灾眚者,天所弃也。天之于汉,悢悢无已,故殷勤示变,以悟陛下。除妖去孽,实在修德。臣位列台司,忧责深重,不敢尸禄惜生,坐观成败。如蒙采录,使身首分裂,异门而出,所不恨也。

陈蕃在一开头便直言桓帝逮捕或禁锢李膺、杜密、范滂等清流之士的行为是十分错误的,接着又列举历史上的各种经验教训,以及上天之灾异力劝桓帝远离斥逐奸邪小人,戒除淫奢之习,赦免并重用那些受到迫害的忠直的党人,勤修德政,以维持汉王朝江山社稷的长治久安。文中言辞激烈直白,正可见出其对于君主及国家的拳拳忠心,也表现了其"亲贤臣、远小人"的谏议宗旨。东汉后期的城门校尉窦武,虽身为外戚,但因与陈蕃关系近密,也颇富于正义感。他有感于清流党人的冤屈,亦曾上疏向桓帝直谏,申明清流党人的清白与忠直,以及宦竖之辈的祸国殃民,希望桓帝重用忠良而黜远奸邪。《后汉书·窦武传》(卷六九)载其谏疏云:

> 时国政多失,内官专宠,李膺、杜密等为党事考逮。永康元年,上疏谏曰:"臣闻明主不讳讥刺之言,以探幽暗之实;忠臣不恤谏争之患,以畅万端之事。是以君臣并熙,名奋百世。臣幸得遭盛明之世,逢文、武之化,岂敢怀禄逃罪,不竭其诚!陛下初从藩国,爰登圣祚,天下逸豫,谓当中兴。自即位以来,未

闻善政。梁、孙、寇、邓虽或诛灭，而常侍黄门续为祸虐，欺罔陛下，竞行谲诈，自造制度，妄爵非人，朝政日衰，奸臣日强，伏寻西京放恣王氏，佞臣执政，终丧天下。今不虑前事之失，复循覆车之轨，臣恐二世之难，必将复及，赵高之变，不朝则夕。近者奸臣牢脩，造设党议，遂收前司隶校尉李膺、太仆杜密、御史中丞陈翔、太尉掾范滂等逮考，连及数百人，旷年拘录，事无效验。臣惟膺等建忠抗节，志经王室，此诚陛下稷、卨、伊、吕之佐，而虚为奸臣贼子之所诬枉，天下寒心，海内失望。惟陛下留神澄省，时见理出，以厌人鬼喁喁之心。臣闻古之明君，必须贤佐，以成政道。今台阁近臣，尚书令陈蕃，仆射胡广，尚书朱寓、荀绲、刘祐、魏朗、刘矩、尹勋等，皆国之贞士，朝之良佐。尚书郎张陵、妫皓、苑康、杨乔、边韶、戴恢等，文质彬彬，明达国典。内外之职，群才并列。而陛下委任近习，专树饕餮，外典州郡，内干心膂。宜以次贬黜，案罪纠罚，抑夺宦官欺国之封，案其无状诬罔之罪，信任忠良，平决臧否，使邪正毁誉，各得其所，宝爱天官，唯善是授。如此，咎征可消，天应可待。间者有嘉禾、芝草、黄龙之见。夫瑞生必于嘉士，福至实由善人，在德为瑞，无德为灾。陛下所行，不合天意，不宜称庆。"书奏，因以病上还城门校尉、槐里侯印绶。帝不许，有诏原李膺、杜密等，自黄门北寺、若卢、都内诸狱，系囚罪轻者皆出之。

由于陈蕃直言抗辩，窦武也出面讲话，再加上被冤陷的李膺等人的不屈抗争，桓帝终于下令赦免了被捕的数百名党人。党祸虽然暂息，但由于桓帝依然信任宦官，故宦官在朝廷之中弄权擅政的情况却未有改变。对于此，一片忠心为国的陈蕃和与之志同道合的窦武也只有徒然愤慨而无可奈何。桓帝去世之后，朝廷政局一度出现转机，因为在灵帝即位之后，尊窦武之女为太后，窦武因外戚之身份得拜大将军。在掌握了一部分权力之后，窦武即与陈蕃合谋，计划采取断然措施，将所有为恶逞凶的宦官一网打尽，悉数歼灭。可是，由于窦太后宠信奸小，犹疑不决，致使机密外泄，为宦官知晓。宦官集团首领曹节、王甫旋即凭仗着手中的兵权发动政变，杀害了窦武、陈蕃等朝廷上的一大批忠贤之臣。对于此次朝政惨变，《资治通鉴》卷五六有着较为详细的记述：

初，窦太后之立也，陈蕃有力焉。及临朝，政无大小，皆委于蕃。蕃与窦武同心戮力，以奖王室，征天下名贤李膺、杜密、尹勋、刘瑜等，皆列于朝廷，与共参政事。于是天下之士，莫不延颈想望太平。而帝乳母赵娆及诸女尚书，旦夕在太后侧，中常侍曹节、王甫等共相朋结，谄事太后。太后信之，数出诏命，有所封拜。蕃、武疾之，尝共会朝堂，蕃私谓武曰："曹节、王甫等，自先帝时操弄国权,浊乱海内,今不诛之,后必难图。"武深然之。蕃大喜,以手椎席而起。武于是引同志尚书令尹勋等共定计策。会有日食之变,蕃谓武曰:"昔萧望之困一石显,况今石显数十辈乎!蕃以八十之年,欲为将军除害,今可因日食斥罢宦官,以塞天变。"武乃白太后曰:"故事,黄门、常侍但当给事省内典门户,主近署财物耳;今乃使与政事,任重权,子弟布列,专为贪暴。天下匈匈,正以此故,宜悉诛废以清朝廷。"太后曰:"汉元以来故事,世有宦官,但当诛其有罪者,岂可尽废邪!"时中常侍管霸,颇有才略,专制省内,武先白收霸及中常侍苏康等,皆坐死。武复数白诛曹节等,太后犹豫未忍,故事久不发。蕃上疏曰:"今京师嚣嚣,道路喧哗,言侯览、曹节、公乘昕、王甫、郑飒等,与赵夫人、诸尚书并乱天下,附从者升进,忤逆者中伤,一朝群臣如河中木耳,泛泛东西,耽禄畏害。陛下今不急诛此曹,必生变乱,倾危社稷,其祸难量。愿出臣章宣示左右,并令天下诸奸知臣疾之。"太后纳。……于是武、蕃以朱寓为司隶校尉,刘祐为河南尹、虞祁为雒阳令。武奏免黄门令魏彪,以所亲小黄门山冰代之,使冰奏收长乐尚书郑飒,送北寺狱。蕃谓武曰:"此曹子便当收杀,何复考为!"武不从,令冰与尹勋、侍御史祝瑨杂考飒,辞连及曹节、王甫。勋、冰即奏收节等,使刘瑜内奏。知九月,辛亥,武出宿归府。典中书者先以告长乐五官史朱瑀,瑀盗发武奏,骂曰:"中官放纵者,自可诛耳,我曹何罪,而当尽见族灭!"因大呼曰:"陈蕃、窦武奏白太后废帝,为大逆!"乃夜召素所亲壮健者长乐从官史共普、张亮等十七人,歃血共盟,谋诛武等。曹节白帝曰:"外间切切,请出御德阳前殿。"令帝拔剑踊跃,使乳母赵娆等拥卫左右,取棨信,闭诸禁门,召尚书官属,胁以白刃,使作诏板,拜王甫为黄门令,持节至北寺狱,收尹勋、山冰。冰疑,不受诏,甫格杀之,并杀勋;出郑飒,还兵劫太后,夺玺绶。令中谒者守南宫,闭门绝复道。使郑飒等持节及侍御史谒者捕收武等。武不受诏,驰入步兵营,与其兄子步兵校尉绍共射杀使者。召会北军五校士数千人屯都亭,下令军士曰:"黄门、常侍反,尽力者封侯重赏。"陈蕃闻难,将官属诸生八十馀人,并拔刃突入承明门,到尚书门,攘臂呼曰:"大将军忠以卫国,黄门反逆,何云窦氏不道邪!"王甫时出与蕃相遇,适闻其言,而让蕃曰:"先帝新弃天下,山陵未成,武有何功,兄弟父子并封三侯?又设乐饮宴,多取掖廷宫人,旬日之间,赏财巨万,大臣若此,为是道邪!公为宰辅,苟相阿党,复何求贼!"使剑士收蕃,蕃拔剑叱甫,辞色逾厉。遂执蕃,送北寺狱。黄门从官驺蹋踧蕃曰:"死老魅!复能损我曹员数、夺我曹禀假不!"即日,杀之。时护匈奴中郎将张奂征还京师,曹节等以奂新至,不知本谋,矫制以少府周靖行车骑将军、加节,与奂率五营士讨武。夜漏尽,王甫将虎贲、羽林等合千馀人,出屯朱雀掖门,与奂等合,已而悉军阙下，与武对陈。甫兵渐盛，使其士大呼武军曰："窦武反，汝皆禁兵，当宿卫宫省，何故随反者乎！先降有赏！"营府兵素畏服中官，于是武军稍稍归甫，自旦至食时，兵降略尽。武、绍走，诸军追围之，皆自杀，枭首雒阳都亭；收捕宗亲宾客姻属，悉诛之，及侍中刘瑜、屯骑校尉冯述，皆夷其族。宦官又谮虎贲中郎将河间刘淑、故尚书会稽魏朗，云与武等通谋，皆自杀。迁皇太后于南宫，徙武家属于日南；自公卿以下尝为蕃、武所举者及门生故吏，皆免官禁锢。议郎勃海巴肃，始与武等同谋，曹节等不知，但坐禁锢，后乃知而收之。肃自载诣县，县令见肃，入阁，解印绶，欲与俱去。肃曰："为人臣者，有谋不敢隐，有罪不逃刑，既不隐其谋矣，又敢逃其刑乎！"遂被诛。曹节迁长乐卫尉，封育阳侯。王甫迁中常侍，黄门令如故。硃瑀、共普、张亮等六人皆为列侯，十一人为关内侯。于是群小得志，士大夫皆丧气。

在窦武、陈蕃等诛除宦官的计划失败之后，宦官势力再度大张，气焰变得愈发地嚣张，其行径愈发地骄横残暴。对于那些被其称为"党人"的清流之士如李膺、范滂、杜密等人，他们一向猜忌衔恨，这时乃乘机大肆反扑报复。在宦官的一力催促与操控之下，汉灵帝批准了抓捕、禁锢以至于诛杀清流党人的诏令。这便是令天下震惊的第二次"党锢之祸"。《资治通鉴》卷五六记载此次党祸的过程道：

初，李膺等虽废锢，天下士大夫皆高尚其道而污秽朝廷，希之者唯恐不及，更共相标榜，为之称号：……及陈、窦用事，复举拔膺等；陈、窦诛，膺等复废。宦官疾恶膺等，每下诏书，辄申党人之禁。侯览怨张俭尤甚，览乡人硃并素佞邪，为俭所弃，承览意指，上书告俭与同乡二十四人别相署号，共为部党，图危社稷，而俭为之魁。诏刊章捕俭等。冬，十月，大长秋曹节因此讽有司奏"诸钩党者故司空虞放及李膺、杜密、朱㝢、荀翌、翟超、刘儒、范滂等，请下州郡考治。"是时上年十四，问节等曰："何以为钩党？"对曰："钩党者，即党人也。"上曰："党人何用为恶而欲诛之邪？"对曰："皆相举群辈，欲为不轨。"上曰："不轨欲如何？"对曰："欲图社稷。"上乃可其奏。或谓李膺曰："可去矣！"对曰："事不辞难，罪不逃刑，臣之节也。吾年已六十，死生有命，去将安之！"乃诣诏狱，考死；门生故吏并被禁锢。侍御史蜀郡景毅子顾为膺门徒，未有录牒，不及于谴，毅慨然曰："本谓膺贤，遣子师之，岂可以漏脱名籍，苟安而已！"遂自表免归。汝南督邮吴导受诏捕范滂，至征羌，抱诏书闭传舍，伏床而泣，一县不知所为。滂闻之曰："必为我也。"即自诣狱。县令郭揖大惊，出，解印绶，引与俱亡，曰："天下大矣，子何为在此！"滂曰："滂死则祸塞，何敢以罪累君。又令老母流离乎！"其母就与之诀，滂白母曰："仲博孝敬，足以供养。滂从龙舒君归黄泉，存亡各得其所。惟大人割不可忍之恩，勿增感戚！"仲博者，滂弟也。龙舒君者，滂父龙舒侯相显也。母曰："汝今得与李、杜齐名，死亦何恨！既有令名，复求寿考，可兼得乎！"滂跪受教，再拜而辞。顾其子曰："吾欲使汝为恶，恶不可为；使汝为善，则我不为恶。"行路闻之，莫不流涕。凡党人死者百馀人，妻子皆徙边，天下豪桀及儒学有行义者，宦官一切指为党人；有怨隙者，因相陷害，睚眦之忿，滥入党中。州郡承旨，或有未尝交关，亦离祸毒，其死、徙、废、禁者又六七百人。

与桓帝时代的第一次党锢之祸比起来，灵帝时的第二次党锢之祸牵连的范围更广，造成的伤害更深，对于那些正直而有理想抱负的知识分子的打击更为剧烈。由于宦官专擅朝政，大发淫威，因而在民间或朝廷的许多人为清流党人辩护，但多数人遭到了官方的打击与迫害。不过，即使是在这样恶劣、肃杀的环境中，仍然有相当多的忠义之士挺身而出，不顾个人安危地向当时的汉灵帝进谏，希望灵帝能够知晓党人们的冤屈，戒除他们的禁锢并且予以重用，以改良政治，使天下恢复清平安定。譬如，就在党锢之祸发生后不久，朝堂之上血腥气还未消除，当时的郎中谢弼便借着当时出现的大风、青蛇等妖异向灵帝进言，劝谏其不要宠信宦官之类奸党，又努力为陈蕃等遭到杀害的正直之士辩护，希望灵帝能为这些横遭冤屈、忠心为国为民的贤臣们平反，亲近、任用当时尚存的清流人士李膺、刘宠等。这样的谏议无疑也体现了"亲贤臣、远小人"的宗旨。《后汉书·谢弼传》（卷五七）载其谏辞道：

臣闻和气应于有德，妖异生乎失政。上天告谴，则王者思其愆；政道或亏，则奸臣当其罚。夫蛇者，阴气所生；鳞者，甲兵之符也。《鸿范传》曰："厥极弱，时则有蛇龙之孽。"又荧惑守亢，裴回不去，法有近臣谋乱，发于左右。不知陛下所与从容帷幄之内，亲信者为谁？宜急斥黜，以消天戒。臣又闻"惟虺惟蛇，女子之祥"。伏惟皇太后定策宫闼，援立圣明，《书》云："父子兄弟，罪不相及。"窦氏之诛，岂宜咎延太后？幽隔空宫，愁感天心，有如雾露之疾，陛下当何面目以见天下？昔周襄王不能敬事其母，戎狄遂至交侵。孝和皇帝不绝窦后之恩，前世以为美谈。礼为人后者为之子，今以桓帝为父，岂得不以太后为母哉？《援神契》曰："天子行孝，四夷和平。"方今边境日蹙，兵革蜂起，自非孝道，何以济之！愿陛下仰慕有虞蒸蒸之化，俯思《凯风》慰母之念。臣又闻爵赏之设，必酬庸勋；开国承家，小人勿用。今功臣久外，未蒙爵秩，阿母宠私，乃享大封，大风雨雹，亦由于兹。又故太傅陈蕃，辅相陛下，勤身王室，夙夜匪懈，而见陷群邪，一旦诛灭。其为酷滥，骇动天下，而门生故吏，并离徙锢。蕃身已往，人百何赎！宜还其家属，解除禁网。夫台宰重器，国命所继。今之四公，唯司空刘宠断断守善，余皆素餐致寇之人，必有折足覆𫗧之凶。可因灾异，并加罢黜。征故司空王畅，长乐少府李膺，并居政事，庶灾变可消，国祚惟永。臣山薮顽暗，未达国典。策曰"无有所隐"，敢不尽愚，用忘讳忌。伏惟陛下裁其诛罚。

由于宦党们刚刚发动兵变诛害了陈蕃、窦武等大臣，正在权焰熏天，不可一世之际，故而谢弼的谏疏中尚不便直接提及宦官的罪恶。但是，他仍然直白地点出了陈蕃的冤情，希望朝廷能及时解除对于陈蕃家属及门生故吏的禁锢。这种为正义而不顾个人及自己家族安危的精神，实在令人感佩。与谢弼有着同样的大无畏抗争精神的人士，在汉灵帝时代还有很多。如永昌太守曹鸾也曾上书直言进谏，借着上天的灾异之变希望灵帝赦免受到禁锢的党人，使这些贤能之士能有有机会得到重用，以为国效力。《资治通鉴》卷五七录载其谏辞道：

夫党人者，或者年渊德，或衣冠英贤，皆宜股肱王室，左右大猷者也；而久被禁锢，辱在涂泥。谋反大逆尚蒙赦宥，党人何罪，独不开恕乎！所以灾异屡见，水旱荐臻，皆由于斯。宜加沛然，以副天心。

又，东汉末年的另一位郎中审忠，也鉴于宦官一党的曹节、朱瑀等人的擅权跋扈而上书直谏灵帝，其谏疏亦体现了"亲贤臣、远小人"的主张。《资治通鉴》卷五七记载其进谏之事道：

于是曹节、朱瑀等权势复盛。节领尚书令。郎中梁人审忠上书曰："陛下即位之初，未能万机，皇太后念在抚育，权时摄政，故中常侍苏康、管霸应时诛殄。太傅陈蕃、大将军窦武考其党与，志清朝政。华容侯朱瑀知事觉露，祸及其身，遂兴造逆谋，作乱王室，撞蹋省闼，执夺玺绶，迫胁陛下，聚会群臣，离间骨肉母子之恩，遂诛蕃、武及尹勋等。因共割裂城社，自相封赏，父子兄弟，被蒙尊荣，素所亲厚，布在州郡，或登九列，或据三司。不惟禄重位尊之责，而苟营私门，多蓄财货，缮修第舍，连里竟巷，盗取御水，以作渔钓，车马服玩，拟于天家。群公卿士，杜口吞声，莫敢有言；州牧郡守，承顺风旨，辟召选举，释贤取愚。故虫蝗为之生，夷寇为之起，天意愤盈，积十馀年，故频岁日食于上，地震于下，所以谴戒人主，欲令觉悟，诛钼无状。昔高宗以雉雊之变，故获中兴之功；近者神祇启悟陛下，发赫斯之怒，故王甫父子应时龃截，路人士女莫不称善，若除父母之仇。诚恐陛下复忍孽臣之类，不悉殄灭。昔秦信赵高，以危其国；吴使刑人，身遘其祸。今以不忍之恩，赦夷族之罪，奸谋一成，悔亦何及！臣为郎十五年，皆耳目闻见，瑀之所为，诚皇天所不复赦。愿陛下留漏刻之听，裁省臣表，扫灭丑类，以答天怒。与瑀考验，有不如言，愿受汤镬之诛，妻子并徙，以绝妄言之路。"

审忠之文，可谓激于时势而直陈痛言。他首先力言陈蕃、窦武的正直贤良以及宦官群小的恃宠专权、恶迹昭彰，又借着灾异现象与历史上的兴亡之经验来劝谏灵帝亲近贤良，远斥宦竖奸邪之辈。他明知这道谏疏一旦呈上，自己很有可能遭遇杀身乃至于灭家之祸，但他仍义无反顾地呈了上去。这也正体现了东汉末年忠谏之士的那种为国为民不顾身家性命，视死如归的大无畏精神。

其实，除了朝廷上的公卿士大夫，在当时的宦官群体当中，也有着为数不多的忠贞正直之士。像灵帝时的中常侍吕强，对于当时扰乱朝政、诬陷忠良的曹节、王甫、张让等宦官的所作所为十分不满，也曾向灵帝上书，劝谏其不要宠信封赏此类奸恶之辈，而应当及时地予以清除、诛灭，以维护朝廷的秩序、政治之清明。《后汉书·吕强传》（卷七八）记载其进谏之辞道：

臣闻诸侯上象四七，下裂王土，高祖重约非功臣不侯，所以重天爵明劝戒也。伏闻中常侍曹节、王甫、张让等，及侍中许相，并为列侯。节等宦官祐薄，品卑人贱，谄谀媚主，佞邪徼宠，放毒人物，疾妒忠良，有赵高之祸，未被轘裂之诛，掩朝廷之明，成私树之党。而陛下不悟，妄授茅土，开国承家，小人是用。又并及家人，重金兼紫，相继为蕃辅。受国重恩，不念尔祖，述修厥德，而交结邪党，下比群佞。陛下或其琐才，特蒙恩泽。又授位乖越，贤才不升，素餐私幸，必加荣擢。阴阳乖剌，稼穑荒蔬，人用不康，罔不由兹。臣诚知封事已行，言之无逮，所以冒死干触陈愚忠者，实愿陛下损改既谬，从此一止。

吕强身为宦官集团中之一员，竟能够对宦官乱政的现象作出清醒的反思和有力的谴责，可算是特立独行、难能可贵了。但与其他谏臣的遭遇一样，其谏言依然未能说服灵帝幡然醒悟，清除乱政的宦官，以改革朝政。《后汉书·吕强传》记道："帝知其忠而不能用。"因此，在宦官的操持之下，东汉的政治一天比一天更混乱、腐败和黑暗，在民间积累了愈来愈多的怨气，最终引发了由张角、张宝、张梁所率领的黄巾大起义。这次民间的大暴动声势极大，范围极广，对当时的东汉朝廷造成了强烈的震撼，汉灵帝也因之而异常惊惶。吕强借着这个机会再度向灵帝进谏，希望灵帝能够赦免党人，以安抚天下人心，尽快平定张角之乱。《资治通鉴》卷五八载录其事道：

上问计于中常侍吕强,对曰:"党锢久积,人情怨愤,若不赦宥,轻与张角合谋,为变滋大,悔之无救。今请先诛左右贪浊者,大赦党人,料简刺史、二千石能否,则盗无不平矣。"帝惧而从之。壬子,赦天下党人,还诸徙者;唯张角不赦。

那些备受冤枉的党人虽然终于获得了赦免,然而,引发"党锢之祸"的罪魁祸首——宦官却仍在灵帝的庇护下逍遥自在,贪纵不法。对于此,那些忠臣直士们自然不能忍耐,于是又多次上书进谏,力劝灵帝祛除宦官之害,以拯救当时已摇摇欲坠的东汉王朝。如郎中张钧就曾因黄巾之乱而上书,劝谏灵帝斩掉十常侍而平息大乱。《资治通鉴》卷五八载张钧之谏言曰:

郎中中山张钧上书曰:"窃惟张角所以能兴兵作乱,万民所以乐附之者,其源皆由十常侍多放父兄、子弟、婚亲、宾客典据州郡,辜榷财利,侵掠百姓,百姓之冤,无所告诉,故谋议不轨,聚为盗贼。宜斩十常侍,县头南郊,以谢百姓,遣使者布告天下,可不须师旅而大寇自消。"

此外,当时的侍中向栩、谏议大夫刘陶均曾上书灵帝,直陈时局之危乱与宦官之祸害。但由于宦官仍然把持朝政大权,更由于灵帝的贪婪、自私与昏庸,这些为党人辩护,斥责宦官专权的谏臣们非但没有达到自己改良朝政,清除佞邪之辈的愿望,反而多数遭到了报复与迫害。像谢弼就因直言而被免官归家,后来被曹节之从子曹绍迫害致死;曹鸾在上书后不久即被灵帝下令收捕关押,惨死于狱中;吕强则为其他宦官所诬陷、打压,愤而自尽;张钧、向栩与刘陶则均因宦官之陷害而一一死于狱中。有汉一代,大多数皇帝都是能够做到尊重谏臣,宽纳谏言的,这也正是汉朝的统治能够维持四百年之久的一个重要原因。然而,东汉末年的汉灵帝则缺乏这种容纳直言的雅量,他只是一昧地听信自己私幸宦官的谗言诬陷,大肆地迫害、捕杀忠谏之臣。谏臣们纷纷惨死,天下人心尽失。东汉王朝的气运自然也就走到了尽头。汉灵帝一死,跟着就爆发了十常侍与何进的斗争以及董卓之乱,军阀混战,朝政大权落到了野心家曹操手中。曹操的儿子曹丕最终篡夺了汉朝的政权,汉朝也正式走到了尽头。汉虽亡于汉献帝,然其祸因却种植于桓、灵之际。《后汉书·献帝纪》(卷九)中评述道:"天厌汉德久矣,山阳其何诛焉?"上天之所以会厌倦"汉德",一个重要的原因,即在于桓帝与灵帝背离了谏臣们所提倡的"亲贤臣、远小人"这一重要的政治原则。

综上而言，在君主集权之时代，判定一个君主是否贤明的重要标准之一即是看他是否能做到"亲贤臣、远小人"。能做到这一点，则国家兴旺，人民安乐，社稷长久稳定；做不到这一点，则国家政权就会不可避免地走向衰微与灭亡。故此，"亲贤臣、远小人"可谓是两汉时代一心为君国着想的谏臣们最为关注，也谈得最多的一大主题。我们今日要研究两汉时代的谏议政治，对于这样一主题便不能忽视。同时，关注这一主题，对于我们了解、研究两汉时代谏议之士们的言行、性格、思想和他们的精神风貌，也有着显著的意义。

二、劝谏君主重视民生，实行民本理念

两汉时的谏议人士们向皇帝进谏的另外一个值得研讨的主题是重视、提倡民生、民本之思想，以实现民本的政治。所谓的"民生"和"民本"，是以人民大众的生活与切身权利为一国政治治理之根本宗旨。一国之君主及政府的所有政治主张及举措均需围绕着这一根本性的目标来开展。这种以民为本的政治理念早在三代之时就已出现。《尚书·五子之歌》中已有"民为邦本，本固邦宁"的说法。衍至后世春秋战国时代，百家诸子中的许多名家均有对于民本理念的阐述。其中着重强调仁义之政的儒家，对于民本思想的阐发则尤为丰富、深刻而系统。儒家之先师孔子宣扬"仁者爱人"之说，是说统治者应当以重视、爱护人民大众为基本的国策。孔子之后的"亚圣"孟子则更明确而系统地提出了"民贵君轻"的民本政治思想，使中国自三代以来的民本理念上升到了理论化的新高度。到了两汉时代，由于儒家经学成为国家意识形态以及学术之主流，文人学士大多以习儒出身，故此时的学者、士子及思想家们如陆贾、贾谊、董仲舒、王符、崔寔、仲长统诸人亦大多认可、重视自先秦以来儒家所宣扬的民本思想。民本思想也因之而成为了当时的一种主流的政治理念。两汉时代民本思想的基本逻辑，即君主必须注重民生，以民众之福利为施政之最大目。只有如此做了，君主才能获得民众的拥戴与上天的承认——天命，其统治才能长久稳定。

无可怀疑的，两汉时代大多数的学者、思想家对于这一基本逻辑皆是相当信服的。出于对皇帝及国民的一片热忱，他们乃常常就民本及民生的话题向君主进谏，希望皇帝能够重视民众的生活、福利，维护民众的基本权益，实行较为宽缓的仁爱之政。因此，重民生、倡民本乃成为了汉代谏议政治之中的一个相当重要的主题。

西汉建政之初，鉴于亡秦的教训，皇帝们多数有着励精图治、勤政爱民的想法与举措。处于这样的政治环境里面，朝廷里面的有识之士们常借着各种机会向皇帝进谏，希望皇帝能体恤民情，重视民生。譬如当时的著名文学家、政论家贾谊，就曾向汉文帝进谏，倡导重视农本的政策。《资治通鉴》卷十三中

记载其谏辞道：

>《管子》曰："仓廪实而知礼节，衣食足而知荣辱。"民不足而可治者，自古及今，未之尝闻。古之人曰："一夫不耕，或受之饥；一女不织，或受之寒。"生之有时而用之亡度，则物力必屈。古之治天下，至纤至悉，故其畜积足恃。今背本而趋末者甚众，是天下之大残也！淫侈之俗，日日以长，是天下之大贼也！残、贼公行，莫之或止；大命将泛，莫之振救。生之者甚少而靡之者甚多，天下财产何得不蹶。汉之为汉，几四十年矣，公私之积，犹可哀痛。失时不雨，民且狼顾；岁恶不入，请卖爵子。既闻耳矣，安有为天下阽危者若是而上不惊者！世之有饥、穰，天之行也；禹、汤被之矣。即不幸有方二三千里之旱，国胡以相恤？卒然边境有急，数十百万之众，国胡以馈之？兵、旱相乘，天下大屈，有勇力者聚徒而衡击，罢夫、羸老，易子上咬其骨。政治未毕通也，远方之能疑者并举而争起矣，乃骇而图之，岂将有及乎！夫积贮者，天下之大命也。苟粟多而财有余，何为而不成！以攻则取，以守则固，以战则胜，怀敌附远，何招而不至！今驱民而归之农，皆著于本。使天下各食其力，末技、游食之民转而缘南晦则畜积足而人乐其所矣。可以为富安天下，而直为此廪廪也，窃为陛下惜之！

贾谊在本文中力倡重农抑商、重视贮积粮食的政策，体现了鲜明的农本意识。不过这种提倡农本的主旨与最终目的，仍在于民众生活的安稳与富足，使他们能免受饥荒、灾乱的侵害。只有民众安稳富足了，国家政权、江山社稷才能长治久安。在这种重农、重民思想的影响之下，汉初的文帝与景帝基本上实行的都是清静宽简之政，轻徭薄赋，以农事为重，这才有了为后世所羡慕的"文景之治"。在汉武帝时代，著名文臣东方朔亦有倡导重视百姓民生的谏议之辞。《汉书·东方朔传》（卷六五）记载了东方朔因武帝圈划民间之地为上林苑而进谏之事道：

>于是上以为道远劳苦，又为百姓所患，乃使太中大夫吾丘寿王与待诏能用算者二人，举籍阿城以南，盩厔以东，宜春以西，提封顷亩，乃其贾直，欲除以为上林苑，属之南山。又诏中尉、左右内史表属县草田，欲以偿鄠杜之民。吾丘寿王奏事，上大说称善。时朔在傍，进谏曰："臣闻谦逊静悫，天表之应，应之以福；骄溢靡丽，天表之应，应之以异。今陛下累郎台，恐其不高也；弋猎之处，恐其不广也。如天不为变，则三辅之地尽可以为苑，何必盩厔、鄠、杜乎！奢侈越制，天为之变，上林虽小，臣尚以为大也。……此百工所取给，

万民所卬足也。又有粳稻、梨、栗、桑、麻、竹箭之饶，土宜姜芋，水多蛙鱼，贫者得以人给家足，无饥寒之忧。故酆、镐之间号为土膏，其贾亩一金。今规以为苑，绝陂池水泽之利，而取民膏腴之地，上乏国家之用，下夺农桑之业，弃成功，就败事，损耗五谷，是其不可一也。且盛荆棘之林，而长养麋鹿，广狐兔之苑，大虎狼之虚，又坏人冢墓，发人室庐，令幼弱怀土而思，耆老泣涕而悲，是其不可二也。斥而营之，垣而围之，骑驰东西，车骛南北，又有深沟大渠，夫一日之乐不足以危无堤之舆，是其不可三也。故务苑囿之大，不恤农时，非所以强国富人也。夫殷作九市之宫而诸侯畔，灵王起章华之台而楚民散，秦兴阿房之殿而天下乱。粪土愚臣，忘生触死，逆盛意，犯隆指，罪当万死，不胜大愿，愿陈《泰阶六符》，以观天变，不可不省。"

东方朔指出，武帝欲划出来当作打猎游玩的上林苑之土地，本是百姓们用来"人给家足"的富于物产的膏腴之地。皇帝若将这片土地抢过来建成私人的苑囿，大量的百姓就会流离失所，无法维持生计了。此篇谏文明显地体现出了关注民生疾苦、重视民生的意识。与东方朔同时的徐乐，也曾向武帝上书进谏，其谏疏中也体现出了鲜明的民生、民本意识。《汉书·徐乐传》（卷六四）中载其谏言曰：

臣闻天下之患，在于土崩，不在瓦解，古今一也。何谓土崩？秦之末世是也。陈涉无千乘之尊、疆土之地，身非王公大人名族之后，无乡曲之誉，非有孔、曾、墨子之贤，陶朱、猗顿之富也。然起穷巷，奋棘矜，偏袒大呼，天下从风，此其故何也？由民困而主不恤，下怨而上不知，俗已乱而政不修，此三者陈涉之所以为资也。此之谓土崩。故曰天下之患在乎土崩。何谓瓦解？吴、楚、齐、赵之兵是也。七国谋为大逆，号皆称万乘之君，带甲数十万，威足以严其境内，财足以劝其士民，然不能西攘尺寸之地，而身为禽于中原者，此其故何也？非权轻于匹夫而兵弱于陈涉也。当是之时，先帝之德未衰，而安土乐俗之民众，故诸侯无竟外之助。此之谓瓦解。故曰天下之患不在瓦解。由此观之，天下诚有土崩之势，虽布衣穷处之士或首难而危海内，陈涉是也，况三晋之君或存乎？天下虽未治也，诚能无土崩之势，虽有强国劲兵，不得还踵而身为禽，吴、楚是也，况群臣、百姓，能为乱乎？此二体者，安危之明要，贤主之所留意而深察也。间者，关东五谷数不登，年岁未复，民多穷困，重之以边境之事，推数循理而观之，民宜有不安其处者矣。不安故易动，易动者，土崩之势也。故贤主独观万化之原，明于安危之机，修之庙堂之上，而销未形之患也。其要，期使天下无土崩之势而已矣。故虽有强国劲兵，陛下逐走兽，射飞鸟，弘游燕之囿，淫从恣之观，极驰骋之乐，自若。金石丝竹之声不绝于耳，帷幄之私、俳优侏儒之笑不乏于前，而天下无宿忧。名何必复子，俗何必成康！

徐乐在文中指出了，所谓的政治动乱一般有两种情形。一种是"瓦解"之势，一种乃"土崩"之势。瓦解不可怕，土崩才是致命的。土崩和瓦解的关键性区别，即在于君主是否能重视民生，安抚百姓。百姓若是不安，则易动，"易动者，土崩之势也。"可见，本文的主旨仍是在劝谏武帝重视百姓的安乐、稳定。百姓稳定了，国家政权就能稳定，君主也就能畅享安乐之福了。

到了西汉中后期，随着儒家经学独尊之势的确立，儒家所力倡的民本思想在朝野上下也得到了广泛的认同与宣扬。这时，一大批习儒的经学士人受到朝廷重用而成为了公卿士大夫，他们的政治理念之中，即有明显的民生、民本的因素。汉成帝时代的大臣谷永，是一位富于民本精神的贤直之士。在其向皇帝的多篇上书之中，我们可屡屡看到民本思想的闪现。比如，他曾在自己所上的对策奏疏中劝谏汉成帝重视民生疾苦，以保障政治安稳、社稷久长。《汉书·谷永传》（卷八五）中载其谏辞曰：

尧遭洪水之灾，天下分绝为十二州，制远之道微而无乖畔之难者，德厚恩深，无怨于下也。秦居平土，一夫大呼而海内崩析者，刑罚深酷，吏行残贼也。夫违天害德，为上取怨于下，莫甚乎残贼之吏。诚放退残贼酷暴之吏锢废勿用，益选温良上德之士以亲万胜，平刑释冤以理民命，务省繇役，毋夺民时，薄收赋税，毋殚民财，使天下黎元咸安家乐业，不苦逾时之役，不患苛暴之政，不疾酷烈之吏，虽有唐尧之大灾，民无离上之心。经曰："怀保小人，惠于鳏寡。"未有德厚吏良而民畔者也。

后来，因为有黑龙出现的妖异之象，谷永又借着祥瑞灾异之说向成帝进谏，劝导其不要溺于小人、后宫，不要滥用民力，掠夺民财，力倡"王者以民为基"的民本理念。《汉书·谷永传》（卷八五）记录其谏言道：

王者以民为基，民以财为本，财竭则下畔，下畔则下亡。是以明王爱养基本，不敢穷极，使民如承大祭。今陛下轻夺民财，不爱民力，听邪臣之计，去高敞初陵，捐十年功绪，改作昌陵，反天地之性，……百姓财竭力尽，愁恨感天，灾异屡降，饥馑仍臻。流散冗食，馁死于道，以百万数。公家无一年之畜，百姓无旬日之储，上下俱匮，无以相救。《诗》云："殷监不远，在夏后之世。"愿陛下追观夏、商、周、秦所以失之，以镜考己行。

谷永在文中讲述道，当时民众们因为灾异、饥馑已经濒于死亡的边缘，而成帝仍不顾百姓的苦难而征用民力，改作昌陵，这样的举措对于人民无疑是雪上加霜，更增其惨痛。由这些沉痛的陈述，足可见谷永对于民生的拳拳之意。在其被外放为北地太守之后，谷永仍借着灾异之现向成帝进谏，表达其重民的观念。《汉书·谷永传》（卷八五）记载其这一次进言道：

臣闻天生蒸民，不能相治，为立王者以统理之，方制海内非为天子，列土封疆非为诸侯，皆以为民也。垂三统，列三正，去无道，开有德，不私一姓，明天下乃天下之天下，非一人之天下也。王者躬行道德，承顺天地，博爱仁怒，恩及行苇，籍税取民不过常法，宫室车服不逾制度，事节财足，黎庶和睦，则卦气理效，五征时序，百姓寿考，庶中蕃滋，符瑞并降，以昭保右。失道妄行，逆天暴物，穷奢极欲，湛湎荒淫，妇言是从，诛逐仁贤，离逖骨肉，群小用事，峻刑重赋，百姓愁怨，则卦气悖乱，咎征著邮，上天震怒，灾异屡降，日月薄食，五星失行，山崩川溃，水泉踊出，妖孽并见，茀星耀光，饥馑荐臻，百姓短折，万物夭伤。终不改寤，恶洽变备，不复谴告，更命有德。《诗》云："乃眷四顾，此惟予宅。"

作为君主专制时代的一名士人，谷永竟能够突破当时所流行的"天下者，高祖之天下也"一类"家天下"的皇权专制观念，提出"天下乃天下之天下，非一人之天下"这样的革命性的看法，实在是难能可贵的时代最强音。此种以天下（国家）为天下人（人民大众）之公器，而非君主一人实现私欲之工具的观念，在很大程度上已超越了为保君主之江山社稷长久而提倡爱抚民众的民本意识，而与近代以来民主社会中所强调的由民众来掌控国家权力的民权、民主意识颇为接近了。当然，在西汉时代，并非只有谷永一人才拥有这样的远见卓识。汉哀帝时期的谏大夫鲍宣，因为看不惯哀帝宠信外戚丁氏、傅氏和狎弄之臣董贤而上书进谏。其谏辞中亦有天下乃天下人之天下的民本意识。《汉书·鲍宣传》（卷七二）载记其谏辞道：

天下乃皇天之天下也，陛下上为皇太子，下为黎庶父母，为天牧养元元，视之当如一，合《尸鸠》之诗。今贫民菜食不厌，衣又穿空，父子夫妇不能相保，诚可为酸鼻。陛下不救，将安所归命乎？奈何独私养外亲与幸臣董贤，多赏赐以大万数，使奴从宾客浆酒霍肉，苍头庐儿皆用致富！非天意也。及汝昌侯傅商亡功而封。夫官爵非陛下之官爵，乃天下之官爵也。陛下取非其官，官非其人，而望天说民服，岂不难哉！

"天下乃皇天之天下也"与"官爵非陛下之官爵，乃天下之官爵也"这样的见识，与谷永的"天下乃天下之天下"之名言可谓互为呼应，彪炳青史。鲍宣因为看不惯宠佞之臣们锦衣玉食而贫寒百姓们则缺衣少食的"朱门酒肉臭，路有冻死骨"的恶劣现状，愤而上书进谏，这番举动也体现出了其鲜明的重民、爱民的民本精神。

到了东汉时代，在朝廷谏臣们的奏疏之中，亦时常可见倡导重视民生、民本的意识。譬如在东汉中期邓太后执政之时，御史中丞樊准曾因连年灾害、民众饥困而上书向邓太后进谏。《后汉书·樊准传》（卷三二）记其谏言曰：

伏见被灾之郡，百姓凋残，恐非赈给所能胜赡，虽有其名，终无其实。可依征和元年故事，遣使持节慰安。尤困乏者，徙置荆、扬孰郡，既省转运之费，且令百姓各安其所。今虽有西屯之役，宜先东州之急。如遣使者与二千石随事消息，悉留富人守其旧士，转尤贫者过所衣食，诚父母之计也。愿以臣言下公卿平议。

樊准哀悯百姓因灾害而受苦，遂向邓太后建议派遣使者予以慰问，同时还迁徙那些缺衣乏食、无以为生的百姓到附近没有遭遇灾害的几个州郡去求生存。文中"虽有西屯之役，宜先东州之急"之语，正体现了樊准以民为重的民本理念。到了东汉后期的桓帝时代，著名的谏议之臣刘陶在其谏疏之中也表现出了重视民生、民众福利的民本意识。《后汉书·刘陶传》卷五七）记刘陶因铸大钱之议而上书进谏，其辞曰：

圣王承天制物，与人行止，建功则众悦其事，兴戎而师乐其旅。是故灵台有子来之人，武旅有凫藻之士，皆举合时宜，动顺人道也。臣伏读铸钱之诏，平轻重之议，访覃幽微，不遗穷贱，是以藿食之人，谬延逮及。盖以为当今之忧，不在于货，在乎民饥。夫生养之道，先食后货。是以先王观象育物，敬授民时，使男不遗亩，女不下机。故君臣之道行，王路之教通。由是言之，食者乃有国之所宝，生民之至贵也。……盖民可百年无货，不可一朝有饥，故食为至急也。议者不达农殖之本，多言铸冶之便，或欲因缘行诈，以贾国利。国利将尽，取者争竞，造铸之端于是乎生。盖万人铸之，一人夺之，犹不能给；况今一人铸之，则万人夺之乎？虽以阴阳为炭，万物为铜，役不食之民，使不饥之士，犹不能足无厌之求也。夫欲民殷财阜，要在绝役禁夺，则百姓不劳饫足。陛掀圣灯，愍海内之忧戚，伤天下之艰难，欲铸钱齐货以救其敝，此犹养鱼沸鼎之中，栖鸟烈火之上。水木本鱼鸟之所生也，用之不时，必至焦烂。愿陛下宽锲薄之禁，后冶铸之议，听民庶之谣吟，问路叟之所忧，瞰三光之文耀，视山河之分流。天下之心，国家大事，粲然皆见，无有遗惑者矣。臣尝诵《诗》，至于鸿雁于野之劳，哀勤堵之事，每喟尔长怀，中篇而叹。近听征夫饥劳之声，甚于斯歌。是以追悟四妇吟鲁之忧，始于此乎？见白驹之意，屏营傍徨，不能监寐。伏念当今地广而不得耕，民众而无所食。群小竞进，秉国之位，鹰扬天下，乌抄求饱，吞肌及骨，并噬无厌。诚恐卒有役夫穷匠，起于板筑之间，投斤攘臂，登高远呼，使愁怨之民，响应云合，八方分崩，中夏鱼溃。虽方尺之钱。何能有救！其危犹举函牛之鼎，絓纤枯之末，诗人所以眷袒顾之，潸焉出涕者也。

刘陶认为当时治政之急务，并不在于钱币是薄还是厚，而在于清除朝廷中的贪横邪佞之臣，哀恤民生疾苦，施行仁政以安抚万民，这样才能有效地防止民间的叛乱，使汉室江山稳固。在这里，刘陶提出了"远小人"的主张，同时也明确地表述了顾念民生的思想。当然，与汉桓帝时的政局比起来，在接下来的汉灵帝时代，因为宦官及各类奸小把持朝政，扰乱朝纲，忠良的清流之士横遭迫害，政治情形显得愈发地腐朽与黑暗，民众的生存处境则自然更加地恶劣与艰苦。这时的谏臣们因之屡屡有愤慨于民生疾苦与朝政紊乱而上书灵帝直谏者。如当时的乐安太守陆康，即因为获悉灵帝采纳宦官的建议向百姓征收赋税以铸造铜人而上书进谏。《资治通鉴》卷五八记载其进谏之事道：

中常侍张让、赵忠说帝敛天下田，晦十钱，以修宫室、铸铜人。乐安太守陆康上疏谏曰："昔鲁宣税晦而螽灾自生。哀公增赋而孔子非之，岂有聚夺民物以营无用之铜人，捐舍圣戒，自蹈亡王之法哉！"

陆康直言不讳地指责灵帝滥用百姓的血汗钱来制作无用之物，结果遭到了宦官们的陷害。其为民众利益而不避危险的精神，实在是值得钦佩的。与之有着同样的重视民生的精神的忠谏之士还有当时的钜鹿太守司马直。《资治通鉴》卷五八记载司马直为了减轻百姓的负担而以死进谏之事道：

又诏发州郡材木文石，部送京师。黄门常侍辄令谴呵不中者，因强折贱买，仅得本贾十分之一，因复货之，宦官复不为即受，材木遂至腐积，宫室连年不成。刺史、太守复增私调，百姓呼嗟。又令西园驺分道督趣，恐动州郡，多受赇赂。刺史、二千石及茂才、孝廉迁除皆至西园谐价，然后得去，其守清者乞不之官，皆迫遣之。时巨鹿太守河内司马直新除,以有清名,减责三百万。直被诏,怅然曰:"为民父母而反割剥百姓以称时求,吾不忍也。"辞疾,不听。行至孟津,上书极陈当世之失,即吞药自杀。书奏,帝为暂绝修宫钱。

在两汉时代,儒学思想被确立为官方主流的意识形态。儒家自先秦以来即一直强调的统治者应该重视民众的生活状况,应该尽力为民众服务、谋利,以保证自己政权的稳定长久的民本主张乃顺理成章地成为了官方所认可、接纳的主流政治理念。汉代的谏臣们大多习儒术出身,深受儒家思想的熏陶,故而多服膺于此种民本的理念,也常常由此种理念出发,来向君主进谏。从汉代的政治实践来看,这种重民生、倡民本的谏议对于改善政治,稳固国家政权起到了相当大的积极作用。两汉的统治时间能够达到四百年之久,与汉代的多数皇帝能够虚心地听从谏臣们的重民之议,关注民生疾苦是有着密切联系的。当然,民本的思想虽然强调重视民众的利益,但其从根本上讲仍是承认皇帝的最高权力与地位的。故此,此种思想并不能解决如何有效地监督皇帝的权力的问题,因而也就无法有效地处理由君主专制所引起的滥用权力、贪污腐败的问题,以及如何才能使民众免于受到专制政权的剥削、侵害的问题。在东汉末年,皇帝昏庸无道,奸佞小人把持朝政,贪腐横行,民不聊生,忠贤的谏臣们虽满腔义愤,屡屡上书谏诤,却往往难于奏效,反惹来灾祸,其原因,则正在于民本思想的固有之局限性。

三、劝谏君主崇尚简朴,反对奢侈浪费之风气

两汉时代谏议政治中的另外一个值得我们关注的主题,即是劝谏君主崇尚节俭,反对奢靡浪费。自先古以来,尚简朴、反奢侈就是华夏民族所公认的一种美德。对于执掌天下大权的君主而言,尤其应当崇尚简朴、节俭的生活方式,因为在君主时代,由于受到物质、技术及生产能力的限制,自然、社会中的各类资源及人们所创造出的物质财富总的来说是相当有限的。如果君主及其所代表的少数上层统治者利用自己手中的特权将大部分的财富与资源掠为己有,那么,大多数处于社会中下层的百姓们则不可避免地会遭到贫穷、匮乏的折磨。一旦民众们连赖以生存的资产都丧失了,那么他们就只能要么面对死亡,要么铤而走险,揭竿而起。如此,国家政权的稳定就要受到严重的威胁。早在上古时代,社会中的有识之士们就已经认识到了这一点。因此,他们极力强调君主要克制自己贪于奢侈的私欲,厉行节俭,这样才能使民众尽可能地得到他们应得的利益,使国家政权安定长久。自上古以来的那些为人们所称颂的贤明之君如黄帝、尧、舜、禹、汤、周文王、周武王等,无一不是勤劳俭朴的代表。

因为崇尚俭约的目的是为了安定民众，巩固国家政权，所以倡导俭约的主张与重民生、民本的思想也是有着诸多联系的。故此，在两汉时代，推崇简约、反对奢侈亦是谏臣们所关注与倡导的一个重要话题。汉武帝时代的著名文学家司马相如在其向汉武帝进献的辞赋作品之中多次地表达了希望武帝减少奢侈浪费之举的劝谏之意。如其代表性作品《上林赋》结尾处写道：

若夫终日驰骋，劳神苦形，罢车马之用，抏士卒之精，费府库之财，而无德厚之恩，务在独乐，不顾众庶，忘国家之政，贪雉菟之获，则仁者不繇也。从此观之，齐、楚之事，岂不哀哉！地方不过千里，而囿居九百，是草木不得垦辟，而民无所食也。夫以诸侯之细，而乐万乘之所侈，仆恐百姓被其尤也。

汉武帝在位之时，四处扩张、穷兵黩武，又巡游封禅、求神访仙，将文、景二帝给他留下来的雄厚的国家财富耗靡得所剩无几，许多百姓大众也因为汉武帝的私欲极度膨胀而备受盘剥，穷苦困顿。司马相如的此篇《上林赋》，虽然以铺陈颂美天子上林赋的丰饶富盛为主旨，但曲终奏雅，文章的末尾乃寓有劝导武帝减少奢靡之举，重视国计民生的讽谏之意。这正体现了汉赋"劝百讽一"的特性。《汉书·司马相如传》（卷五七）称相如"虽多虚辞滥说，然其要归引之于节俭，此与诗之讽谏何异？"与司马相如同时代的著名文士东方朔也多次借着合适的机会向武帝坦陈直言，劝谏其去奢从俭，重本爱民。《汉书·东方朔传》（卷六五）记载其进谏之事曰：

时天下侈靡趋末，百姓多离农亩。上从容问朔："吾欲化民，岂有道乎？"朔对曰："尧、舜、禹、汤、文、武、成、康上古之事，经历数千载，尚难言也，臣不敢陈。愿近述孝文皇帝之时，当世耆老皆闻见之。贵为天子，富有四海，身衣弋绨，足履革舄，以韦带剑，莞蒲为席，兵木无刃，衣缊无文，集上书囊以为殿帷；以道德为丽，以仁义为准。于是天下望风成俗，昭然化之。今陛下以城中为小，图起建章，左凤阙，右神明，号称千门万户；木土衣绮绣，狗马被缋罽；宫人簪瑇瑁，垂珠玑；设戏车，教驰逐，饰文采，丛珍怪；撞万石之钟，击雷霆之鼓，作俳优，舞郑女。上为淫侈如此，而欲使民独不奢侈失农，事之难者也。陛下诚能用臣朔之计，推甲乙之帐燔之于四通之衢，却走马示不复用，则尧、舜之隆宜可与比治矣。《易》曰：'正其本，万事理；失之毫厘，差以千里。'愿陛下留意察之。"

这种去奢从俭的主张，在汉元帝时代的诸多谏臣奏疏之中，也时时有所体现。譬如元帝时代的谏大夫贡禹，曾在与元帝议论治政之道时，呈上奏疏进谏，表达了希望国君尚俭去奢的主张。《汉书·贡禹传》（卷七二）记载其谏言道：

> 古者宫室有制，宫女不过九人，秣马不过八匹；墙涂而不雕，木摩而不刻，车舆器物皆不文画，苑囿不过数十里，与民共之；任贤使能，什一而税，无它赋敛徭戍之役，使民岁不过三日，千里之内自给，千里之外各置贡职而已。故天下家给人足，颂声并作。至高祖、孝文、孝景皇帝，循古节俭，宫女不过十余，厩马百余匹。孝文皇帝衣绨履革，器亡雕文金银之饰。后世争为奢侈，转转益甚，臣下亦相放效，衣服履裤刀剑乱于主上，主上时临潮入庙，众人不能别异，甚非其宜。然非自知奢僭也，……东宫之费亦不可胜计。天下之民所为大饥饿死者，是也。今民大饥而死，死又不葬，为犬猪食。人至相食，而厩马食粟，苦其大肥，气甚怒至，乃日步作之。王者受命于天，为民父母，固当若此乎！天不见耶？……故使天下承化，取女皆大过度，诸侯妻妾或至数百人，豪富吏民畜歌者至数十人，是以内多怨女，外多旷夫。及众庶葬埋，皆虚地上以实地下。其过自上生，皆在大臣循故事之罪也。唯陛下深察古道，从其俭者，大减损乘舆服御器物，三分去二。子产多少有命，审察后宫，择其贤者留二十人，余悉归之。及诸陵园女亡子者，宜悉遣。独杜陵宫人数百，诚可哀怜也。厩马可亡过数十匹。独舍长安城南苑地以为田猎之囿，自城西南至山西至鄠皆复其田，以与贫民。方今天下饥馑，可亡大自损减以救之，称天意乎？天生圣人，盖为万民，非独使自娱乐而已也。……

贡禹详细地论列了当时朝廷之中的各种侈靡浪费的现象，希望元帝尽量减少乘舆服饰器物，遣出后宫数量过多的宫女，将朝廷霸占的良田赐还给贫民以拯救其饥困。贡禹的倡议一方面体现了他对于先古时代帝王们崇尚简约的优良品德及汉代高祖、文帝、景帝诸位祖先施行节俭之政的传统的崇敬，一方面则明显地表达了其重视民生，顾恤民间疾苦的思想。从贡禹这里我们可以看到汉代谏臣们崇俭去奢之议与重民的观念是互为关联的。汉元帝时代的另外一些著名谏臣如翼奉等人也有上书劝谏皇帝行节俭之政的举动。《汉书·翼奉传》（卷七五）记翼奉曾因元帝举直言极谏之士而呈上自己的谏疏道：

> 臣又闻未央、建章、甘泉宫才人各以百数，皆不得天性。若杜陵园，其已御见者，臣子不敢有言，虽然，太皇太后之事也。及诸侯王园，与其后宫，宜为设员，出其过制者，此损阴气应天救邪之道也。今异至不应，灾将随之。其法大水，极阴生阳，反为大旱，甚则有火灾，春秋宋伯姬是矣。唯陛下财察。

翼奉乃元帝时代的一位著名的善言灾异之士，故其谏文中借阴阳灾异之说劝谏元帝遣放出后宫中过多的宫人，以"损阴气应天救邪。"翼奉之言虽以今日看来不免荒谬的灾异之理为依据，但也因之而表达了其减省宫廷中各种浮滥的费用，倡导节俭的劝谏之旨。到了西汉后期的汉成帝时代，由于成帝贪婪多欲，溺于后宫美色，同时又多有侈靡浪费之举，故此时就有更多的谏臣上书力劝成帝崇俭去奢以安抚百姓，使天下治平。这时的著名谏臣刘向，就曾因成帝营作昌陵浪费甚巨，又使得百姓疲怠之事而上书进谏。《汉书·刘向传》（卷三六）载其进谏之辞道：

《易》曰："古之葬者，厚衣之以薪，臧之中野，不封不树。后世圣人易之以棺椁。"棺椁之作，自黄帝始。黄帝葬于桥山，尧葬济阴，丘垄皆小，葬具甚微。舜葬苍梧，二妃不从。禹葬会稽，不改其列。殷汤无葬处。文、武、周公葬于毕，秦穆公葬于雍橐泉宫祈年馆下，樗里子葬于武库，皆无丘垄之处。此圣帝明王贤君智士远览独虑无穷之计也。其贤臣孝子亦承命顺意而薄葬之，此诚奉安君父，忠孝之至也。夫周公，武王弟也，葬兄甚微。孔子葬母子防，称古墓而不坟，……宋桓司马为石椁，仲尼曰"不如速朽。"秦相吕不韦集知略之士而造《春秋》，亦言薄葬之义，皆明于事情者也。逮至吴王阖闾，违礼厚葬，十有余年，越人发之。及秦惠文、武、昭、孝文、严襄五王，皆大作丘垄，多其瘗臧，咸尽发掘暴露，甚足悲也。秦始皇帝葬于骊山之阿……珍宝之臧，机械之变，棺椁之丽，宫馆之盛，不可胜原。又多杀宫人，生薶工匠，计以万数。天下苦其役而反之，骊山之作未成，而周章百万之师至其下矣。项籍燔其宫室营宇，往者咸见发掘。其后牧儿亡羊，羊入其凿，牧者持火照求羊，失火烧其臧椁。自古至今，葬未有盛如始皇者也，数年之间，外被项籍之灾，内离牧竖之祸，岂不哀哉！是故德弥厚者葬弥薄，知愈深者葬愈微。无德寡知，其葬愈厚，丘垄弥高，宫庙甚丽，发掘必速。由是观之，明暗之效，葬之吉凶，昭然可见矣。……周宣如彼而昌，鲁、秦如此而绝，是则奢俭之得失也。陛下即位，躬亲节俭，始营初陵，其制约小，天下莫不称贤明。及徙昌陵，增埤为高，积土为山，发民坟墓，积以万数，营起邑居，期日迫卒，功费大万百余。死者恨于下，生者愁于上，怨气感动阴阳，因之以饥馑，物故流离以十万数，臣甚愍焉。以死者为有知，发人之墓，其害多矣；若其无知，又安用大？……唯陛下上览明圣黄帝、尧、舜、禹、汤、文、武、周公、仲尼之制，下观贤知穆公、延陵、樗里、张释之意。孝文皇帝去坟薄葬，以俭安神，可以为则；秦昭、始皇增山厚臧，以侈生害，足以为戒。初陵之模，宜从公卿大臣之议，以息众庶。

刘向列举了自黄帝至汉文帝时许多关于丧葬之事的正反两方面的例子，充分地说明了俭约的薄葬可以修德安民，令国祚长久；而奢侈浪费的厚葬则足以引致亡国灭族以及盗墓贼的发掘的恶果。借着这些历史上的经验教训，刘向恳挚地向成帝进言，希望其减少陵墓的营作费用与百姓的劳役。刘向的这种"德弥厚者葬弥薄"的思路，自然也体现了崇俭去奢的意旨。所谓"英雄所见略同"，对于成帝营作昌陵之事，与刘向同时代的另外一位著名谏臣谷永，也曾上书予以劝谏。《汉书·谷永传》（卷八五）记谷永进谏之辞曰：

王者以民为基，民以财为本，财竭则下畔，下畔则下亡。是以明王爱养基本，不敢穷极，使民如承大祭。今陛下轻夺民财，不爱民力，听邪臣之计，去高敞初陵，捐十年功绪，改作昌陵，反天地之性，因下为高，积土为山，发徒起邑，并治宫馆，大兴繇役，重增赋敛，征发如雨，役百乾溪，费疑骊山，靡敝天下，五年不成而后反故。又广盱营表，发人冢墓，断截骸骨，暴扬尸柩，百姓财竭力尽，愁恨感天，灾异屡降，饥馑仍臻。流散冗食，馁死于道，以百万数。公家无一年之畜，百姓无旬日之储，上下俱匮，无以相救。《诗》云："殷监不远，在夏后之世。"愿陛下追观夏、商、周、秦所以失之，以镜考己行。

谷永之意与刘向大略一致，亦是倡导薄葬，以减省国家的费用，减轻民众的负担。与刘向之论议相较，谷永的谏辞还强调了对于困苦百姓的顾恤，体现出了其重视民生、民本的思想。

汉哀帝时代的著名谏臣王嘉，也曾在其向哀帝所上的谏疏之中多次提及尚俭去奢的重要性。《汉书·王嘉传》（卷八六）载其向哀帝上封事进谏曰：

陛下在国之时，好《诗》、《书》，上俭节，征来所过道上称诵德美，此天下所以回心也。初即位，易帷帐，去锦绣，乘舆席缘绨缯而已。共皇寝庙比比当作，忧闵元元，惟用度不足，以义割恩，辄且止息，今始作治。而驸马都尉董贤亦起官寺上林中，又为贤治大第，开门乡北阙，引王渠灌园池，使者护作，赏赐吏卒，甚于治宗庙。贤母病，长安厨给祠具，道中过者皆饮食。为贤治器，器成，奏御乃行，或物好，特赐其工，自贡献宗庙三宫，犹不至此。贤家有宾婚及见亲，诸官并共，赐及仓头奴婢，人十万钱。使者护视，发取市物，百贾震动，道路讙哗，群臣惶惑。诏书罢苑，而以赐贤二千余顷，均田之制从此堕坏。奢僭放纵，变乱阴阳，灾异众多，百姓讹言，持筹相惊，被发徒跣而走，乘马者驰，天惑其意，不能自止。或以为筹者策失之戒也。陛下素仁智慎事，今而有此大讥。

前文已有提及,汉哀帝时代政治上的最大缺陷,就是哀帝本人对于狎臣董贤的溺爱。王嘉的多次上书进谏,其主旨乃是劝哀帝勿要过分宠溺董贤。当然,谏文中反对奢侈放纵、崇尚节俭的建议自然也体现了崇俭去奢的意旨。

到了东汉时代,崇节俭、去奢侈仍然是众多忠切之臣向皇帝进谏时谈得甚多的一个主题。早在东汉初的明帝时代尚书仆射钟离意就曾屡次上书,劝谏明帝减省百姓之赋役,减少游逸之举。《后汉书·钟离意传》(卷四一)记其在永平三年上书明帝勿要营建北宫之事曰:

永平三年夏旱,而大起北宫,意诣阙免冠上疏曰:"伏见陛下以天时小旱,忧念元元,降避正殿,躬自克责,而比日密云,遂无大润,岂政有未得应天心者邪?昔成汤遭旱,以六事自责曰:'政不节邪?使人疾邪?宫室荣邪?女谒盛邪?苞苴行邪?谗夫昌邪?'窃见北宫大作,人失农时,此所谓宫室荣也。自古非苦宫室小狭,但患人不安宁。宜且罢止,以应天心。臣意以匹夫之才,无有行能,久食重禄,擢备近臣,比受厚赐,喜惧相并,不胜愚悫征营,罪当万死。"

古代的帝王们,为了炫示自己的权位,或者为了自己的享受,往往喜欢大兴土木,营建宫室,这类举动常常既使百姓承受了巨大的负担,又浪费钱财,损耗国力。为了国民公利着想的谏臣们,多数会对此种行为予以劝阻。这里,钟离意就对明帝大起北宫之事表达了不满,劝谏其减省耗费,使百姓安宁,尽量减少旱灾给百姓带来的困苦。与之近似的还有汉章帝时代的东平王刘苍。汉章帝想要为光武帝、汉明帝之陵墓营造县邑,刘苍知晓后即上书提出劝谏。《后汉书·东平王刘苍传》(卷四二)载其进谏之事曰:

后帝欲为原陵、显节陵起县邑,苍闻之,遽上疏谏曰:"伏闻当为二陵起立郭邑,臣前颇谓道路之言,疑不审实,近令从官古霸问涅阳主疾,使还,乃知诏书已下。窃见光武皇帝躬履俭约之行,深睹始终之分,勤勤恳恳,以葬制为言,故营建陵地,具称古典,诏曰'无为山陵,陂池栽令流水而已'。孝明皇帝大孝无违,奉承贯行。至于自所营创,尤为俭省,谦德之美,于斯为盛。臣愚以园邑之兴,始自强秦。古者丘陇且不欲其著明,岂况筑郭邑,建都郭哉!上违先帝圣心,下造无益之功,虚费国用,动摇百姓,非所以致和气,祈丰年也。又以吉凶俗数言之,亦不欲无故缮修丘墓,有所兴起。考之古法则不合,稽之时宜则违人,求之吉凶复未见其福。陛下履有虞之至性,追祖祢之深思,然惧左右过议,以累圣心。臣苍诚伤二帝纯德之美,不畅于无穷也。惟蒙哀览。"帝从而止。

刘苍作为刘姓宗室的诸侯王,虽然身处权贵之位,但由于秉性仁德,通晓礼义,故亦有着忧念国民的精神,常常向皇帝进谏,表达自己忠切之意。在这篇谏疏当中,他提出不宜为光武帝的原陵及明帝的显节陵营作县邑,一方面是为了维护"二帝纯德之美",一方面也为了避免此举"虚费国用,动摇百姓"。此一谏文说明刘苍为了先帝的名誉及国民百姓的利益也有尚俭朴、反奢侈的主张。同时代的外戚马廖,也曾向当时的马太后上书进谏言提倡俭省,反对奢侈浪费,并希望太后能够慎始慎终,将俭朴之风坚持下去,以化行天下,泽及后世。《后汉书·马廖传》(卷二四)记马廖的谏言道:

臣案前世诏令,以百姓不足,起于世尚奢靡,故元帝罢服官,成帝御浣衣,哀帝去乐府。然而侈费不息,至于衰乱者,百姓从行不从言也。夫改政移风,必有其本。传曰:"吴王好剑客,百姓多创瘢;楚王好细腰,宫中多饿死"。长安语曰:"城中好高髻,四方高一尺;城中好广眉,四方且半额;城中好大袖,四方全匹帛。"斯言如戏,有切事实。前下制度未几,后稍不行。虽或吏不奉法,良由慢起京师。今陛下躬服厚缯,斥去华饰,素简所安,发自圣性。此诚上合天心,下顺民望,浩大之福,莫尚于此。陛下既已得之自然,犹宜加以勉勖,法太宗之隆德,戒成、哀之不终。《易》曰:"不恒其德,或承之羞。"诚令斯事一竟,则四海诵德,声董天地,神明可通,金石可勒,而况于行仁心乎,况于行令乎!愿置章坐侧,以当瞽人夜诵之音。

在汉安帝、汉顺帝时代,由于皇帝亲近外戚及奸佞小人,朝廷的政治变得混乱、腐败,皇帝的赏赐、用度大为增加,铺张浪费之风日渐兴盛。对于此,朝廷之中的谏臣们自然也不会熟视无睹,提出了许多规谏之言。像当时的尚书翟酺就曾向汉安帝上书进谏,他的谏言,首先对安帝重用耿氏、阎氏等外戚表示了不满,接着又对安帝的铺张浪费的行径提出了批评性意见。《后汉书·翟酺传》(卷四八)录载其谏言道:

夫俭德之恭,政存约节。故文帝爱百金于露台,饰帷帐于皁囊。或有讥其俭者,上曰:"朕为天下守财耳,岂得妄用之哉!"至仓谷腐而不可食,钱贯朽而不可校。今自初政已来,日月未久,费用赏赐已不可算。敛天下之财,积无功之家,帑藏单尽,民物凋伤,卒有不虞,复当重赋百姓,怨叛既生,危乱可待也。昔成王之政，周公在前，邵公在后，毕公在左，史佚在右，四子挟而维之。目见正容，耳闻正言，一日即位，天下旷然，言其法度素定也。今陛下有成王之尊而无数子之佐，虽欲崇雍熙，致太平，其可得乎？自去年已来，灾谴频数，地坼天崩，高岸为谷。修身恐惧，则转祸为福；轻慢天戒，则其害弥深。愿陛下亲自劳恤，研精致思，勉求忠贞之臣，诛远佞谄之党，损玉堂之盛，尊天爵之重，割情欲之欢，罢宴私之好。帝王图籍，陈列左右，心存亡国所以失之，鉴观兴王所以得之，庶灾害可息，丰年可招矣。

翟酺借着汉文帝俭约的例子，说明了即使身为帝王，亦不可滥用"天下之财"的道理。妄用天下之财，其结果必然是百姓疾苦，民不聊生，国家稳定亦面临威胁。在汉顺帝时代，周举亦有类似于翟酺之议的谏文。顺帝延熹三年，河南、三辅大旱，顺帝为了祷除旱灾，乃下策询问，周举因之而上言直谏，提议遣出宫中多余的宫女、减省宫中的各项不必要的用费、平冤狱、驱贪佞，借仁恩之举来获取上天的认可，从而消除灾异。《后汉书·周举传》（卷六一）记录其谏辞曰：

臣闻《易》称"天尊地卑，乾坤以定"。二仪交构，乃生万物，万物之中，以人为贵。故圣人养之以君，成之以化，顺四节之宜，适阴阳之和，便男女婚娶不过其时。包之以仁恩，导之以德教，示之以灾异，训之以嘉祥。此先圣承乾养物之始也。夫阴阳闭隔，则二气否塞；二气否塞，则人物不昌；人物不昌，则风雨不时；风雨不时，则水旱成灾。陛下处唐、虞之位，未行尧、舜之政，近废文帝、光武之法，而循亡秦奢侈之欲，内积怨女，外有旷夫。今皇嗣不兴，东宫未立，伤和逆理，断绝人伦之所致也。非但陛下行此而已，竖宦之人，亦复虚以形势，威侮良家，取女闭之，至有白首殁无配偶，逆于天心。昔武王入殷，出倾宫之女；成汤遭灾，以六事克己；鲁僖遇旱，而自责祈雨；皆以精诚，转祸为福。自枯旱以来，弥历年岁，未闻陛下改过之效，徒劳至尊暴露风尘，诚无益也。又下州郡祈神致请。昔齐有大旱，景公欲祀河伯，晏子谏曰："不可。夫河伯以水为城国，鲁鳖为民庶。水尽鱼枯，岂不欲雨？自是不能致也。"陛下所行，但务其华，不寻其实，犹缘木求鱼，却行求前。诚宜推信革政，崇道变惑，出后宫不御之女，理天下冤枉之狱，除太官重膳之费。夫五品不训，责在司徒，有非其位，宜急黜斥。臣自藩外擢典纳言，学薄智浅，不足以对。《易传》曰："阳感天，不旋日。"惟陛下留神裁察。

周举在谏文之中着重强调了遣出多余的宫女的必要性，一方面他觉得后宫之中蓄养宫女过多，使得宫中多怨女，民间则必然多旷夫，既不合天地阴阳之理，又有悖于基本的人道伦理；另一方面，宫女过多，则宫中日常的用度、耗费也会增多，不利于国家经费的减省。因此，这篇谏文也体现了周举反奢靡，尚俭约的用意。

到了东汉末期的桓、灵二帝的时代，朝廷政治愈发地腐朽、堕落与黑暗，宦竖横行，权奸当道。桓灵二帝不仅昏庸无道，信用小人，而且还因奢侈浪费而贪婪腐败，公然卖官鬻爵。处于这样的浑浊之世，忠于国家、百姓的谏臣们仍然冒着风险，上书皇帝予以规谏之举。当然，他们的谏文的主要话题乃是"亲贤臣、远小人"，不过许多谏文之中也包含有提倡俭约，反对侈靡浪费的意旨，值得我们予以关注。例如，在前文已有提及的东汉后期的一位甚有声望的直臣陈蕃，就多次在其呈上桓帝的谏疏中劝谏桓帝不要过分浪费。《后汉书·陈蕃传》（卷六六）记录其进谏之事曰：

> 时封赏逾制，内宠猥盛，蕃乃上疏谏曰："臣闻有事社稷者，社稷是为；有事人君者，容悦是为。今臣蒙恩圣朝，备位九列，见非不谏，则容悦也。夫诸侯上象四七，垂燿在天，下应分土，藩屏上国。高祖之约，非功臣不侯。而闻追录河南尹邓万世父遵之微功，更爵尚书令黄儁先人之绝封，近习以非义授邑，左右以无功传赏，授位不料其任，裂土莫纪其功，至乃一门之内，侯者数人，故纬象失度，阴阳谬序，稼用不成，民用不康。臣知封事已行，言之无及，诚欲陛下从是而止。又比年收敛，十伤五六，万人饥寒，不聊生活，而采女数千，食肉衣绮，脂油粉黛不可赀计。鄙谚言"盗不过五女门"，以女贫家也。今后宫之女，岂不贫国乎！是以倾宫嫁而天下化，楚女悲而西宫灾。且聚而不御，必生忧悲之感，以致并隔水旱之困。夫狱以禁止奸违，官以称才理物。若法亏于平，官失其人，则王道有缺。而令天下之论，皆谓狱由怨起，爵以贿成。夫不有臭秽，则苍蝇不飞。陛下宜采求失得，择从忠善。尺一选举，委尚书三公，使褒责诛赏，各有所归，岂不幸甚！"

陈蕃这篇谏文主要是就汉桓帝封赏自己宠幸的臣子邓万世、黄儁诸人过度而提出的批评性意见。在本文中，他又对当时宫廷收纳采女过多，浪费国家大量资费，而百姓不免饥寒的现状表达了不满。这样的谏议，自然也表达了其反对浪费、侈靡，提倡节俭的观念。同时代的郎中荀爽，也有借着对策上疏之机向桓帝进谏，表达了与陈蕃的谏言类似的反浪费、倡俭约的意见。《后汉书·荀爽传》（卷六二）记载其谏言曰：

> 昔者圣人建天地之中而谓之礼，礼者，所以兴福祥之本，而止祸乱之源也。

人能枉欲从礼者，则福归之；顺情废礼者，则祸归之。推祸福之所应，知兴废之所由来也。众礼之中，婚礼为首。故天子娶十二，天之数也；诸侯以下各有等差，事之降也。阳性纯而能施，阴体顺而能化，以礼济乐，节宣其气。故能丰子孙之祥，致老寿之福。及三代之季，淫而无节。瑶台、倾宫，陈妾数百。……诚可痛也。臣窃闻后宫采女五六千人，从官侍使复在其外。冬夏衣服，朝夕禀粮，耗费缣帛，空竭府藏，征调增倍，十而税一，空赋不幸之民，以供无用之女，百姓穷困于外，阴阳隔塞于内。故感动和气，灾异屡臻。臣愚以为诸非礼聘未曾幸御者，一皆遣出，使成妃合。一曰通怨旷，和阴阳。二曰省财用，实府藏。三曰修礼制，绥眉寿。四曰配阳施，祈螽斯。五曰宽役赋，安黎民。此诚国家之弘利，天人之大福也。

荀爽借着圣人所立的礼制以及三代以来的历史例证，对桓帝时代后宫采女过多，耗费国家钱粮，使得百姓饥困、灾异屡屡发生的现状表达不满与责备，希望桓帝能遣出过多的宫女，节省费用，宽减赋役而安定黎民。这些建议，自然也是从重民安民的主旨出发而提出的倡节俭、反浪费的主张。汉灵帝时代的司徒杨赐，也曾因灵帝营造毕主灵琨苑向灵帝进谏。《后汉书·杨赐传》（卷五四）载其谏言曰：

窃闻使者并出，规度城南人田，欲以为苑。昔先王造囿，裁足以修三驱之礼，薪莱刍牧，皆悉往焉。先帝之制，左开鸿池，右作上林，不奢不约，以合礼中。今猥规郊城之地，以为苑囿，坏沃衍，废田园，驱居人，畜禽兽，殆非所谓"若保赤子"之义。今城外之苑已有五六，可以逞情意，顺四节也，宜惟夏禹卑宫，太宗露台之意，以尉下民之劳。

杨赐在谏文中列述了营建毕主灵琨苑的种种弊端，希望灵帝顾恤民生，效法节俭的太宗（汉文帝），放弃建苑的计划。本文的主旨自然仍在于反浪费、倡节俭。前文中提及的虽身为宦官而心怀忠义的吕强，也向灵帝进谏，表达自己反浪费、倡节俭的主张。《后汉书·吕强传》（卷七八）载吕强之谏言道：

臣又闻后宫彩女数千余人，衣食之费，日数百余，比谷虽贱，而户有饥色。案法当贵而今更贱者，由赋发繁数，以解县官，寒不敢衣，饥不敢食。民有斯厄，而莫之恤。宫女无用，填积后庭，天下虽复尽力耕桑，犹不能供。昔楚女悲愁，则西宫致灾，况终年积聚，岂无忧怨乎！夫天生蒸民，立君以牧之。君道得，则民戴之如父母，仰之犹日月，虽时有征税，犹望其仁恩之惠。《易》曰："悦以使民，民忘其劳；悦以犯难，民忘其死。"储君副主，宜讽诵斯言；南面当国，宜履行其事。

吕强之意与陈蕃、杨赐等人之意相近，也认为后宫蓄养了太多的采女，不仅造成了众多的"旷夫怨女"，而且耗靡了大量的国家钱财，加重了百姓的赋税负担，使百姓饥寒交迫，故此希望皇帝能遣出多余宫女，减轻国家财政负担，对百姓施以仁恩之政。吕强的谏言鲜明地表达了其反浪费、倡节省的主张，也体现了其重视百姓民生的思想。

如我们在前文中已经提到的，由于汉代实行的是大一统的君主专制政治，政治举措的最终决定权一般掌握在皇帝手中。对于皇帝的私心与贪欲，身为谏议之士是没有办法去加以有效管控的。所以，他们那些苦口婆心的倡俭约、反奢靡的谏言在很多时候起不到什么实际的政治效果。故此，他们虽满腔忠义，冒死进谏，还是无法阻止汉王朝因贪腐与混乱而最终走向灭亡。不过，在某些条件下，比如遇到了一个较为开明的皇帝，又或者谏臣受到了皇帝本人的充分信任，这些反奢侈、尚俭朴的谏言还是能够起到一定的维护国家及百姓的利益，维持政治稳定的积极效用的。同时，在我们物质财富已经颇为丰富的今天，这一类倡导节俭、反对浪费奢侈的意见仍然有着巨大的现实意义。

四、劝谏君主勤于政务，减少田猎游乐之事

两汉时代臣民们劝谏皇帝的又一个重要主题，是希望君主勤于政务，尽量减少游逸、娱乐及田猎等举动。从内容性质上说，这一主题与前文所论述的重视民生、提倡节俭的主题是接近的，其主旨都是劝导君主克制自己贪婪与追求逸乐的私欲，来尽量保障国家及百姓大众的公利不被君主的私欲所侵夺。诚然，君主个人的追求逸乐，贪图一己的享受未必就一定会给国家政治造成直接的危害。比如像狩猎这种行为，在一定程度上还能使君主的身体得到锻炼，使之体魄强健；君主指挥将士围狩猎物，也可以起到军事训练的效果。但是，如果君主一昧地沉溺于声色犬马之娱，游侠射猎之事，则不可避免地会耽误其国家政治事务的关注与处理，会造成朝政荒废，政府机构运转不灵的后果，严重的话，还会给小人、权奸制造把持朝政、擅政弄权的机会，从而导致朝纲紊乱，政治黑暗腐败，百姓利益遭受侵夺，国家政权也就因之而岌岌可危了。

因为有可能会引起上述种种不利的，甚至是致命的后果，两汉时代那些忠君爱国、忧念百姓的谏臣们，对于皇帝沉溺于逸乐游猎，罔顾朝政的行为就显得相当地担忧，也常常因之而上书予以劝谏。早在西汉初年，就已经有了这一类的谏议之举。如汉文帝时的贾山就在其文作《至言》之中，向文帝表达了自

己诸多劝谏行的意见,希望文帝减少游猎之事,用心于先王之道与教化之务。《汉书·贾山传》(卷五一)中,记载其谏言道:

> 今功业方就,名闻方昭,四方乡风,今从豪俊之臣,方正之士,直与之日日猎射,击兔伐狐,以伤大业,绝天下之望,臣窃悼之。诗曰:"靡不有初,鲜克有终。"臣不胜大愿,愿少衰射猎,以夏岁二月,定明堂,造太学,修先王之道。风行俗成,万世之基定,然后唯陛下所幸耳。古者大臣不媟,故君子不常见其齐严之色、肃敬之容。大臣不得与宴游,方正修洁之士不得从射猎,使皆务其方以高其节,则群臣莫敢不正身修行,尽心以称大礼。如此,则陛下之道尊敬,功业施于四海,垂于万世子孙矣。

比起俭约谦恭的汉文帝来,好大喜功的汉武帝显然更喜欢游逸田猎之事。这时的谏臣们也就多有谏游猎之言。武帝时善于辞赋的文士司马相如即有此类进谏之举。《汉书·司马相如传》(卷五七)载司马相如的谏言道:

> 是时天子方好自击熊豕,驰逐野兽,相如因上疏谏。其辞曰:"臣闻物有同类而殊能者,故力称乌获,捷言庆忌,勇期贲、育。臣之愚,窃以为人诚有之,兽亦宜然。今陛下好陵阻险,射猛兽,卒然遇逸材之兽,骇不存之地,犯属车之清尘,舆不及还辕,人不暇施巧,虽有乌获、逢蒙之技不能用,枯木朽株尽为难矣。是胡越起于毂下,而羌夷接轸也,岂不殆哉!虽万全而无患,然本非天子之所宜近也。且夫清道而后行,中路而驰,犹时有衔橛之变。况乎涉丰草,骋丘虚,前有利兽之乐,而内无存变之意,其为害也不亦难矣!夫轻万乘之重不以为安,乐出万有一危之涂以为娱,臣窃为陛下不取。盖明者远见于未萌,而知者避危于无形,祸固多藏于隐微而发于人之所忽者也。故鄙谚曰:'家累千金,坐不垂堂。'此言虽小,可以谕大。臣愿陛下留意幸察。"

司马相如曾作过《子虚赋》与《上林赋》,歌咏天子苑囿的物产丰盛,景致华美,然其中亦寓有规谏天子不要耽于侈靡游乐的"劝百讽一"之意。在此处,司马相如更是直言进谏,从安全的角度出发,劝导武帝不要置安危于不顾,亲身犯险去狩猎。

在汉武帝、汉昭帝去世之后,昌邑王刘贺曾暂时地作过一段时间的皇帝,但不久即被霍光给废掉。昌邑王之被废,自然是有霍光意图专权的因素,同时也与其本人的贪婪淫乐、荒怠朝政、无人君之礼有关。例如,在刘贺尚在作诸侯王之时,昌邑中尉王吉就因刘贺喜好游乐驱驰田猎而上疏进谏。《汉书·王吉传》（卷七二）载其进谏之事曰：

（王吉）举贤良为昌邑中尉，而王好游猎，驱驰国中，动作亡节，吉上疏谏，曰："臣闻古者师日行三十里，吉行五十里，《诗》云：'匪风发兮，匪车揭兮，顾瞻周道，中心怛兮。'说曰：是非古之风也，发发者；是非古之车也，揭揭者。盖伤之也。今者大王幸方与，曾不半日而驰二百里，百姓颇废耕桑，治道牵马，臣愚以为民不可数变。昔召公述职，当民事时，舍于棠下而听断焉。是时，人皆得其所，后世思其仁恩，至乎不伐甘棠，《甘棠》之诗是也。大王不好书术而乐逸游，冯式撙衔，驰骋不止，口倦乎叱咤，手苦于箠辔，身劳乎车舆；朝则冒雾露，昼则被尘埃，夏则为大暑之所暴炙，冬则为风寒之所僵薄。数以奥脆之玉体犯勤劳之烦毒，非所以全寿命之宗也，又非所以进仁义之隆也。夫广厦之下，细旃之上，明师居前，劝诵在后，上论唐、虞之际，下及殷、周之盛，考仁圣之风，习治国之道，欣欣焉发愤忘食，日新厥德，其乐岂徒衔橜之间哉！休则俯仰诎信以利形，进退步趋以实下，吸新吐故以练臧，专意积精以适神，于以养生，岂不长哉！大王诚留意如此，则心有尧、舜之志，体有乔、松之寿，美声广誉登而上闻，则福禄其辏而社稷安矣。"

王吉引《诗经》之意劝谏刘贺不要游猎无节，驱驰劳顿，而应提高自己的礼仪道德修养，蓄养精神，如此方可长保健康与爵禄。遗憾的是，刘贺对于这番忠言并没有重视，依然放纵任性，后来虽做了皇帝，仍为权臣所废黜。

在西汉时代，汉成帝可以说是一个比其他皇帝更加溺于美色、贪图逸乐的皇帝。因为其喜好逸乐，故而也时常放纵于游猎之事。对于这种行径，当时的著名谏臣刘向、谷永等已多有劝谏。此外，成帝时的著名文学家杨雄，也在自己的《长杨赋》之中，寄寓了自己的讽谏之意。《汉书·杨雄传》（卷八七）记杨雄作赋之事道：

明年，上将大夸胡人以多禽兽，秋，命右扶风发民入南山，西自褒斜，东至弘农，南驱汉中，张罗罔罴罘，……纵禽兽其中，令胡人手搏之，自取其获，上亲临观焉。是时，农民不得收敛。雄从至射熊馆，还，上《长杨赋》，聊因笔墨之成文章，故借翰林以为主人，子墨为客卿以风。其辞曰："今朝廷纯仁，遵道显义，并包书林，圣风云靡；英华沉浮，洋溢八区，普天所覆，莫不沾濡；士有不谈王道者则樵夫笑之。故意者以为事罔隆而不杀，物靡盛而不亏，故平不肆险，安不忘危。乃时以有年出兵，整舆竦戎，振师五柞，习马长杨，简力狡兽，校武票禽。……且盲不见咫尺，而离娄烛千里之隅；客徒爱胡人之获我禽兽，曾不知我亦已获其王侯。"

杨雄赋文之结尾处表面上是在为由汉成帝所代表的朝廷所举行的狩猎之事进行辩护与颂扬，但实际上仍隐含讽谏，认为汉成帝为了向胡人炫示国力之丰盛而大张旗鼓的狩猎排场损害了百姓的实际利益，故而有不满之意。

到了东汉时代，仍不时有谏臣向皇帝上疏，劝谏皇帝尽量减少游乐田猎，抽出更多的时间与精力来办理朝廷政务。汉桓帝之时，著名的谏臣陈蕃就曾因桓帝行校猎之事而上疏进谏。《后汉书·陈蕃传》（卷六六）载陈蕃进谏之事道：

延熹六年，车驾幸广成校猎。蕃上疏谏曰："臣闻人君有事于苑囿，唯仲秋西郊，顺时讲武，杀禽助祭，以敦孝敬。如或违此，则为肆纵。故皋陶戒舜'无教逸游'，周公戒成王'无槃于游田'。虞舜、成王犹有此戒，况德不及二主者乎！夫安平之时，尚宜有节，况当今之世，有三空之厄哉！田野空，朝廷空，仓库空，是谓三空。加兵戎未戢，四方离散，是陛下焦心毁颜，坐以待旦之时也。岂宜扬旗曜武，骋心舆马之观乎！又秋前多雨，民始种麦。今失其劝种之时，而令给驱禽除路之役，非贤圣恤民之意也。齐景公欲观于海，放乎琅邪，晏子为陈百姓恶闻旌旗舆马之音，举首嚬眉之感，景公为之不行。周穆王欲肆车辙马迹，祭公谋父为诵《祈招》之诗，以止其心。诚恶逸游之害人也。"

汉桓帝本为一昏聩贪纵之君，他喜好校猎逸游，本不足为奇，不过陈蕃对于这一举动深感不满，谏辞也颇显直切，明白地表达了自己对于君主纵情游猎的反对，同时当然也体现了其重视民生疾苦、体恤百姓的拳拳之意。汉灵帝时代的杨赐也有着谏劝君主不要溺于游猎之举。《后汉书·杨赐传》（卷五四）记载杨赐因灵帝喜好微行于苑囿，多次槃游田猎而上疏进谏之事曰：

是时朝廷爵授，多不以次，而帝好微行，游幸外苑。赐复上疏曰："臣闻天生蒸民，不能自理，故立君长使司牧之，是以唐、虞兢兢业业，周文日昃不暇，明慎庶官，俊乂在职，三载考绩，以观厥成。而今所序用无佗德，有形势者，旬日累迁，守真之徒，历载不转，劳逸无别，善恶同流，《北山》之诗，所为训作。又闻数微行出幸苑囿，观鹰犬之势，极槃游之荒，政事日堕，大化陵迟。陛下不顾二祖之勤止，追慕五宗之美踪，而欲以望太平，是由曲表而欲直景，却行而求及前人也。宜绝慢傲之戏，念官人之重，割用板之恩，慎贯鱼之次，无令丑女有四殆之叹，遐迩有愤怨之声。臣受恩偏特，忝任师傅，不敢自同凡臣，括囊避咎，谨自手书密上。"

杨赐身为东汉著名忠臣杨震之孙,举止颇有乃祖忠正之风范。此篇谏文明白地表达了其忠爱君国百姓的心意以及期盼教化太平之治的理想。在杨赐看来,灵帝喜好微行出游、鹰犬田猎之举,是难于实现太平教化的政治。故此,他以切直之谏言,劝谏灵帝及时地予以改正。

相对于前文中所述及的亲贤臣、远小人、重视民生、倡俭朴、反奢侈浪费等谏议主题,劝谏君主减少游逸田猎之事的主题相对地不那么受到谏臣们的重视。其实这也是可以理解的,因为对于国家的朝政好坏而言,君主个人是否喜欢游猎的影响并非是直接性的,也并非是决定性的。不过,这一谏议主题在当时的社会文化方面还是有一定的影响力。尤其值得一提的是,汉代的两位大文学家司马相如与杨雄。二人均曾创作过劝谏皇帝减少逸乐游猎之事的散文及辞赋。就此,我们也可以看出汉代谏议政治对于当时的文学、文化的影响。

五、劝谏君主勿行苛法与冤狱,强调法律之公正与宽大

如果说两汉时代谏臣们所强调的重民生、尚俭朴、反逸猎的谏议主题体现的是对于民众权利的重视与维护的话,那么汉代的谏臣们在向君主上言时所倡导的反对君主滥苛兴酷的刑法与冤狱,强调法律的公平与宽大的主题则可以说是体现了对于每个人的基本人权和社会之公平与正义的尊重与争取。在汉代初年的高祖、文帝、景帝时代,因为汲取秦朝因苛法暴政而灭亡的教训,曾经一度施行清静无为的政治。这种"清静无为"一方面是指政府在经济、社会生活方面给予民众以足够的自由,不作过多的行政干预;另一方面则是指政府在法律方面尽量做到宽大简约,避免以苛密的刑法来束缚、迫害民众。如高祖刘邦入咸阳之初就与百姓们"约法三章",汉惠帝废除了挟书之令,汉文帝废除了以"诽谤"论罪之法,同时,还废除了残虐的肉刑,代之以笞刑。汉景帝时,采纳臣下之议,又减少了鞭打受笞刑的犯人的次数。可以说,在中国两千多年的君主专制时代中,汉代初年是一个难得的重视人性、人道的文明时期。

可惜的是,在很大程度上,这样的人道、文明只是昙花一现。到了汉武帝当政之后,为了除掉传统的功臣、外戚之类世家权贵的势力,以及有效地控制那些由他一手提拔起来的新兴权贵、军将和一般的臣民百姓,武帝选择了重用酷吏、施行苛法、滥兴冤狱的手段。一时间,酷吏满朝,冤狱遍地。到了随后的汉昭帝、汉宣帝时代,酷暴之吏的行径虽稍有收敛,但苛刑与冤狱之事仍时时发生。汉宣帝有一句名言:"汉家自有法度,本以霸王道杂之。"(注:《资治通鉴》汉纪十九)这就明确地表示,汉代自武帝开始,虽在名义上标榜"独尊儒术",但皇帝们对于儒家反复强调的仁者爱人、重视百姓权利的主张并未

领会和认可，在实际政治运作中，他们更倾向于施行由法家所鼓吹的崇尚绝对君权，重视以严刑酷法控制臣民，防止其反抗自己的主张。这种言行不一的做法就造成了汉代乃至于以后二千年历朝历代政治中的一种"外儒内法"的虚伪之特质。

到了西汉后期，在汉成帝、汉哀帝之际，外戚揽权、佞幸当道，政治上的矛盾与斗争变得激烈起来。正直而敢言的士大夫们往往蒙冤入狱，惨遭刑戮。王莽篡权当政之后，为了自我宣传，极力标榜周公、孔子等圣人之道，但他对于反对甚至于怀疑自己的人，一律予以迫害、清洗，其刑治之苛酷、政策之暴虐，较之于秦朝之暴政，也不见逊色。东汉立国之初，虽也曾力倡儒术之教，但也往往只是表面功夫。像汉明帝就因为猜忌诸侯王而兴起了楚王刘英之大狱，无辜而受到牵连、波及因而家破人亡者成千上万；汉和帝之时，为了诛除外戚权臣窦宪，又大兴刑狱，受冤蒙罪者亦为数众多（注：如《汉书》之作者班固即是其中一位受害者）。在汉安帝、顺帝及外戚梁冀当政之际，也屡兴冤狱，迫害了如杨震、李固等贤直的名臣。到了汉末的桓帝、灵帝之际，又因宦官专权、权奸当道而兴起了两次声势浩大的党锢之狱，对当时有名望的清流士人们进行了空前大规模的禁锢、迫害与杀戮。可见，在东汉一朝，由于忌防公卿士大夫，亲信重用嬖幸小人，滥刑与冤狱可以说是层出不穷，愈演愈烈，直至其最后的灭亡。

对于在两汉时代普遍而泛滥的酷刑与冤狱，那些心怀君国、忧念天下的谏臣们无疑是十分痛心，也无法视而不见的。他们也因此而多次上书或者当面进谏皇帝，希望其宽简刑狱，重视法律的公正，以保障臣民们的基本权利与尊严。比如，在汉文帝之时，廷尉张释之曾好几次向文帝直谏，希望其不要单凭一己之喜怒擅自更改法律条文，滥施刑罚。《汉书·张释之传》（卷五〇）记载张释之的两次进谏之事道：

顷之，上行出中渭桥，有一人从桥下走，乘舆马惊。于是使骑捕之，属廷尉。释之治问。曰："县人来，闻跸，匿桥下。久，以为行过，既出，见车骑，即走耳。"释之奏当："此人犯跸，当罚金。"上怒曰："此人亲惊吾马，马赖和柔，令它马，固不败伤我乎？而廷尉乃当之罚金！"释之曰："法者，天子所与天下公共也。今法如是，更重之，是法不信于民也。且方其时，上使使诛之则已。今已下廷尉，廷尉，天下之平也，壹倾，天下用法皆为之轻重，民安所错其手足？唯陛下察之。"上良久曰："廷尉当是也。"

其后人有盗高庙座前玉环，得，文帝怒，下廷尉治。案盗宗庙服御物者为奏，当弃市。上大怒曰:"人亡道,乃盗先帝器!吾属廷尉者,欲致之族,而君以法奏之,非吾所以共承宗庙意也。"释之免冠顿首谢曰:"法如是足也。且罪等,然以逆顺为基。今盗宗庙器而族之,有如万分一,假令愚民取长陵一抔土,陛下且何以加其法乎?"文帝与太后言之,乃许廷尉当。

    这两则事例所讲述的,都是文帝因为有人冒犯、触怒了自己而打算施以严惩,但时任廷尉的张释之却依据法律条文提出异议,认为应该减轻惩罚力度。文帝一开始很是气恼,但在经过张释之的劝谏与自我反思之后最终还是认可了张释之的观点。从上述事例我们可以肯定两点:其一乃张释之的可嘉之处。他不仅有着不避权势、犯言直谏的精神,而且还有严格依照法律条文以执法的精神。其口中所言的"法者,天子所与天下所公共也""廷尉,天下之平也。壹倾,天下用法皆为之轻重,民安错其手足?"等话,所体现的正是近代以来人们所尽力追求的"法律面前人人平等"的法治精神。在君权、人治之时代,张释之的这种精神无疑是难能可贵的。其二是汉文帝的值得称许之处。对于像惊动御马、偷盗高庙玉环这样的严重冒犯,汉文帝在恼怒之余,仍能够听从张释之的谏言,以一种理性、雍容大度的态度处理了这些事件。纵观汉代以及整个中国的专制时代的历史,能够有着像汉文帝这样的虚心纳谏、冷静理性并且雍容大度的精神的君主,可以说是屈指可数,凤毛麟角的。

    相较于汉文帝而言,汉武帝的刑治则要苛酷残暴得多。由于武帝任用张汤、义纵、杜周等酷吏来管治刑狱,导致冤狱泛滥,臣民百姓多有无辜而横遭蒙罪与荼毒者。后来的汉宣帝时代,虽然被称为"中兴"之时代,官吏贤良,政治清平,但在刑治方面却仍未摆脱武帝时"外儒内法"的特征。如汉宣帝诛灭权贵之家霍氏,诛杀直言之士杨恽、盖宽饶等人,显示了其褊狭忌刻的一面。对于这一类滥兴刑狱之举,当时一些敢于直言的谏臣也颇有上书进言,劝谏宣帝宽减刑狱,施行仁义之政。《汉书·盖宽饶传》(卷七七)载宣帝逼迫盖宽饶自尽,谏大夫郑昌则挺身而出向宣帝进谏,且为宽饶辩护之事曰:

    是时,上方用刑法,信任中尚书宦官,宽饶奏封事曰:"方今圣道浸废,儒术不行,以刑余为周、召,以法律为《诗》、《书》。"又引《韩氏易传》言:"五帝官天下,三王家天下,家以传子,官以传贤,若四时之运,功成者去,不得其人则不居其位。"书奏,上以宽饶怨谤终不改,下其书中二千石。时,执金吾议,以为宽饶指意欲求禅,大逆不道。谏大夫郑昌愍伤宽饶忠直忧国,以言事不当意而为文吏所诋挫,上书颂宽饶曰:"臣闻山有猛兽,藜藿为之不采;国有忠臣,奸邪为之不起。司隶校尉宽饶居不求安,食不求饱,进有忧国之心,退有死节之义,上无许、史之属,下无金、张之托,职在司察,直道而行,多仇少与,上书陈国事,有司劾以大辟,臣幸得从大夫之后,官以谏为名,不敢不言。"上不听,遂下宽饶吏。宽饶引佩刀自刭北阙下,众莫不怜之。

盖宽饶所上封事之主旨,在于劝谏汉宣帝不要过分专注于刑狱法律之事,而应该重视、倡导儒家的仁义之政。不料这些话却惹恼了宣帝,最终竟被逼迫自尽。谏大夫郑昌悯惜盖宽饶的无辜,于是乃向宣帝进谏,为宽饶辩护,其谏辞中也有劝导宣帝宽免刑狱,容纳盖宽饶的忠直而加以赦免的用意。但宣帝一意孤行,执意要置盖宽饶于死地,故而盖宽饶与郑昌的谏言均未奏效。

到了汉成帝与汉哀帝时代,由于君主溺于美色逸乐,外戚、嬖幸掌权,政治矛盾尖锐化,冤酷之狱因之而有增无减。对于此,许多忠谏之臣依然不避险难,上书直谏,劝谏皇帝宽减刑狱,施行仁政。汉成帝之时,谏大夫刘辅曾上书直谏,反对成帝立赵飞燕为皇后,惹得汉成帝恼怒之甚,下令侍御史将刘辅收押于掖庭秘狱之中。听到了这一消息之后,朝中大臣辛庆忌、廉褒、师丹、谷永即联名上书进谏,劝成帝对刘辅网开一面。《汉书·刘辅传》(卷七七)载辛庆忌诸人的谏辞道:

臣闻明王垂宽容之听,崇谏争之官,广开忠直之路,不罪狂狷之言,然后百僚在位,竭忠尽谋,不惧后患,朝廷无谄谀之士,元首无失道之愆。窃见谏大夫刘辅,前以县令求见,擢为谏大夫,此其言必有卓诡切至,当圣心者,故得拔至于此。旬日之间,收下秘狱,臣等愚,以为辅幸得托公族之亲,在谏臣之列,新从下土来,未知朝廷体,独触忌讳,不足深过。小罪宜隐忍而已,如有大恶,宜暴治理官,与众共之。昔赵简子杀其大夫鸣犊,孔子临河而还。今天心未豫,灾异屡降,水旱迭臻,方当隆宽广问,褒直尽下之时也。而行惨急之诛于谏争之臣,震惊群下,失忠直心。假令辅不坐直言,所坐不著,天下不可户晓。同姓近臣本以言显,其于治亲养忠之义诚不宜幽囚于掖庭狱。公卿以下见陛下进用辅亟,而折伤之暴,人有惧心,精锐销耎,莫敢尽节正言,非所以昭有虞之听,广德美之风也。臣等窃深伤之,唯陛下留神省察。

辛庆忌等人首先申明了圣明之君主应当尊重接纳忠直之谏言的道理,然后借着这一道理,指出刘辅的直言虽然触犯了忌讳,但其实是不足深过的,不宜急着将他投入掖庭之狱中。这里的谏言就明白地体现了希望成帝宽大为怀,不要轻易以刑狱对待忠直之士的主旨。参与了此次联名上书进谏的著名谏臣谷永,在其他一些场合,也向成帝表达过宽免刑狱、抑退酷吏的主张。《汉书·谷永传》

(卷八五)记载谷永曾在上成帝的对策文中说道:

> 尧遭洪水之灾,天下分绝为十二州,制远之道微而无乖畔之难者,德厚恩深,无怨于下也。秦居平土,一夫大呼而海内崩析者,刑罚深酷,吏行残贼也。夫违天害德,为上取怨于下,莫甚乎残贼之吏。诚放退残贼酷暴之吏锢废勿用,益选温良上德之士以亲万胜,平刑释冤以理民命,务省繇役,毋夺民时,薄收赋税,毋殚民财,使天下黎元咸安家乐业,不苦逾时之役,不患苛暴之政,不疾酷烈之吏,虽有唐尧之大灾,民无离上之心。

谷永列举了唐尧时与秦朝时的历史事例,说明了施仁恩于天下,则人民服之,施暴政酷刑于天下,则人民将起而叛乱的治政之理。因此,为了维持统治的长久稳定,就应该黜退酷吏、平反冤狱、任用贤良、重视民生。这篇谏文很明显也体现了谷永反对酷吏苛法,倡导仁义之治的主张。

东汉立国之初,朝廷虽然崇尚儒术,但在实际政治治理之中,仍不时有苛法滥刑之举。如汉明帝时代的楚王刘英案,其案件本身可能只是一桩冤案,然而由于明帝的忌刻无情与办案官吏的苛酷滥刑,竟成为了一件累年不决、震动全国的大案。《后汉书·楚王刘英传》(卷四二)记载道:

> 楚狱遂至累年,其辞语相连,自京师亲戚诸侯州郡豪杰及考案吏,阿附相陷,坐死徙者以千数。

因为这一场大案而蒙冤入狱,家破人亡者,可以说是不计其数,这就充分地表露了东汉王朝"外儒内法"的专制残酷的本质。在这一场大冤案之中,许多官员避之唯恐不及,有的办案官员由于害怕牵连到自己而有意的从严处理案件,甚至故意地牵扯、诬陷许多无辜之人以显示自己的"清白"与"积极"。当然,在这些落井下石,以别人的鲜血为自己谋利的官员之外,仍然还有一部分崇尚公正、忠义的官员,他们敢于冒着受到牵连的风险而秉公办案,并且还敢于就案件的不公正而向皇帝犯言直谏,力图拯救那些无辜蒙难之人,维护法律的公正。例如当时的直臣寒朗,即有过直言无忌向汉明帝坦陈刑狱之不公的举动。《后汉书·寒朗传》(卷四一)记述寒朗进谏之事道:

> 永平中,以谒者守侍御史,与三府掾属共考案楚狱颜忠、王平等,辞连及隧乡侯耿建、朗陵侯臧信、护泽侯邓鲤、曲成侯刘建。建等辞未尝与忠、平相见。是时,显宗怒甚,吏皆惶恐,诸所连及,率一切陷入,无敢以情恕者。朗心伤其冤,

试以建等物色独问忠、平，而二人错愕不能对。朗知其诈，乃上言建等无奸，专为忠、平所诬，疑天下无辜类多如此。帝乃召朗人，问曰："建等即如是，忠、平何故引之？"朗对曰："忠、平自知所犯不道，故多有虚引，冀以自明。"帝曰："即如是，四侯无事，何不早奏，狱竟而久系至今邪？"郎对曰："臣虽考之无事，然恐海内别有发其奸者，故未敢时上。"帝怒骂曰："吏持两端，促提下。"左右方引去，朗曰："愿一言而死。小臣不敢欺，欲助国耳。"帝问曰："谁与共为章？"对曰："臣自知当必族灭，不敢多污染人，诚冀陛下一觉悟而已。臣见考囚在事者，咸共言妖恶大故，臣子所宜同疾，今出之不如入之，可无后责。是以考一连十，考十连百。又公卿朝会，陛下问以得失，皆长跪言，旧制大罪祸及九族，陛下大恩，裁止于身，天下幸甚。及其归舍，口虽不言，而仰屋窃叹，莫不知其多冤，无敢牾陛下者。臣今所陈，诚死无悔。"帝意解，诏遣朗出。后二日，车驾自幸洛阳狱录囚徒，理出千余人。

寒朗冒死进谏的言行，正体现了他为国为民、秉公执法的崇高精神。在汉明帝、汉章帝时代历任显要的鲍昱，也有着与寒朗近同的反对冤狱、力倡法律公正的见识。汉章帝即位之初，曾为消除旱灾而问策于鲍昱，鲍昱乘机进谏，劝导汉章帝施行仁政，为楚王案件之中蒙冤被刑之人及受到牵连的家属平反。《后汉书·鲍昱传》（卷二九）记鲍昱向章帝进谏之事道：

建初元年，大旱，谷贵。肃宗召昱问曰："旱既太甚。将何以消复灾眚？"对曰："臣闻圣人理国，三年有成。今陛下始践天位，刑政未著，如有失得，何能致异？但臣前在汝南，典理楚事，系者千余人，恐未能尽当其罪。先帝诏言，大狱一起，冤者过半。又诸徙者骨肉离分，孤魂不祀。一人呼嗟，王政为亏，宜一切还诸徙家属，蠲除禁锢，兴灭继绝，死生获所。如此，和气可致。"帝纳其言。

与汉明帝比起来，汉章帝的确显得要宽仁一些，但当时朝廷之刑治总的来说仍倾向于苛酷冤滥。章帝时担任尚书的陈宠，对于这种现象深感不满，于是也上书进谏，劝章帝轻刑法、平冤狱，以保障国民的权利及法律的公正。《后汉书·陈宠传》（卷四六）记陈宠之谏言道：

臣闻先王之政，常不僭，刑不滥，与其不得已，宁僭不滥。故唐尧著典，"眚灾肆赦"；周公作戒，"勿误庶狱"；伯夷之典，"惟敬五刑，以成三德"。由此言之，圣贤之政，以刑罚为首。往者断狱严明，所以威惩奸慝，奸慝既平，必宜济之以宽,陛下即位,率由此义,数诏群僚,弘崇晏晏。而有司执事,未悉奉承,典刑用法,犹尚深刻。断狱者急于箠格酷烈之痛,执宪者烦于诋欺放滥之文,或因公行私,逞纵威福。夫为政犹张琴瑟,大弦急者小弦绝。故子贡非臧孙之猛法,而美郑乔之仁政。《诗》云:"不刚不柔,布政优优。"方今圣德充塞,假于上下,宜隆先王之道,荡涤烦苛之法。轻薄箠楚,以济群生;全广至德,以奉天心。

到了东汉中后期,由于外戚、宦官相继专权。权奸、小人借助于刑狱来冤枉、陷害忠直臣民之情况愈来愈多,也愈演愈烈。桓帝、灵帝两朝所兴起的两次"党锢之狱",几乎将当时天下正直的清流之士们一网打尽。对于这样的大规模迫害正直知识分子的冤滥之狱,许多谏臣们也是屡屡向皇帝上疏力谏,辩白其冤屈,希望皇帝能予以赦免、平反,以还其清白。这些谏疏充分地体现了当时的谏臣们刚直不阿的品性以及对于司法公正的不懈追求。由于已多次引用此类谏疏,此处就不再赘述了。

总之,因为处在崇尚人治的专制政治环境之中,生杀予夺的大权均操持在君主以及代表君主的行政机构——朝廷手中,故而两汉时代社会中无法出现独立于行政机关之外的司法机构,也就无法有效地保障司法的独立与公正。所以,汉代的谏臣们所追求的减免酷刑、平反冤狱、司法公正等理想是没有机会得到真正实现。尽管如此,汉代谏议之士们反对酷刑冤狱,强调司法公正的诉求与理想在中国古代法制史上仍有着重要参考价值,同时也是值得我们关注与研讨的汉代谏议政治中的重要主题之一。尤其是像汉朝张释之所提出的"法者,天子所与天下公共也"的见解,充分体现了在中国古代社会中,也出现过"法律面前人人平等"的精神。不过,很可惜的是,在君主专制观念泛滥的时代,这种精神只能算是昙花一现,无法发展成为真正的强调公民个人权利及司法独立的法治精神。

六、朝廷外交事务之谏议:先重内政之稳定,后重边疆之治理

外交事务也是两汉谏议之士们普遍关注的一个重要议题。纵览两汉时谏臣们关于外交事务的上言,我们可以看到,这时的谏臣们的观念之中有一个较为普遍的倾向,即是认为国家的内部政治治理优先于边疆外交事务。只有先把内政问题处理妥善了,国家安定团结了,才能有时间和能力去处理向中原周边各少数民族居处之地区进行扩张、占领的问题。如果内政未靖,百姓不宁,那么对待周边少数民族的政策则只能是以防御和维持现状为主,而不应去考虑进攻或占领,否则就会引发国内社会的动荡不安及种种灾难,以至于国家的覆亡。

汉代之所以会产生这种"先内后外""先中国而后夷狄"的外交意识，是有着复杂而深远的原因。简要地讲，是有着地理、文化心理以及在当时社会条件下的重民意识这三方面的因素。首先，从地理位置来看，华夏民族所聚居的黄河、长江一带（先秦两汉时多被称为"中原"或"中国"）可以说是处于一种较为封闭的地理环境中：东面有大海，西面有青藏高原，南边是所谓的"百越"瘴疠之地，当时多为苍莽险恶的原始丛林，北边则是一向被称为苦寒之地的大草原、沙漠和戈壁。对于成长在气候温暖、条件适宜的中原之地的人而言，西、北、南三个方向的地理环境均十分恶劣，均为边远蛮荒之地，是不适宜于居住的。因此，古代居住在中原之地的人们并没有强烈的扩张、占据这些地方的欲望与意识。

其二，正由于其地理特征是中央优于四方，所以居住在黄河、长江流域的华人们自然而然地就会认为自己所住的地方是世界乃至于宇宙的中央，是"中央之国"，即"中国"。既然是居于天地中央，那么必然更能得到上天的眷顾与关照，居于此地的人们也就必然是最文明、最高贵、最崇尚礼仪教化的。与之相对的，那些住在西方、北方、南方的边远之地的少数民族则无疑应当是一些不知礼仪教化，不讲文明的劣等民族，言行举止几乎可以算是鸟兽的蛮夷之辈了。这样，由"地理中心意识"又衍生出了"文明中心意识"。既然中原的地理条件与人民的文明程度都是最高的，那么，国内事务的重要性自然也就远远地高于边疆蛮荒之地事务的重要性了。由于文明程度不同，讲礼仪与文明的中原人是没有办法，也没有必要到那些瘴疠苦寒之地去与行为举止近同于禽兽的夷狄之辈共处的。因此，只要做好了边疆防御工作，能够有效地阻止这些野蛮人侵入中原之地，就没有必要去进攻、占领和统治那些边远蛮荒之地，就让那些蛮夷们自生自灭好了。

其三，由于古代交通不便，运输工具落后，大规模地发动军队长途跋涉去攻击、侵占那些边远蛮荒之地，必然会消耗大量的人力，浪费大量的粮食、财产。百姓竭于财力、疲于征役，则会怨愁丛生、骚动不安，一旦情势失控，处置不当，极易引起民间的起义、叛乱，导致国家的动荡乃至于政权的灭亡。所以，为了营造一个安定、平稳的政治环境，贤明的统治者就必须从重视民生的角度出发来考虑问题。为了攻占一些没有太大意义的边远之地而发动军队，消耗财力，使百姓疲惫愁怨，国家动荡不安，实在是弊大于利、得不偿失的。

正是在地理条件、文化心理、重民意识等几个因素的共同作用之下，汉代有见识的大臣们在处理对外事务时普遍有着此种先内政、后外务的意识。一旦身为最高统治者的皇帝或某些权臣、军将的举措偏离或违背了这一思路，他们就会站出来进行劝谏或想办法予以阻止。西汉初年，由于以休养生息为基本的治国政策，在对待匈奴的屡次入侵时，采取的是防御以及和亲的对策，注重国内建设而少有对外征伐之事，故而强调先内后外的谏疏较少。到了汉武帝时代，由于武帝为骄横专断、好大喜功之君主，故而喜欢大兴兵役以征伐四夷、开拓疆土。在汉武帝的这种军事扩张思维的主导之下，汉廷连连举兵，向北征讨匈奴，向东攻伐朝鲜，向南征服南越、闽越诸地，向西则努力经营西域。汉朝的疆域虽然有了空前的扩张，但年年征伐，也造成了人力、物力、财力的巨大消耗与浪费。经过文帝、景帝时代多年的休养、积累而来的庞大国家财富，到了汉武帝手上，几乎被消耗殆尽。虽然有少数将领、权贵因战争扩张而谋得了高官厚禄，大发横财，但绝大多数臣民百姓则因为繁重的兵役、劳役及赋税而蒙受了巨大的压力与损失，日渐穷困而愁苦不堪。民间的盗贼、叛乱因之处处兴起，屡禁不止。面对此种动荡不安的局面，朝廷内部的有识之士们多有上书，劝谏武帝减少或者停止向外攻伐，不要贪图那些偏远蛮荒之地，应以内政之治理与百姓的安定为重。例如当时的淮南王刘安曾就因汉武帝调兵遣将征伐闽越而上书劝谏。《汉书·严助传》（卷六四）载刘安之谏文道：

> 陛下临天下，布德施惠，缓刑罚，薄赋敛，哀鳏寡，恤孤独，养耆老，振匮乏，盛德上隆，和泽下洽，近者亲附，远者怀德，天下摄然，人安其生，自以没身不见兵革。今闻有司举兵将以诛越，臣安窃为陛下重之。……自三代之盛，胡越不与受正朔，非强弗能服，威弗能制也，以为不居之地，不牧之民，不足以烦中国也。故古者封内甸服，封外侯服，侯卫宾服，蛮夷要服，戎狄荒服，远近势异也。自汉初定已来七十二年，吴越人相攻击者不可胜数，然天子未尝举兵而入其地也。……臣闻天子之兵有征而无战，言莫敢校也。如使越人蒙徼幸以逆执事之颜行，厮舆之卒有一不备而归者，虽得越王之首，臣犹窃为大汉羞之。陛下以四海为境，九州为家，八薮为囿，江汉为池，生民之属皆为臣妾。人徒之众足以奉千官之共，租税之收足以给乘舆之御。玩心神明，秉执圣道，负黼依，冯玉几，南面而听断，号令天下，四海之内莫不向应。陛下垂德惠以覆露之，使元元之民安生乐业，则泽被万世，传之子孙，施之无穷。天下之安犹泰山而四维之也，夷狄之地何足以为一日之闲，而烦汗马之劳乎？

根据《史记》及《汉书》中的相关记载，淮南王刘安本身怀有异志，蓄意谋反。他向武帝进谏，规劝其不要兴兵南侵，应该也有着担忧中央朝廷的军队南下之时或许会有侵害淮南国政权之举动的心意。所以，这篇谏文未必是全心全意地为汉王朝朝廷的利益做打算。不过，我们也无法否认，这篇谏疏确实写得洋洋洒洒、酣畅淋漓，而且入情入理，颇显独到之见识，是很具有说服力的。这也充分表明了刘安虽为权贵诸侯,但也富于学者的修养与文学家的情采。在谏文中,刘安陈述了攻伐南越之地的几点不妥之处:其一,为了一些蛮荒之地、化外之民,不值得劳动大军;其二,大兴兵役必然会惊动百姓,增加其所承担的服役,致使民生凋敝、百姓愁苦,既不符合天子关爱百姓的道义要求,也很有可能导致中原内地民众的不安定;其三,南方百越之地地势险恶,军士不熟悉地形,不服水土,定然会损兵折将,得不偿失。刘安的这些观点,与汉代大部分谏臣们所持有的"安内重于务外"的观点大体一致。与刘安同时代的一些谋臣如主父偃、严安等人,亦有着这种"安内重于务外"的看法。据《汉书·主父偃传》(卷六四)所载,主父偃曾经上疏劝谏汉武帝不要轻易兴兵讨伐匈奴。其谏辞云:

《司马法》曰:"国虽大,好战必亡;天下虽平,忘战必危。"天下既平,天子大恺,春搜秋狝,诸侯春振旅,秋治兵,所以不忘战也。且怒者逆德也,兵者凶器也,争者末节也。古之人君一怒必伏尸流血,故圣王重行之。夫务战胜,穷武事,未有不悔者也。斋昔秦皇帝任战胜之威,蚕食天下,并吞战国,海内为一,功齐三代。务胜不休,欲攻匈奴,李斯谏曰:"不可。夫匈奴无城郭之居,委积之守,迁徙鸟举,难得而制。轻兵深入,粮食必绝;运粮以行,重不及事。得其地,不足以为利;得其民,不可调而守也。胜必弃之,非民父母,靡敝中国,甘心匈奴,非完计也。"秦皇帝不听,遂使蒙恬将兵而攻胡,却地千里,以河为境。……男子疾耕不足于粮饷,女子纺绩不足于帷幕。百姓靡敝,孤寡老弱不能相养,道死者相望,盖天下始叛也。及至高皇帝定天下,略地于边,闻匈奴聚代谷之外而欲击之。御史成谏曰:"不可。夫匈奴,兽聚而鸟散,从之如搏景,今以陛下盛德攻匈奴,臣窃危之。"高帝不听,遂至代谷,果有平城之围。高帝悔之,乃使刘敬往结和亲,然后天下亡干戈之事。故兵法曰:"兴师十万,日费千金。"秦常积众数十万人,虽有覆军杀将,系虏单于,适足以结怨深仇,不足以偿天下之费。夫匈奴行盗侵驱,所以为业,天性固然。上自虞、夏、殷、周,固不程督,禽兽畜之,不比为人。夫不上观虞、夏、殷、周之统,而下循近世之失,此臣之所以大恐,百姓所疾苦也。且夫兵久则变生,事苦则虑易。使边境之民靡敝愁苦,将吏相疑而外市,故尉佗、章邯得成其私,而秦政不行,权分二子,此得失之效也。故《周书》曰:"安危在出令,存亡在所用。"愿陛下孰计之而加察焉。

主父偃的谏文所阐述的主要内容是秦朝灭亡的历史教训。秦朝曾兴兵劳民,北伐匈奴,为了一些蛮荒不毛之地而耗靡钱粮,使得百姓困弊不堪,引发了戍卒陈胜、吴广的叛乱,最终走向了覆灭。在陈述了秦亡的历史后,主父偃即表明了自己的观点,希望汉武帝能够以亡秦的教训为戒,不要轻易动武讨伐匈奴,从而重蹈秦亡之覆辙。很明显,这篇谏文的主旨有着"重内政而轻外务"的倾向。《汉书·严安传》(卷六四)之中,载录了严安上书劝谏汉武帝息兵安民之事。其谏文曰:

> 秦不行是风,循其故俗,为知巧权利者进,笃厚忠正者退,法严令苛,谄谀者众,日闻其美,意广心逸。欲威海外,使蒙恬将兵以北攻强胡,辟地进境,戍于北河,飞刍挽粟以随其后。又使尉屠睢将楼船之士攻越,使监禄凿渠运粮,深入越地,越人遁逃。旷日持久,粮食乏绝,越人击之,秦兵大败。秦乃使尉佗将卒以戍越。当是时,秦祸北构于胡,南挂于越,宿兵于无用之地,进而不得退。行十余年,丁男被甲,丁女转输,苦不聊生,自经于道树,死者相望。及秦皇帝崩,天下大畔。……今徇南夷,朝夜郎,降羌僰,……今天下锻甲摩剑,矫箭控弦,转输军粮,未见休时,此天下所共忧也。夫兵久而变起,事烦而虑生。今外郡之地或几千里,列城数十,形束壤制,带胁诸侯,非宗室之利也。上观齐、晋所以亡,公室卑削,六卿大盛也;下览秦之所以灭,刑严文刻,欲大无穷也。今郡守之权非特六卿之重也,地几千里非特闾巷之资也,甲兵器械非特棘矜之用也,以逢万世之变,则不可胜讳也。

严安之谏议,亦借秦朝的灭亡作为鉴戒,劝导汉武帝不要擅自兴兵征伐四方,否则就会引来财费之匮竭,百姓之穷困愁苦,最终招致地方的反抗,以及国家的动荡覆亡。

在汉宣帝时代,丞相魏相也曾向宣帝上疏,劝谏其不要兴兵北伐匈奴。魏相所据之理由则主要是对于百姓民生之关注与顾恤。《汉书·魏相传》(卷七四)载魏相进谏之事曰:

> 元康中,匈奴遣兵击汉屯田车师者,不能下。上与后将军赵充国等议,欲因匈奴衰弱,出兵击其右地,使不敢复扰西域。相上书谏曰:臣闻之,救乱诛暴,谓之义兵,兵义者王;敌加于己,不得已而起者,谓之应兵,兵应者胜;争恨小故,不忍愤怒者,谓之忿兵,兵忿者败;利人土地货宝者,谓之贪兵,兵贪者破;恃国家之大,矜民人之众,欲见威于敌者,谓之骄兵,兵骄者灭:此五者,非但人事,乃天道也。间者匈奴尝有善意,所得汉民辄奉归之,未有犯于边境,虽争屯田车师,不足致意中。今闻诸将军欲兴兵入其地,臣愚不知此兵何名者也。今边郡困乏,父子共犬羊之裘,食草莱之实,常恐不能自存,难以动兵。"军旅之后,必有凶年",言民以其愁苦之气,伤阴阳之和也。出兵虽胜,犹有后忧,

恐灾害之变因此以生。今郡国守、相多不实选，风俗尤薄，水旱不时。案今年计，子弟杀父兄、妻杀夫者，凡二百二十二人，臣愚以为此非小变也。今左右不忧此，乃欲发兵报纤介之忿于远夷，殆孔子所谓"吾恐季孙之忧不在颛臾而在萧墙之内"也。愿陛下与平昌侯、乐昌侯、平恩侯及有识者详议乃可。上从相言而止。

汉宣帝时代号称"中兴"之时代，这固然与汉宣帝为政清明，善于任用贤能有关，同时也与汉宣帝慎于发动对外战争，力求避免劳民伤财有关。汉元帝时代的朝政基本沿袭了此种重视休养和平，不轻启战端的对外政策。不过，在有的时候，朝廷也有过出兵征伐的意向。如元帝初年，曾经多次叛乱的珠厓郡再度起兵作乱，年年动荡。元帝与诸位大臣商量，准备大规模地发动军队予以镇压。当时著名的谏议之士，贾谊的曾孙贾捐之则呈上谏疏，建议放弃并罢除珠厓郡，不必再劳民伤财地兴兵讨伐了。《汉书·贾捐之传》（卷六四）载捐之的谏辞云：

臣闻尧、舜，圣之盛也，禹入圣域而不优，故孔子称尧曰"大哉"，《韶》曰"尽善"，禹曰"无间"。以三圣之德，地方不过数千里，西被流沙，东渐于海，朔南暨声教，迄于四海，欲与声教则治之，不欲与者不强治也。故君臣歌德，含气之物各得其宜。武丁、成王，殷、周之大仁也，然地东不过江、黄，西不过氐、羌，南不过蛮荆，北不过朔方。是以颂声并作，视听之类咸乐其生，越裳氏重九译而献，此非兵革之所能致。……赖圣汉初兴，为百姓请命，平定天下。至孝文皇帝，闵中国未安，偃武行文，则断狱数百，民赋四十，丁男三年而一事。……当此之时，逸游之乐绝，奇丽之赂塞，郑、卫之倡微矣。夫后宫盛色则贤者隐处，佞人用事则诤臣杜口，而文帝不行，故谥为孝文，庙称太宗。至孝武皇帝元狩六年，太仓之粟红腐而不可食，都内之钱贯朽而不可校。乃探平城之事，录冒顿以来数为边害，厉兵马，因富民以攘服之。西连诸国至于安息，东过碣石以玄菟、乐浪为郡，北却匈奴万里，更起营塞，制南海以为八郡，则天下断狱万数，民赋数百，造盐、铁、酒榷之利以佐用度，犹不能足。当此之时，寇贼并起，军旅数发，父战死于前，子斗伤于后，女子乘亭障，孤儿号于道，老母寡妇饮泣巷哭，遥设虚祭，想魂乎万里之外。淮南王盗写虎符，阴聘名士，关东公孙勇等诈为使者，是皆廓地泰大，征伐不休之故也。今天下独有关东，关东大者独有齐、楚，民众久困，连年流离，离其城郭，相枕席于道路。人情莫亲父母，莫乐夫妇，至嫁妻卖子，法不能禁，义不能止，此社稷之忧也。……骆越之人父子同川而浴，相习以鼻饮，与禽兽无异，本不足郡县置也。颛颛独居一海之中，雾露气湿，多毒草虫蛇水土之害，人未见房，战士自死，又非独珠厓有珠犀玳瑁也，弃之不足惜，不击不损威。其民譬犹鱼鳖，何足贪也！

贾捐之的这篇谏疏，辞气畅达，情采兼胜。堪称汉代议论散文之精品，可与前文所引的淮南王刘安之谏文相媲美了。就内容观点而言，贾捐之之文与刘安之文也是颇多近同的。他首先借用了三代、秦汉以来的历史经验与教训，说明了擅兴军队征伐四夷非但无法使国家强大，反而会耗靡财力、使百姓劳苦，最终引来亡国之祸。为万全之计，君主应当尽量避免动兵，而把注意的重心放在中原之地的内政方面，尤其是那些不时地蒙受饥馑穷困的老百姓身上，使他们不再"嫁妻卖子"，如此才能保持国家的稳定与长治久安。贾捐之的这些观点，无疑也体现了汉代普遍流行的安内重于务外的意识。

在元帝之后的成帝、哀帝时代，虽然内政不修，奸佞擅权，但在外交、边疆事务方面仍保持了一种较为稳定、和平的局面。故此，在成帝、哀帝之世，边疆地区并无多少战争，汉廷与边地的胡族，特别是匈奴，基本上是和平共处的。即便是相处的礼仪有所缺失或不太合适，一些较为敏感的谏臣也会上书予以劝谏，希望皇帝尽量保持良好的外交关系，避免因礼仪不周到而酿成战争。类似的事例有《资治通鉴》卷三四所记载的杨雄劝谏汉哀帝，希望其能够接见前来朝觐的匈奴单于之事：

匈奴单于上书愿朝五年。时帝被疾，或言："匈奴从上游来厌人；自黄龙、竟宁时，单于朝中国，辄有大故。"上由是难之，以问公卿，亦以为虚费府帑，可且勿许。单于使辞去，未发，黄门郎扬雄上书谏曰："臣闻《六经》之治，贵于未乱；兵家之胜，贵于未战；二者皆微，然而大事之本，不可不察也。今单于上书求朝，国家不许而辞之，臣愚以为汉与匈奴从此隙矣。……今单于归义，怀款诚之心，欲离其庭，陈见于前，此乃上世之遗策，神灵之所想望，国家虽费，不得已者也。奈何距以来厌之辞，疏以无日之期，消往昔之恩，开将来之隙？夫疑而隙之，使有恨心，负前言，缘往辞，归怨于汉，因以自绝，终无北面之心，威之不可，谕之不能，焉得不为大忧乎！夫明者视于无形，聪者听于无声，诚先于未然，即兵革不用而忧患不生。不然，壹有隙之后，虽智者劳心于内，辩者毂击于外，犹不若未然之时也。且往者图西域，制车师，置城郭都护三十六国，费岁以大万计者，岂为康居、乌孙能逾白龙堆而寇西边哉？乃以制匈奴也。夫百年劳之，一日失之，费十而爱一，臣窃为国不安也。唯陛下少留意于未乱、未战，以遏边萌之祸！"书奏，天子寤焉，召还匈奴使者，更报单于书而许之。赐雄帛五十匹，黄金十斤。单于未发，会病，复遣使愿朝明年；上许之。

杨雄列述了秦汉时代中央朝廷与匈奴交往的历史，说明了匈奴一向是强大而不易驯服的，征讨匈奴也给朝廷带来了巨大的浪费与损失。接着，他又陈述道当前匈奴归顺汉朝，愿意与汉廷保持和平的外交关系，这种局面来之不易，皇帝不应该为一些琐细的原因而拒绝接见单于，否则会引起其恼怒与进一步的入侵劫掠。杨雄的谏文鲜明地表现了其希望汉匈之间保持长久和平的态度。这种态度，自然也有着重视内政之安定的因素。

汉哀帝去世之后，外戚王莽乘机专擅朝政，并最终篡夺了汉王朝的政权。王莽的为人虽不像汉成帝、哀帝那样昏庸荒淫，但其治国、施政较之成、哀二帝却更加地乖戾、紊乱及横暴，最终引发了全国各地的叛乱，国家政权也因之而覆亡。王莽治政之荒唐与横暴的一个重要表现是其外交政策上的严重失误。他在当权之后，屡屡采取措施，蓄意的贬低单于，挑拨匈奴内部君臣之间的关系，使得匈奴与朝廷的矛盾激化，最终招来了匈奴的反叛与入侵。为了抵御匈奴的入侵，王莽又大肆征发军队，耗縻财产，劳役百姓。由于王莽的倒行逆施，国内民众的生活本已困顿不堪，现在又加上了兵役、劳役这些沉重的负担，境况自然是雪上加霜。民众的困顿无助，正加速了大规模的暴动、叛乱的爆发。故此，可以说外交事务处理的失误，正是王莽政权走向灭亡的一个重要原因。当然，对于王莽的这些荒唐之举的巨大危害性，当时朝廷里面一些头脑较为清醒的大臣也早有认识和警惕。为了国家社会的稳定，他们也多次地向王莽上书进谏。如当时的将军严尤，就对王莽发动大兵北击匈奴的举措极不认可，因而上言恳切进谏。《汉书·匈奴传》（卷九四）记载严尤之谏言道：

> 臣闻匈奴为害，所从来久矣，未闻上世有必征之者也。后世三家周、秦、汉征之，然皆未有得上策者也。周得中策，汉得下策，秦无策焉。当周宣王时，狁内侵，至于泾阳，命将征之，尽境而还。其视戎狄之侵，譬犹蚊虻之螫，驱之而已。故天下称明，是为中策。汉武帝选将练兵，约赍轻粮，深入远戍，虽有克获之功，胡辄报之，兵连祸结三十余年，中国罢耗，匈奴亦创艾，而天下称武，是为下策。秦始皇不忍小耻而轻民力，筑长城之固，延袤万里，转输之行，起于负海，疆境既完，中国内竭，以丧社稷，是为无策。今天下遭阳九之厄，比年饥馑，西北边犹甚。……大用民力，功不可立，臣伏忧之。

严尤借周、秦、汉三代的经验教训，阐明了当前不宜兴兵征伐匈奴的主张。其最主要的关注点，仍在于国家的财富与民众的生活。如果兵战不休，则国家有限的资财将耗縻一空，民众亦会因之而困顿不堪，被逼揭竿而起，最终引致如秦朝灭亡那样的恶果。就内容而言，严尤之谏论无疑也有着安内重于排外的意识。这种观点，对于纠正王莽在外交事务方面的荒乱之举是很有意义的。可惜的是，王莽对于这番忠心谏言置若罔闻，仍坚持发兵北讨匈奴，最终引来了绿林、赤眉的起义暴动，以及身死国灭的结果。

东汉朝廷建立之后，在外交事务方面基本上沿袭了西汉时的"重内轻外"政策。自光武时代开始，朝廷对于边疆四夷基本上是以防御为主。有的时候，在一些大臣的建议下，为了民间百姓的生活以及国内的安稳局面，甚至于将一些已经占领并开发了的地域都主动放弃了。比如汉章帝之时，校书郎杨终就屡次上书，劝谏章帝撤回驻扎在西域之地的军队，放弃西域之地。《后汉书·杨终传》（卷四八）载杨终之谏言道：

建初元年，大旱谷贵，终以为广陵、楚、淮阳、济南之狱，徙者万数，又远屯绝域，吏民怨旷……终复上书曰："秦筑长城，功役繁兴，胡亥不革，卒亡四海。故孝元弃珠崖之郡，光武绝西域之国，不以介鳞易我衣裳。鲁文公毁泉台，《春秋》讥之曰'先祖为之而已毁之，不如勿居而已'，以其无妨害于民也。襄公作三军。昭公舍之，君子大其复古，以为不舍则有害于民也。今伊吾之役，楼兰之屯，久而未还，非天意也。"帝从之，听还徙者，悉罢边屯。

自汉武帝之时起，汉廷便一直在开辟、占领和经营西域之地，其用意是为了削弱匈奴的势力，也是为了满足开疆拓土的追求。就军事、地理形势及政治影响而言，客观地讲，杨终放弃西域的谏议是有着不妥之处的。但，他站在"安内重于务外"的立场上，认为经营西域劳民伤财、得不偿失，在当时自然也是有其积极价值的。

汉和帝即位之初，外戚窦宪为了树立自己在朝廷中的声望与势力，曾率领大军，征讨北匈奴。对于这样的一次大规模的进攻性军事行动，当时的不少朝臣都站在"重内轻外"的政治立场上予以抵制，并纷纷上书和帝，予以劝阻。《资治通鉴》卷四七记载当时的三公九卿及诸位大臣的进谏劝阻之事曰：

窦宪将征匈奴，三公、九卿诣朝堂上书谏，以为："匈奴不犯边塞，而无故劳师远涉，损费国用，徼功万里，非社稷之计。"书连上，辄寝，宋由惧，遂不敢复署议，而诸卿稍自引止。唯袁安、任隗守正不移，至免冠朝堂固争，前后且十上，众皆为之危惧，安、隗正色自若。侍御史鲁恭上疏曰："国家新遭大忧，陛下方在谅阴，百姓阙然，三时不闻警跸之音，莫不怀思皇皇，若有求而不得。今乃以盛春之月兴发军役，扰动天下，以事戎夷，诚非所以垂恩中国，改元正时，由内及外也。万民者，天之所生；天爱其所生，犹父母爱其子，一物有不得其所，则正气为之舛错，况于人乎！故爱民者必有天报。夫戎狄者，四方之异气，与鸟兽无别；若杂居中国，则错乱天气，污辱善人，是以圣王之制，羁縻不绝而已。今匈奴为鲜卑所破，远藏于史侯河西，去塞数千里，而欲乘其虚耗，利其微弱，是非义之所出也。今始征发，而大司农调度不足，上下相迫，民间之急，亦已甚矣。群僚百姓咸曰不可，陛下独奈何以一人之计，弃万人之命，不恤其言乎！上观天心，下察人志，足以知事之得失。臣恐中国不为中国，岂徒匈奴而已哉！"尚书令韩棱、骑都尉朱晖、议郎京兆乐恢，皆上疏谏，太后不听。又诏使者为宪弟笃、景并起邸第，劳役百姓。侍御史何敞上疏曰："臣闻匈奴之为桀逆久矣，平城之围，慢书之耻，此二辱者，臣子所谓捐躯而必死，高祖、吕后忍怒还忿，舍而不诛。今匈奴无逆节之罪，汉朝无可惭之耻，而盛春东作，兴动大役，元元怨恨，咸怀不悦。又猥复为卫尉笃、奉车都尉景缮修馆第，弥街绝里。笃、景亲近贵臣，当为百僚表仪。今众军在道，朝廷焦脣，百姓愁苦，县官无用，而遽起大第，崇饰玩好，非所以垂令德、示无穷也。宜且罢工匠，专忧北边，恤民之困。"书奏，不省。

窦宪征讨北匈奴，将北单于逐出数千里之远，俘获无数，勒石燕然，取得了辉煌的战果。平心而论，窦宪此举对于免除汉廷北部边患，开疆拓土是有着巨大功绩的。然而，大军尚未出动，朝廷中的许多大臣已将此番用兵之举批评得体无完肤，向皇帝力谏不可出兵。他们的理由大致有两点：一，蛮夷与中华文化不同，不值得加以侵袭，即便是占据了他们的领土，也不适宜于长久居住，到头来还是要放弃；二，贸然兴兵，劳民伤财，必会引起国内政局动荡不安。这两点无疑体现了当时谏臣们在外交事务方面"重内轻外"的观点。

纵览两汉时代的外交史与军事史，可以发现，在汉廷内部，关于外交事务一直存在着两种不同的观点。其一主张以防御为主，强调内修国政，保境安民，反对大规模地对外扩张；另一种则主张征伐四方，消弭边患，开疆拓土。很明显，从立国之初到最终灭亡，在大部分时间里，第一种主张是占据着上风的。这一主张也正是朝廷上大多数的公卿士大夫和谏议之臣们共同持有的。此种"安内先于务外"的主张不仅在汉代的外交政策中占据着上风，在汉代之后的历朝历代，仍然是朝廷处理外交事务的一个基本原则。在唐、宋、元、明、清时期诸朝疆域并未出现太大的变化，即使有一定的扩张，那也基本上是依托于中原汉民族的文化、文明的传播、扩展而进行地渐进的、开发式的扩张，这种文明传播式的扩张与古代的马其顿王国、罗马帝国以及近现代的俄罗斯帝国、日本帝国、法西斯德国的那种主要依凭于军事武力所进行的侵略与占领是有着明显区别的。故此，可以说，中国自古以来就是一个重视内政、本土之治理而不太热衷于对外进行武力侵略扩张的国家。我们今天在外交事务上提出的"不称霸""和平共处"等原则也说明了中华民族自古以来就有着重视和平,反对侵略战争的传统。

七、就封建诸侯、继嗣等问题进行的劝谏

除了上面所论述到的六大主题,两汉时代的臣民们还曾就其他的一些话题向最高统治者提出谏议。譬如,对于汉代的一个重要政治现象——封建诸侯的问题,汉代许多有名的大臣像张良、贾谊、袁盎等均曾在不同的场合提出过自己的谏议性意见。在这些人当中,贾谊就诸侯封建问题向汉文帝所进献的谏议,很具有代表性意义。《汉书·贾谊传》(卷四八)载贾谊关于封建问题向文帝所上的谏议道:

臣窃迹前事,大抵强者先反。淮阴王楚最强,则最先反;韩信倚胡,则又反;贯高因赵资,则又反;陈豨兵精,则又反;彭越用梁,则又反;黥布用淮南,则又反;卢绾最弱,最后反。……然则天下之大计可知已。欲诸王之皆忠附,则莫若令如长沙王;欲臣子之勿菹醢,则莫若令如樊、郦等;欲天下之治安,莫若众建诸侯而少其力。力少则易使以义,国小则亡邪心。令海内之势如身之使臂,臂之使指,莫不制从,诸侯之君不敢有异心,辐凑并进而归命天子,虽在细民,且知其安,故天下咸知陛下之明。割地定制,令齐、赵、楚各为若干国,使悼惠王、幽王、元王之子孙毕以次各受祖之分地,地尽而止,及燕、梁它国皆然。其分地众而子孙少者,建以为国,空而置之,须其子孙生者,举使君之。诸侯之地其削颇入汉者,为徙其侯国及封其子孙也,所以数偿之;一寸之地,一人之众,天子亡所利焉,诚以定治而已,故天下咸知陛下之廉。地制壹定,宗室子孙莫虑不王,下无倍畔之心,上无诛伐之志,故天下咸知陛下之仁。法立而不犯,令和而不逆,贯高、利几之谋不生,柴奇、开章之计不萌,细民乡善,大臣致顺,故天下咸知陛下之义。

在政治制度方面,贾谊基本上是认同大一统的中央集权制,反对分封制的。因此,对于汉文帝时封建诸侯权力过大,影响了中央政令统一的现象,贾谊是相当反感的。在这一点上,他与后来汉景帝时力主"削藩"的晁错,可谓是志同道合。不过较之于晁错雷厉风行的"削藩"之计,贾谊的"众建诸侯而少其力"的办法应当是更为合理而稳妥的。他的这种以分割诸侯的地盘来削弱其势力的主张,其实也正是后来汉武帝所推行的"推恩令"的基本内容。据史书之记载,"推恩令"的计策虽是由主父偃正式提出,但其基本原则与内容,则早已被文帝时的贾谊设想出来。

除了封建诸侯问题，在当时备受皇帝、朝臣关注的皇位继承人——继嗣者的问题，也是两汉时代的谏臣们颇多关注的一个话题。继嗣问题虽然可以说是皇族内部的家庭事务，但在那个"家天下"的时代，亦有着决定朝政兴衰的关键性意义。所以，汉代的谏臣之中也多有就此一话题向皇帝进谏者。像汉代初年的周昌切谏刘邦不要轻易更换太子，汉武帝时的壶关三老令狐茂因戾太子刘据之事向汉武帝进谏，东汉汉安帝时来历等朝臣向汉安帝进谏，力保太子等。在这些谏议事例之中，壶关三老令狐茂向汉武帝的进谏之言入情入理，颇有打动人心之效果。《汉书·戾太子传》（卷六三）记载其谏言道：

臣闻父者犹天，母者犹地，子犹万物也。故天平地安，阴阳和调，物乃茂成；父慈母爱，室家之中子乃孝顺。阴阳不和，则万物夭伤；父子不和，则室家丧亡。故父不父则子不子，君不君则臣不臣，虽有粟，吾岂得而食诸！昔者虞舜，孝之至也，而不中于瞽叟；孝已被谤，伯奇放流，骨肉至亲，父子相疑。何者？积毁之所生也。由是观之，子无不孝，而父有不察，今皇太子为汉適嗣，承万世之业，体祖宗之重，亲则皇帝之宗子也。江充，布衣之人，闾阎之隶臣耳，陛下显而用之，衔至尊之命以迫蹴皇太子，造饰奸诈，群邪错谬，是以亲戚之路隔塞而不通。太子进则不得上见，退则困于乱臣，独冤结而亡告，不忍忿忿之心，起而杀充，恐惧逋逃，子盗父兵以救难自免耳，臣窃以为无邪心。《诗》曰："营营青蝇，止于藩；恺悌君子，无信谗言；谗言罔极，交乱四国。"往者江充谗杀赵太子，天下莫不闻，其罪固宜。陛下不省察，深过太子，发盛怒，举大兵而求之，三公自将，智者不敢言，辩士不敢说，臣窃痛之。臣闻子胥尽忠而忘其号，比干尽仁而遗其身，忠臣竭诚不顾铁钺之诛以陈其愚，志在匡君安社稷也。

戾太子刘据为邪佞之臣江充借巫蛊之事所陷害，不得已而起兵谋反，最后兵败身死，造成了"巫蛊之祸"的惨剧。究其造反的原因，则主要在于汉武帝后期之处事忌刻残忍、暴虐专横，造成了自太子以至于群臣百姓，人人皆感战战兢兢、不能自保的恐怖氛围。太子的造反，在很大程度上是被逼的、无辜的，因此，其遭际也是可怜可惜的。令狐茂的上书，从父子之情说起，附之以历史上的诸多事例，说明了刘据的作为，不过是"子盗父兵以救难自免"，并非有意的谋朝篡位。此一谏文情辞兼胜，可谓是汉代谏文中的上品。

不论是封建诸侯，还是皇位继嗣，皆在汉代政治中有着重大而深远影响。然而，相对于前文所论及的六大谏议主题，诸侯与继嗣则并不能算作是汉代谏臣们主要关注、留意的话题。因此，相关的谏议之辞不仅在数量上相对较少，其政治上的影响力也不太明显。所以，在此做简要论述。

总之，谏议行为乃是两汉时代政治中一种相当盛行，而又影响深远的现象。臣民们向最高统治者——皇帝的谏诤之言内容涵盖甚广，包含了亲贤臣、远小人、重民生、尚俭朴、反过度游猎、宽刑狱、倡导"安外重于务外"、诸侯、继嗣等诸多方面的主题。诚然，由于汉代基本上实行的是中央集权的君主制度，臣民们是没有行政、法律意义上的有效监督君主权力的能力。因此，仅仅依靠道德、舆论作为监督手段的谏议政治的效用其实是很有限的。臣民们的谏议是否能发生作用，在很大程度上取决于君主的喜怒与好恶。

同时，君主还掌握着针对进谏的臣民们的生杀予夺的大权。他如果愿意，完全可以拒绝谏言，甚至还可以将进谏的臣民们处死。不过，尽管如此，谏议现象在君主专制时代仍然有着不容忽视的意义。其意义大致有两点：首先，在君主专制时代，几乎可以说，处于下位的臣民们使用谏议是唯一的一种监督、限制君权的方法，虽然这种监督的力度是微弱不堪的。就两汉时代的政治实践而言，一些著名的谏臣如贾谊、张释之、汲黯、刘向、杨震、陈蕃等人士的谏诤在当时的朝政之中也起到过积极的效果。其次，两汉时代谏议之士们砥砺名节、奉公忘私，为国为民而不屈不挠的精神，无疑有着巨大的积极价值。

两汉魏晋时代谏（议）大夫与侍中之比较

谏议在中国古代传统治理中有着举足轻重的地位，由谏议现象而产生的谏官制度亦是中国历代职官制度中相当重要的一个组成部分。谏官早在先秦时代已出现，但较为成熟与系统的谏官制度则是在自秦代至魏晋南北朝这个阶段才几经变化，逐步形成的。经过考查可以发现，两汉魏晋时代的谏官制度设置变动较多，对后世也有相当深远的影响。这一时段谏官制度设置的一个较为引人注目的特征，是在当时的朝廷内部存在着两大类谏官系统：其一乃大夫类谏官系统，其代表性职官为谏大夫；第二大类乃是侍从类谏官系统，其代表性职官为侍中。在当前学术界，对于谏（议）大夫及侍中的研究已经有了诸多成果，但相关研究成果中的绝大多数对于谏（议）大夫及侍中所进行的都是单独的、分别的研究，未曾将二者结合起来作一个综合性的比较研究。如果想要更为清晰地了解两汉魏晋时代谏（议）大夫与侍中的属性、职能以及二者在当时官僚体系中的地位与效能，同时又更为全面而深入地认识两汉魏晋时代谏官制度的设置情况、特点以及谏议政治的种种规律，就有必要对这一时期两大谏官系统的代表性职官——谏（议）大夫与侍中作一个较为彻底的比较研究。本文拟从谏（议）大夫的品秩、性质以及曾担负其官职的相关人士入手，对这两类谏官的职官设置及谏议效能之发展、衍变作出全面而深入的比较研究。对于我们了解与认识两汉魏晋时代的谏官制度乃至于整个官僚制度的种种特征与规律有着积极的参考性价值。

一、两汉魏晋时代谏（议）大夫与侍中之品秩、属性及职能衍变

首先，看一看两汉时代谏（议）大夫与侍中的情况。就谏（议）大夫而言，《汉书·百官公卿表》（卷十九）"郎中令"条述曰：

> 郎中令，秦官，掌宫殿掖门户，有丞。武帝太初元年更名光禄勋。属官有大夫、郎、谒者，皆秦官。又期门、羽林皆属焉。大夫掌论议，有太中大夫、中大夫、谏大夫，皆无员，多至数十人。武帝元狩五年初置谏大夫，秩比八百石，太初元年更名中大夫为光禄大夫，秩比二千石，太中大夫秩比千石如故。

又王先谦《后汉书集解》引惠栋之言道：

《齐职仪》曰："秦置谏大夫，属郎中令。无常员，多至数十人，掌议论，汉初不置。至武帝始因秦置之，无常员，皆名儒宿德为之。光武增'议'字，为谏议大夫，置三十人。"

从上述材料我们可以看到，谏大夫一职在秦代便已设立，西汉初年未曾设置，到了汉武帝时代又重新设立。汉代谏大夫官秩为比八百石，多由有名气、德行的儒士充任。在西汉由光禄勋管辖之三类大夫（光禄大夫、太中大夫与谏大夫）之中，谏大夫的地位应该是最低的，但在西汉一朝，尤其是西汉后期，由于君主多重视儒生，因而常由儒生所担任的谏大夫在朝廷中还是有着相当多的政治影响力，其待遇也堪称优厚。《汉书·鲍宣传》（卷七二）载哀帝时任谏大夫的鲍宣曾上书曰：

陛下擢臣岩穴，诚冀有益毫毛，岂徒欲使臣美食大官，重高门之地哉！……治天下者当用天下之心为心，不得自专快意而已也。上之皇天见谴，下之黎庶怨恨，次有谏争之臣，陛下苟欲自薄而厚恶臣，天下犹不听也。臣虽愚戆，独不知多受禄赐，美食太官，广田宅，厚妻子，不与恶人结仇怨以安身邪？诚迫大义，官以谏争为职，不敢不竭愚。惟陛下少留神明，览《五经》之文，原圣人之至意，深思天地之戒。……

又《汉书·贡禹传》（卷七二）记贡禹上书之言曰：

臣禹年老贫穷，家訾不满万钱，妻子糠豆不赡，裋褐不完。有田百三十亩，陛下过意征臣，臣卖田百亩以供车马。至，拜为谏大夫，秩八百石，俸钱月九千二百。廪食太官，又蒙赏赐四时杂缯、绵絮、衣服、酒肉、诸果物，德厚甚深。疾病侍医临治，赖陛下神灵，不死而活。又拜为光禄大夫，秩二千石，俸钱月万二千。禄赐愈多，家日以益富，身日以益尊，诚非草茅愚臣所当蒙也。伏自念终亡以报厚德，日夜惭愧而已。

按上面两段文字之记述，身任谏大夫之鲍宣与贡禹，在饮食起居方面受到了当时朝廷的特别优待，可以"多受禄赐，美食太官，广田宅、厚妻子"，生病了还有"侍医临治"。所谓"太官"，是在宫内为皇室服务的特殊机构，"侍医"则专门为君主诊治的御医。谏大夫有资格享受到这样的优待,可见当时皇帝对于他们的重视与尊崇。正因为如此,所以谏大夫拥有在皇帝面前议论政事,甚至直言批评皇帝的谏诤、拾遗之职权。除了论议、谏诤之权,西汉的谏大夫有时还负有奉使巡游各地、监察地方的刑狱、赋税事务的职权。《汉书·成帝纪》(卷十)记曰:

> 方春生长时,临遣谏大夫理等举三辅、三河、弘农冤狱。

又,《汉书·平帝纪》(卷十二)记曰:

> 遣谏大夫行三辅,举籍吏民,以元寿二年仓卒时横赋敛者,偿其直。

不仅有权举发各地之冤狱,而且还有权负责向民众偿还因横征暴敛而来的赋税,谏大夫的这些职能,颇类于后世的"巡按使""钦差大臣"之类了。可见,在西汉时,特别是西汉中后期,谏大夫的职权不仅较重,而且还较为广泛。可以说,他们在朝廷上是有一定的政治影响力的。但是,到了东汉时代,谏大夫的官名、官秩及职权均发生了一系列变化。其名称由谏大夫变为了谏议大夫,其官秩与职权则呈现出下降、减轻及虚化的趋势。

当然,谏大夫更名为谏议大夫的情况,其实并非发生于东汉时,而是发生于两汉之交的王莽、更始帝时期。班固《汉书·王莽传》(卷九九)记道:"莽惶惧不能食,仿《大诰》作策,遣谏大夫桓谭等班于天下。"这里,桓谭所任之职仍为谏大夫。但,与之同时的郑兴,则被取王莽而代之的更始帝拜为谏议大夫了。《后汉书·郑范陈贾张列传》(卷三六)记云:

> 更始立,以司直李松行丞相事,先入长安,松以兴为长史,令还奉迎迁都。……拜兴为谏议大夫,使安集关西及朔方、凉、益三州……

谏议大夫之职在更始帝时代的出现,说明由谏大夫向谏议大夫的转变,发生在王莽、更始帝的过渡时代。《后汉书·宣张二王杜郭吴承郑赵传》(卷二七)中对于郭丹的记载,亦说明谏大夫向谏议大夫之转变发生于更始帝时期:

> 更始二年,三公举丹贤能,征为谏议大夫,持节使归南阳,安集受降。

谏议大夫之官名在东汉一朝被沿袭了下来。同时,与西汉时代的谏大夫相较而言，谏议大夫的官秩、职能设置均有显著的变化。西汉的谏大夫官秩为八百石，到了东汉，谏议大夫的官秩则降为六百石。《后汉书·百官志》曰："谏议大夫，六百石。"官秩之下降，反映了君主及整个中央朝廷对于谏议大夫之职能的重视程度的下降。故此，东汉时谏议大夫所拥有的职权也就相应地弱化了。弱化的一个重要表现，即是朝廷常将谏议大夫之职位给一些生病、隐退，或即将退休的人士担任。如此，谏议大夫的职权渐渐虚化，后来竟成为了一个闲散而可有可无的职务。例如《后汉书·江革传》（卷三九）记载道：

（江革）后上书乞骸骨，转谏议大夫，赐告归……

另如《后汉书·许荆传》（卷七六）载曰：

（许荆）以病自上，征拜谏议大夫，卒于官。

又《后汉书·索卢放传》（卷八一）载曰：

（索卢放）以病乞身，徙谏议大夫，数纳忠言，后以疾去。

又《后汉书·何休传》（卷七九下）载道：

（何休）再迁谏议大夫，年五十四，光和五年卒。

还有如《后汉书·严光传》（卷八三）载曰：

（严光）除为谏议大夫，不屈，乃耕于富春山。

在上引诸条之中，江革、许荆、索卢放皆是因生病乞求退休而被朝廷授予谏议大夫之职位。何休在担任谏议大夫之职后不久即去世，可见朝廷也是将何休视为即将退休官员，故而任以谏议大夫之职的。严光乃为一位隐逸高蹈，不近俗务的闲散之士，故而光武帝亦授之以谏议大夫之职。上述诸例充分地说明了在东汉时代，谏议大夫一般是用来安置那些病退、闲散官员的，其实际之职任、权力在很大程度上已经被架空、虚化了。这也进一步说明了东汉的君主、朝廷对谏议大夫职权有意识地削弱与排斥。

与谏（议）大夫相比，两汉时代侍中一职的官秩与职权的发展变化则呈现

出了截然不同的趋势。"侍中"这一职位,据说早在上古黄帝时代即已有设立。《太平御览》卷二一九"侍中"引还济《要略》曰:

> 侍中,古官也。或曰风后为黄帝侍中,周时号常伯……秦始皇复故。

黄帝时风后任侍中之说法,应为后人之附会或捏造,不足深信。至于周代侍中号常伯之说,由于史料缺乏,今天亦无法作出确当的研讨。对于秦代的侍中,则有不少史料可予以参证。如《资治通鉴》卷八载曰:

> 郎中令赵高恃恩专恣,以私怨诛杀人众多,恐大臣入朝奏事言之,乃说二世曰:"天子之所以贵者,但以闻声,群臣莫得见其面故也。且陛下富于春秋,未必尽通诸事。今坐朝廷,谴举有不当者,则见短于大臣,非所以示神明于天下也。陛下不如深拱禁中,与臣及侍中习法者待事,事来有以揆之。如此,则大臣不敢奏疑事,天下称圣主矣。"二世用其计,乃不坐朝廷见大臣,常居禁中。赵高侍中用事,事皆决于赵高。……赵高使其客十馀辈诈为御史、谒者、侍中,更往覆讯斯,斯更以其实对,辄使人复榜之。后二世使人验斯,斯以为如前,终不更言。辞服,奏当上。

又如《太平御览》卷一三五引《说苑》曰:

> (嫪毐)与侍中左右贵人棋博饮酒。

又《通典·职官三·侍中》云:

> 侍中者,周公戒成王立政之篇所云"常伯""常任"以为左右,即其任也。秦为侍中,本丞相史也,使五人往来殿内东厢奏事,故谓之侍中。汉侍中为加官。凡侍中、左右曹、诸吏、散骑、中常侍,皆为加官。所加或列侯、将军、卿大夫、将、都尉、尚书、太医、太官令至郎中,多至数十人。

据上述材料可知,秦代确有侍中官之设置,其具体的职务,据《通典》中所言,当为丞相史,"往来殿内东厢奏事"。《通典》及其他典籍文献并未明言秦代侍中官秩如何,但对于汉代的侍中,不少文献则有对于其官秩职务的记述。如《汉旧仪》卷上述曰:

丞相初置吏员十五人，皆六百石，分为东西曹。……西曹六人，其五人往来白事东厢，为侍中……

汉承秦制，秦代的侍中为丞相史，汉代的侍中一开始亦为丞相府中的吏员。而且，《汉旧仪》对于这一类属于"西曹"之侍中的品秩有明确的介绍："皆六百石"。应该说，这样的一个秩位是算不上有多高的，但，没过多久，应该就在西汉时代，侍中的官秩就有了明显的上升。《太平御览》卷二一九引《汉官仪》道："侍中，秩千石。"到了东汉，侍中的官秩再次有了大幅度的提升。《后汉书·百官志》记曰："侍中，比二千石。"这样的秩位堪比当时的九卿，可算朝廷内的高官了。可见，汉代侍中官秩变化的趋向与同时谏（议）大夫变化的趋向是正好相反的。

就职任属性而言，汉代侍中的重要性与影响力也呈现出明显的增长趋势。两汉时代的侍中，其名义上的权位虽不足与当时的丞相、三公之类重臣相比，但在某些情况下，其实际权力则有过之而无不及。此种看似不大合理的政治现象之所以会发生，其中一个重要而特别的因素，即是侍中与皇帝的亲近的私人关系。

根据杨鸿年先生《汉魏制度丛考》一书中对于侍中的考察，两汉时代的侍中应该属于"省内官"，即有权进入皇帝禁宫之中，并在禁宫内办公的官员。因为侍中办公的地点较之于丞相、三公、九卿等外朝官和尚书、谏大夫等宫内官而言，与皇帝私人起居之处更为接近，故而与皇帝私底下的关系也就更为亲密一些。同时，两汉时代侍中所肩负的职务，多数是为皇帝进行私人服务之性质。据文献记载，汉代的侍中所要履行的职务大致有三类。第一类职务，服侍皇帝的日常生活起居，以及在皇帝生病时负责照料等。如《通典·职官三》记云：

（侍中）直侍左右，分掌乘舆服物，下至亵器虎子之属。

又如《太平御览》卷二一九"侍中"条引《汉官》曰：

史丹为侍中。元帝寝疾，丹以亲密近臣，得侍疾。

由这两条可以看出，侍中之官在当时简直可以算作皇帝的私人服务员。侍中的第二类职务，乃代表皇帝与外朝百官以及边疆的外族进行交流沟通，办理各类事务。譬如《汉书·萧望之传》记道："侍中谒者良使承制诏望之，望之再拜已。"这里的侍中即是负责沟通皇帝与外朝之臣萧望之的一个纽带。又如

《汉书·匈奴传》曰:"诏遣中郎将韩隆、王昌、副校尉甄阜、侍中谒者帛敞、长水校尉王歙使匈奴。"这段文字中的"侍中谒者帛敞",即代表皇帝出使匈奴,与诸位外朝军将一起去办理外交事务。侍中能作为皇帝的代表和外朝大臣与外族沟通联络,正说明了皇帝对于侍中的倚重与信任。第三类职务,则为顾问应对与拾遗谏诤。《文献通考》卷五〇记曰:"侍中……掌赞导从事,顾问应对"又《太平御览》卷二一九"侍中"条引《汉官》曰:"侍中便蕃左右,与帝升降。卒思近对,拾遗补阙,百僚之中,莫密于兹。"

按理说,在上述三类职务之中,拾遗补缺、讽议谏诤当为侍中在整个王朝政治中最具有积极意义与正面价值的。然而,就侍中本身官职而言,其最关键之职务却是第一项——服侍皇帝私人生活起居之职务。正因为有了这样一种类似于私仆性质的职务,侍中才得以尽可能地靠近皇帝,从而由整个国家、整个朝廷的权力中心——皇帝那里获得特殊的荣耀、地位以及实在的权力。《文献通考》卷五〇记载道:"武帝时孔安国为侍中,以其儒者,特听掌御唾壶,荣之。""掌御唾壶"即是在皇帝身边捧痰盂,以备皇帝吐痰之用。孔安国身为西汉一代明儒,担任侍中时竟要去做这等低三下四之事,人们不以为耻,反而"荣之",其关键的原因即在于孔安国可以借"掌御唾壶"而接近皇帝,从皇帝那里获取其他大多数官员所无法企及的皇帝的私人信任与亲近,以及由此种信任、亲近所带来的荣耀与权位。前引《太平御览》中"百僚之中,莫密于兹"之语,即准确地道出了皇帝与侍中的特殊的亲密关系。正因为有了这种关系,皇帝才会以一种信任的态度来让侍中代表自己与外界沟通,以及让他们来担任顾问、谏官的职务。

侍中既然是一种享有着特殊荣耀与权位的官职,两汉时的皇帝们所选择的担任侍中之职的,多数是些受到皇帝本人信任与宠幸的人士。大体而言,两汉时代担任侍中的人有三类。第一类为皇帝之亲属、近戚以及属于宗室、功臣集团的贵族子弟。《后汉书·朱穆传》记朱穆曾上书云:"臣闻汉家旧典,置侍中、中常侍各一人……皆用族姓。"所谓"族姓"即是刘姓之宗室子弟。如西汉末年的刘歆与其子刘叠均曾担任侍中之职。宗室子弟之外,外戚、功臣家族中的子弟也常常担任侍中。如西汉武帝时的外戚卫青、霍去病、霍光,元帝时的外戚史丹,成帝时的王氏外戚如王凤、王音、王尚、王舜、王莽、王邑诸人,东汉光武帝时的阴氏外戚阴识、阴兴,章帝时之窦氏外戚窦宪,和帝时之邓氏外戚邓弘、邓昌、邓凤等,顺帝时梁氏外戚梁商、梁冀、梁不疑,灵帝时何皇后之兄何进等人均曾充任侍中之职。同时,一些勋旧功臣及其家族的子弟,也有担任侍中者。如汉初开国功臣张良之子张辟疆,年十五即任侍中之职;武帝时与霍光同受诏命辅政的金日䃅曾任侍中,他的同族子弟如金安上、金敞、金涉等亦均曾担任侍中之职；在霍光辅政时代为霍光所重用的张安世之子张千秋、张延寿、张彭祖也均曾任侍中之职。《汉书·张汤传》（卷五九）云：

> 及禹诛灭，而安世子孙相继，自宣、元以来为侍中、中常侍、诸曹散骑、列校尉者凡十余人。功臣之世，唯有金氏、张氏，亲近宠贵，比于外戚。

第二类人物，乃为皇帝私下所信任的近宠之臣。像汉成帝所宠信的淳于长、张放等，即为这一类人物。如《汉书·淳于长传》（卷九三）记成帝宠任淳于长曰："初长为侍中，奉两宫使，亲密。"《汉书·张汤传》（卷五九）中载成帝宠信张汤的后嗣张放云：

> 鸿嘉中，上欲遵武帝故事，与近臣游宴，放以公主子开敏得幸。放取皇后弟平恩侯许嘉女，上为放供张，赐甲第，充以乘舆服饰，号为天子取妇，皇后嫁女。……放为侍中、中郎将，监平乐屯兵，置莫府，仪比将军。与上卧起，宠爱殊绝，常从为微行出游，北至甘泉，南至长杨、五柞，斗鸡走马长安中，积数年。

《汉书·叙传》（卷一〇〇）亦记淳于长与张放受成帝之宠信之情状云：

> 自大将军薨后，富平、定陵侯张放、淳于长等始爱幸，出为微行，行则同舆执辔；入侍禁中，设宴饮之会，及赵、李诸侍中皆引满举白，谈笑大噱。

诚然，如淳于长、张放这类人也有着外戚、功臣贵族子弟的身份，但很明显他们较其他贵族子弟更受皇帝宠幸、亲近，故这二人之所以担任侍中之职，更多的应该是由其近宠的身份而来。除了淳于长与张放，汉哀帝时候的董贤，无疑也是一位因皇帝的私下宠幸而得以充任侍中的人物。《汉书·董贤传》（卷九三）记曰：

> 贤宠爱日甚，为驸马都尉侍中，出则参乘，入御左右，旬月间赏赐累巨万，贵震朝廷。常与上卧起。尝昼寝，偏藉上袖，上欲起，贤未觉，不欲动贤，乃断袖而起。其恩爱至此。

正是由于汉哀帝的这种非比寻常的"恩爱"，使得董贤坐到了侍中的位置上。汉代侍中作为私密之臣的特性，在这里得到了淋漓尽致的展现。

第三类人物，为当时的文学名士及儒学大家之类。这类人物在西汉时有庄助、朱买臣、孔安国、吾丘寿王、师丹、孔秉、班伯等，在东汉时，数量则更多，主要有郑玄、贾逵、张衡、蔡邕、荀悦、孔融、丁鸿等。这些士人们或者因言辞高妙、富于文才，或者因擅长论议、学识渊博而为皇帝所看重，被其任命为侍中。汉代侍中本有着"顾问应对""拾遗补阙"之职，任命这些擅长于文辞、论议的文士、学者们做侍中，自然也有着让他们发挥自己的才能来履行职责，以辅佐君主行政之意。当然，这里面的文人学者们，如身为文学侍从的庄助、朱买臣，名儒孔安国、贾逵等人，通常与当朝的皇帝有着良好的私人关系。

在两汉时代，因为侍中与皇帝有着亲近的私人关系，故而担任侍中之人在一般情况下都有着较为显赫的权位。但在有时，这种权位也并非十分稳定。西汉时代的侍中虽属于与皇帝关系近密的内朝官，但其地位与权力比之内朝官的首领——大司马则颇有不如；到了东汉时代，由贵族子弟及士人所担任的侍中的权力又常常比不过由宦官所担任的中常侍的权力。汉代还曾发生过几次与侍中有关的突发事件，这些事件则使得侍中受到了当时皇帝的疏远与排斥。如《后汉书·百官志三》侍中条注引蔡质《汉仪》条曰：

> 侍中旧与中官俱止禁中，武帝时侍中莽何罗挟刃谋逆，由是侍中出禁外，有事乃入，事毕即出。王莽秉政，侍中复入，与中官共止。章帝元和中，侍中郭举与后宫通，拔佩刀惊上，举伏诛，由是侍中复出外。

侍中之官在两汉时代时而"出禁外"，时而"复入"，时而又"复出外"。因为一些偶发的事件，皇帝对侍中的态度也时好时坏，而侍中受到的待遇也因之而时高时低，仍然尚未获得皇帝最大限度的信任与重视。当然，与东汉时代日渐受到冷落和疏斥的谏议大夫相比起来，侍中在朝廷里的地位和权力仍要高出甚多。

与两汉时代相比，谏议大夫职权的下降、虚化之趋势与侍中职权的上升、加重的趋势乃变得愈加地显眼与突出。就谏议大夫这一职务而言，魏蜀吴三国均曾设谏议大夫之职，但其地位与权力与东汉时差不多，品秩仍较为低下，基本上是由一些病退及隐逸人士所担任的冗散闲职。如《三国志·魏志》卷一二述曰："（徐奕）在职数月，疾笃，拜谏议大夫。"又如《三国志·蜀书·杜微传》记曰：

> 建兴二年，丞相亮领益州牧，选迎皆妙简旧德，以秦宓为别驾，五梁为功曹，微为主簿。微固辞，舆而致之。既致，亮引见微，微自陈谢。……微自乞老病求归，

亮又与书答曰……其敬微如此。拜为谏议大夫，以从其志。

随着谏议大夫一职的进一步式微与虚化，到了东晋时代，朝廷乃断然裁省了此一官职，在之后的宋、齐、梁、陈诸代，亦未再重设。东晋罢废谏议大夫之职的举措颇耐人寻味，它一方面说明了谏议大夫一职到了东晋南朝时代已基本上成为了冗闲之职，甚至是朝廷的累赘，故而君主与朝廷乃将之彻底地抛弃与淡忘；另一方面，也说明了在朝廷内向君主谏诤、进言的职任基本上已从素来由儒学士大夫担任的谏议大夫转到了一向与君主有着亲密的私人关系的侍中身上。自此，由侍中所代表的侍从类谏官成为了朝廷里谏官的主力，而大夫类谏官则黯然消退了。

就侍中这一官职而言，到了魏晋时代，侍中的官秩品位在名义上并无明显的升降变化。东汉时侍中官秩为比二千石，魏晋时代侍中官品秩仍在二千石左右。据《通典》卷二一《职官三·门下省》所载，三国时魏国侍中为第三品，秩二千石。又据《宋书》卷四〇《百官志下》之载，刘宋时侍中之官为第三品，秩二千石。既然魏代与刘宋时侍中官品皆为第三品，秩位为二千石，那么处于魏与宋之间的晋代侍中之品秩应该不会有太大的变化，也应该位于第三品、二千石这个层级上。

当然，官秩无明显的变化，并不一定代表着其职务与权力没有变化。和两汉时代比起来，魏晋时代侍中的职任有了相当的扩大与增加，其实际的政治权力也得到了明显的加重。此种加重趋势的第一个重要表现，即这时的侍中成为了侍中寺及门下省机构的长官。在三国时的魏国，侍中即侍中寺之长官；到了晋代侍中则又成为了西晋时设立的门下省的长官。（注：参见《通典》卷二一《职官三·门下省》之相关记载。中华书局，1988年，544-547页）加重趋势的第二个重要表现，即侍中获得了平省尚书之权，同时，又从尚书那里得到了一部分行政权力。自西汉时代起，尚书即是中央朝廷中代表君主直接行使各种行政权力的官员。因为其拥有直接的行政权力，故而有着较重的政治实权。与尚书比起来，两汉时的侍中多负责侍奉君主的生活起居以及谋议、谏诤等"务虚"的事务，虽然地位尊崇，但其行政实权是相对有限的。在东汉末年的灵帝之时，侍中开始拥有了平省尚书事的权力，所谓"平省尚书事"，即是对尚书所办理或上奏请求办理的事务加以审阅以至于裁决。《献帝起居注》记曰：

"帝初即位，初置侍中……出入禁中，近侍帷幄，省尚书事。"到了魏晋时代，侍中平省尚书事成为了一种固定的制度。《宋书·百官志》记道："魏晋散骑常侍、侍郎、侍中、黄门侍郎共平尚书奏事。"

除了平省尚书事的权力，魏晋时代的侍中甚至还拥有了一部分本来由尚书所掌握的权力。如王昶《考课事》述曰：

尚书、侍中考课：一曰掌建六材以考官人，二曰综理万机以考庶绩，三曰：进视惟允以考说言，四曰出纳王命以考赋政，五曰罚法以考典刑。

像"综理万机""出纳王命""明罚敕法"等，皆是朝廷中直接而关键的行政实权。侍中可以与尚书一起拥有这些权力，充分表明：到了魏晋时代，侍中与君主的关系更为亲密了，其职权亦有了大幅度的扩张与明显的加重。

魏晋时代侍中职权加重的第三个重要的表现，是其担任侍中职务的人士身份的一些微妙变化。在魏晋时代担任或兼任侍中职务的人士，不仅有君主所宠信的近侍、贵族之子弟和有名望的儒士、文人，还有很大一部分是朝廷上掌权、专权乃至于擅权的重臣、权臣。

以上几种担任侍中的几类人中，属皇帝所亲近的宠臣以及贵族近戚较为著名，有东汉末年为曹操所宠信的侍中杜袭。《三国志·魏书·杜袭传》（卷二三）记曰：

魏国既建，为侍中，与王粲、和洽并用。粲强识博闻，故太祖游观出入，多得骖乘，至其见敬不及洽、袭。袭尝独见，至于夜半。粲性躁竞，起坐曰："不知公对杜袭道何等也？"洽笑答曰："天下事岂有尽邪？卿昼侍可矣，悒悒於此，欲兼之乎！"

"独见至于夜半"之语，充分说明了曹操与侍中杜袭亲密而深厚的私人关系。在后来，魏明帝所宠信的刘放、孙资二人也曾担任过侍中之职；到了西晋晋武帝时代，与晋武帝有着良好私人关系的冯沈、贾充等人曾任侍中；东晋明帝之时，与明帝关系近密的刘隗也曾担任侍中。

除了此类亲信人士，魏晋时代还有皇族贵戚亦曾任侍中之职。如晋武帝时的齐王司马攸、清河王司马遐、晋惠帝时的汝阳王司马虓均曾担任侍中；贾后专政之时，曾以贾氏外戚中的贾模为散骑常侍，加侍中；司马伦专权之时，亦曾以其亲信孙秀及自己的儿子司马诩、司马馥等人任侍中；另外，晋武帝时常山公主之夫婿王济、长广公主的夫婿甄德，也都曾任侍中；在五胡乱华的十六国时期，前赵国君主刘曜的儿子刘胤、刘昶均曾任侍中，后赵君主石虎也曾以自己的儿子石邃等为侍中。

另外，魏晋时一些有名望与影响力的儒臣与文士亦有任侍中者。像曹魏的辛毗、高堂隆、蜀国的董允，皆为当时善于论议，负有名望的儒臣、文士，而又担任或兼任侍中之职。

上述几类以宠臣亲信、皇亲国戚以及名儒、文士担任侍中的情形，与两汉时代颇为类似。而与两汉时代情况有所不同的，则是在魏晋时代还有一部分朝廷之中的重臣以及有着谋朝篡位野心的权臣亦曾担任或兼任侍中之职。如三国时在魏国专擅朝政的权臣司马懿与司马师、司马昭都曾在魏廷中担任或兼任侍中之职。《晋书·高祖宣帝纪》记司马懿在齐王曹芳即帝位后，"迁侍中，持节，都督中外诸军事，录尚书事"；《晋书·世宗景帝纪》记司马师于魏嘉平四年"迁大将军，加侍中，持节，都督中外诸军事，录尚书事"；《晋书·太祖文帝纪》记司马昭"至洛阳，进位大将军，都督中外诸军事，录尚书事"。在与之差不多同时代的吴国，曾经诛害辅政诸葛恪并把持朝政的孙峻，也曾一度担任侍中之职。孙峻亡故后，继之而执掌吴国朝政的孙綝也曾一度担任侍中之职。

到了随后的西晋，也不乏由重臣、权臣担任侍中职务。如曾经为司马氏篡夺魏朝政权出过大力，弑杀了高贵乡公曹髦的贾充，在司马昭、司马炎时代均备受宠信、重用，即曾担任侍中一职。《资治通鉴》卷七九记云："（晋武帝）以贾充为司空、侍中，尚书令，领兵如故。"（934页）晋武帝去世之后，晋惠帝即位之初，太后杨氏之父亲杨骏，亦曾出任侍中。《资治通鉴》卷八二记晋武帝临终之际，杨氏曾"口宣帝旨作诏，以骏为太尉、太子太傅、都督中外诸军事、侍中、录尚书事。"在贾后一党倒台之后，专擅朝命，并曾一度篡位做皇帝的赵王司马伦也曾自封为侍中。《资治通鉴》卷八三在司马伦废掉贾后，把持大权之后"自为使持节、都督中外诸军事、相国、侍中。"西晋灭亡，南渡之东晋朝廷亦曾任命一些手绾兵符、战功卓著且威势显赫的权臣如陶侃、桓温为侍中。《资治通鉴》卷九四记曰："（晋廷）论平苏峻功，以陶侃为侍中、太尉，封长沙郡公，加都督交、广、宁诸州军事。"《资治通鉴》卷一〇一又记晋廷任命虽有重大军功，却素怀不臣之心的桓温曰："加征西大将军桓温侍中、大司马、都督中外诸军事，录尚书事。"同时，东晋朝廷对于一些在北方割据称雄，虽在表面上臣服晋朝，但实际上却分庭抗礼的汉人军阀及胡人君主也有赐予侍中之官的情况。《资治通鉴》卷九七记载了东晋任命当时割据凉州之地的军阀张重华为侍中之事："遣侍御史俞归至凉州，授张重华侍中、大都督、都督陇右关中诸军事、大将军、凉州刺史、西平公。"另，《资治通鉴》卷九八又记载了晋廷赐封当时割据辽东的鲜卑族君主慕容儁之事道："拜慕容儁为使持节、侍中大都督、督河北诸军事、幽平二州牧、大将军、大单于、燕王。"此外，东晋时在北方称雄的诸多胡族政权也多有以重臣、权臣为侍中的情况。如前汉之刘聪曾以手握重兵、一向有异心而后来成为后赵开国之君的石勒任侍中;后赵的石勒又曾以自己的亲属,后来篡夺了自己儿子石弘的君位的石虎为侍中;前燕君主慕容儁曾以自己的兄弟,辅佐朝政的慕容恪为大司马、大都督、侍中等职。类似的例证还有很多,就不一一赘举了。

由上述例证,我们可以明白地看出,在魏晋(包括十六国)时代,担任侍中之职者,多有在朝廷上位高权重,甚至于谋朝篡位的重臣、权臣。这也正说明了从两汉到魏晋时代侍中的权位已有了明显的加重、上升。此外,还有一种情况值得注意,即那些担任或兼任了侍中的重臣、权臣们,往往还担任了一些位高权重的,甚至是宰辅之类的职务,如大都督、大将军、三公(太尉、司空、司徒)、相国等。这说明到了魏晋时代,侍中的权位几乎可以与宰辅的权位相比肩,至少也是相当接近了。侍中这一职务不仅代表了与皇帝私下的亲密关系、荣耀的身份,而且还代表了崇高的地位与威重的权势。在此后的南朝、隋唐时代,侍中一直有着"真宰相"之名,这与魏晋时代侍中权力的加重,常以重臣、权臣担任侍中职务的做法有着紧密联系。

二、两汉魏晋时代谏(议)大夫与侍中谏议效果之比较

由上文我们可以看到,在两汉魏晋时代,作为大夫类谏官的谏(议)大夫的官位、品秩呈现出明显的下降趋势,其职权亦逐渐削弱、虚化,到了东晋南朝时代,这一官职竟完全被取消。与之相对应的,作为皇帝私人侍从类谏官的侍中之官秩则有稳步的上升,其职权、影响力亦有明显地扩大、加重,在东晋时代几乎可以与丞相、三公之类宰辅之臣平齐了。同为负责向君主进谏的谏官,侍中的权位无疑是高于谏(议)大夫甚多的。那么,这是否就意味着在两汉魏晋时代,侍中履行其谏议职责的效果要比谏(议)大夫要好,其在朝廷谏议政治方面的价值要更高呢?细察史籍所载,事实恐怕并非如此。其实,两汉魏晋时代虽然已在制度上设立了专职谏官,但谏官们在实际政治生活中却并未积极进谏。同时,谏官的职位权力与其履行谏议职责的积极性及效果也往往并不成正比。下面,就从史实出发,对两汉魏晋时代谏(议)大夫与侍中的进谏积极性及谏议效果、价值作一个比较性的研究。

首先,来看看这一时期谏(议)大夫的进谏效果。在西汉时代,谏大夫谏议的效果是相当不错,可圈可点的。自汉武帝重新设立谏大夫之后,西汉历朝,尤其是宣、元、成帝诸朝之谏大夫多有积极进谏的举动,这充分表明了西汉时的谏大夫们在履行谏议职责方面是相当认真尽力的。譬如在汉昭帝时代作过谏大夫的杜延年就曾向当时辅政的大将军霍光进谏。《汉书·杜延年传》(卷六〇)记曰:

（杜延年）见国家承武帝奢侈师旅之后，数为大将军光言："年岁比不登，流民未尽还，宜修孝文明政，示以俭约宽和，顺天心，说民意，年岁宜应。"光纳其言，举贤良，议罢酒榷、盐、铁，皆自延年发之。

汉宣帝时的谏大夫薛广德，亦有向宣帝直言进谏之举。《汉书·薛广德传》（卷七一）记载道：

……（薛广德）迁谏大夫……始拜旬日间，上幸甘泉，郊泰时畤，礼毕，因留射猎。广德上书曰："窃见关东困极，人民流离。陛下日撞亡秦之钟，听郑、卫之乐，臣诚悼之。今士卒暴露，从官劳倦，愿陛下亟反宫，思与百姓同忧乐，天下幸甚。"上即日还。其秋，上酎祭宗庙，出便门，欲御楼船，广德当乘舆车，免冠顿首曰："宜从桥。"诏曰："大夫冠。"广德曰："陛下不听臣，臣自刎，以血污车轮，陛下不得入庙矣！"上不说。……上曰："晓人不当如是邪！"乃从桥。

又，汉宣帝时的博士、谏大夫王吉，亦屡有向宣帝进谏的言行。《汉书·王贡两龚鲍传》（卷七二）载曰：

（王吉）起家复为益州刺史，病去官，复征为博士、谏大夫。是时，宣帝颇修武帝故事，宫室车服盛于昭帝。时外戚许、史、王氏贵宠，而上躬亲政事，任用能吏。吉上疏言得失，曰："陛下躬圣质，总万方，帝王图籍日陈于前，惟思世务，将兴太平。诏书每下，民欣然若更生。臣伏而思之，可谓至恩，未可谓本务也。……臣闻圣王宣德流化，必自近始。朝廷不备，难以言治；左右不正，难以化远。民者，弱而不可胜，愚而不可欺也。圣主独行于深宫，得则天下称诵之，失则天下咸言之。行发于近，必见于远，故谨选左右，审择所使。左右所以正身也，所使所以宣德也。《诗》云：'济济多士，文王以宁。'此其本也。……"

与之同时的谏大夫郑昌，也曾因盖宽饶的"怨谤"之狱而上书直谏宣帝，力图拯救盖宽饶。《汉书·盖宽饶传》（卷七七）载郑昌为盖宽饶申辩之事曰：

谏大夫郑昌愍伤宽饶忠直忧国，以言事不当意而为文吏所诋挫，上书颂宽饶曰："臣闻山有猛兽，藜藿为之不采；国有忠臣，奸邪为之不起。司隶校尉宽饶居不求安，食不求饱，进有忧国之心，退有死节之义，上无许、史之属，下无金、张之托，职在司察，直道而行，多仇少与，上书陈国事，有司劾以大辟，臣幸得从大夫之后，官以谏为名，不敢不言。"

汉成帝时的谏大夫刘辅，亦为一位敢于不避忌讳，直言进谏之士。他曾向成帝上书谏诤，力劝成帝不要立赵飞燕为皇后，结果触怒成帝，竟被收捕于狱中。《汉书·刘辅传》（卷七七）记此事之过程道：

刘辅……上美其材，擢为谏大夫。会成帝欲立赵婕妤为皇后，先下诏封婕妤父临为列侯。辅上书言："臣闻天之所与，必先赐以符瑞；天之所违，必先降以灾变：此神明之征应，自然之占验也。……今乃触情纵欲，倾于卑贱之女，欲以母天下，不畏于天，不愧于人，惑莫大焉。……天人之所不予，必有祸而无福，市道皆共知之，朝廷莫肯一言，臣窃伤心。自念得以同姓拔擢，尸禄不忠，污辱谏争之官，不敢不尽死，唯陛下深察。"书奏，上使侍御史收缚辅，系掖庭秘狱，群臣莫知其故。

汉哀帝时代的龚胜、龚舍两兄弟，皆曾被朝廷征召为谏大夫。他们也多有向皇帝直言谏诤之举。《汉书·两龚传》（卷七二）记龚胜上书进谏之事曰：

胜居谏官，数上书求见，言百姓贫，盗贼多，吏不良，风俗薄，灾异数见，不可不忧。制度泰奢，刑罚泰深，赋敛泰重，宜以俭约先下。其言祖述王吉、贡禹之意。

在这一时期，担任谏大夫的毋将隆也屡有直言进谏之举。汉哀帝因为宠幸董贤，有一次竟下令将武库中的兵器赠与董贤。对于这种荒唐之举，毋将隆没有明哲保身缄口不言，而是立即上书直言谏诤，予以劝阻。《汉书·毋将隆传》（卷七七）记载其事道：

毋将隆字君房，东海兰陵人也。大司马车骑将军王音内领尚书，外典兵马，踵故选置从事中郎与参谋议，奏请隆为从事中郎，迁谏大夫……时侍中董贤方贵上使中黄门发武库兵，前后十辈，送董贤及上乳母王阿舍。隆奏曰："武库兵器，天下公用，国家武备，缮治造作，皆度大司农钱。……今贤等便僻弄臣，私恩微妾，而以天下公用给其私门，挈国威器共其家备。民力分于弄臣，武兵设于微妾，建立非宜，以广骄僭，非所以示四方也。……臣请收还武库。"

除了上述诸位谏大夫，昌邑王刘贺以及汉宣帝时代曾任谏大夫的夏侯胜、魏相、韦玄成、汉元帝时候曾任谏大夫的翼奉、汉成帝时代曾任谏大夫的王尊、王章、汉哀帝时曾任谏大夫的孔光等，亦多数有着直言进谏的举动。西汉时谏大夫进谏效果值得称道的另一个明显的表现，就是当时许多为人们崇敬的谏议名臣都曾担任过谏大夫的职务。如在汉元帝即位之初就被征召为谏大夫的贡禹，就是一位在当时颇为著名的谏议之士。《汉书·贡禹传》（卷七七）记载贡禹数度向元帝进谏之事道："自禹在位，数言得失，书数十上。"贡禹进谏所述的内容则多为提倡节俭、顾恤民生、重农抑商等。宣帝、元帝时之谏议名臣萧望之也曾担任谏大夫之职。历仕宣帝、元帝、成帝三朝，名气较贡禹、萧望之更大的文学家、文献学家，同时也是名闻天下的谏议人士刘向，也曾经担任谏大夫之职。据《汉书·刘向传》（卷三六）所载，早在汉宣帝之时，刘向即因"行修饬擢为谏大夫"；在汉元帝一朝，刘向屡次上书，劝谏元帝疏远弘恭、石显等权奸而重用萧望之、周堪等忠直之士；在汉成帝之朝，他又多次上书，劝谏成帝防备擅权之外戚王氏。在西汉时代，刘向的进谏之举堪称谏大夫尽忠职守的典范。在刘向之后，汉哀帝时代因谏诤而名闻天下，为时人所敬重的鲍宣，也多次担任谏大夫之职。《汉书·鲍宣传》（卷七二）称"哀帝初，大司空何武除宣为西曹掾，甚敬重焉，荐宣为谏大夫"，鲍宣"每居位，常上书谏争，其言少文多实"。鲍宣之谏言，不仅"少文多实"、切中时弊，而且见解深刻、往往能发人深省。《汉书》本传中记有其上奏哀帝的一段谏文：

天下乃皇天之天下也，陛下上为皇太子，下为黎庶父母，为天牧养元元，视之当如一，合《尸鸠》之诗。今贫民菜食不厌，衣又穿空，父子夫妇不能相保，诚可为酸鼻。陛下不救，将安所归命乎？奈何独私养外亲与幸臣董贤，多赏赐以大万数，使奴从宾客浆酒霍肉，苍头庐儿皆用致富！非天意也。及汝昌侯傅商亡功而封。夫官爵非陛下之官爵，乃天下之官爵也。陛下取非其官，官非其人，而望天说民服，岂不难哉！

"天下乃皇天之天下"及"夫官爵非陛下之官爵，乃天下之官爵也"诸语直斥君主专制社会中以天下为君主私人之天下的弊端，在那个视君主专制为天经地义、不容置疑的政治氛围中，可谓振聋发聩、石破天惊了。

由上述的贡禹、萧望之、刘向、鲍宣等诸位谏大夫的直谏之举，我们可以充分地认识到，西汉时代的谏大夫们多数曾有过进谏的举动，他们在履行谏议职责方面是积极而富于成效的。之所以会出现这种良性的政治情势，一方面是由于当时担任谏大夫之人多半是富于学识的儒士，或者闻名于时的文人。这些知识分子们大多有着鲠直的品性,怀着忧国忧民的情怀以及浓厚的社会责任感。因此,他们常常能不畏权威,不避时忌而仗义执言,大胆地谏诤。另一方面,也由于西汉一朝的大多数皇帝为了维护、巩固自己的政权常常能宽容、接纳直言谏诤,并作出积极的回应。可以说,在西汉,谏议政治基本上是上轨道的,故而这时的专职谏官——谏大夫能够较为圆满地履行自己的谏议职务。

然而,到了东汉时代,情况则发生了较大的变化。谏大夫的名称变了谏议大夫,其品秩较以前亦有所下降。更为重要的是,谏议大夫进谏的职能在相当大程度上被削弱和架空了。在东汉时,担任过谏议大夫而较为有名的人士,先后有王良、鲍永、何叔武、包咸、丁恭、曹曾、赵孝、尹敏、第五颉、陈禅、朱儁、马日磾、索卢放、严光、田邑、江革、许荆、何休、刘陶、周举、种邵、王朗等人。这些人物,要么就是不理俗务、逍遥江湖的隐遁之士,要么就是专心于学术,与朝廷政务保持距离的名儒学士,或者就是因病老而即将退休的闲散人士。无论是在《后汉书》《东观汉纪》《资治通鉴》之中,还是在其他相关史籍当中,我们都可以看到,除了东汉后期的刘陶一人曾有积极上书进谏的行为,其他大多数谏议大夫则很少,或根本没有进谏的举动。这一情况表明,随着谏议大夫职能的削弱与虚化,东汉时代担任过谏议大夫的人士们履行谏议职务的效果也因之而大打折扣。诚然,东汉时代仍有不少忠心于朝廷,曾经积极进谏的大臣名士如第五伦、钟离意、寒朗、朱穆、杨震、李固、李云、杨秉、陈蕃、刘瑜、卢植等,但他们当中基本上没有人曾但任过谏议大夫。这种进谏之士非专职谏官,而专职谏官又不进谏的现象,正好说明了,到了东汉时,谏议大夫职位的弱化、虚化。同时,也表明了东汉时代的职官设置在很多方面已沦为形式,比不上西汉时代那种讲规矩和上轨道了。到了魏晋时代,随着谏议大夫一职的进一步虚化与边缘化乃至于最终被废除,谏议大夫的进谏行为变得愈加稀少。可以说,这一时期谏议大夫履行谏议之职的情况几乎为零,其谏议的效果也基本上可以忽略不计了。

接着,来考察一下两汉及魏晋时代侍中的进谏情况及其履行谏诤之职的效果。在两汉时代,侍中作为君主的近幸亲信之臣,明确地肩负着"卒思近对,拾遗补缺"的职任。然而,通览相关史籍,两汉时代曾担任侍中的人士在执行进谏的职任方面的效果是不尽人意,甚至是相当令人失望的。在两汉时代,有不少著名人物均曾担任过侍中,如汉初留侯张良之子张辟疆,汉武帝时为武帝所宠任的名儒孔安国,著名文士庄助、朱买臣以及桑弘羊、上官桀、卫青、卫长君、金日磾和他的子孙金敞、金涉诸人,宣帝时的盖宽饶,元帝、成帝、哀帝时的史氏、王氏、傅氏诸外戚,以及其他的儒臣、近臣如张放、淳于长、董贤、许章、师丹等人。在相关资料的记载中,除了武帝时的朱买臣、宣帝时的盖宽饶、哀帝时身为外戚的傅喜等少数人外，其他的大部分担任侍中的人士皆无积极的进谏行为。到了东汉时代，曾担任侍中的著名人士有身为名儒、文士的苏竟、桓郁、丁鸿、郑弘、闾丘弘、寇荣、杨奇、乐松、郑玄、爰延、贾逵、张衡、刘愉、蔡邕、孔融、刘艾、钟繇等，身为宗室、外戚及近幸之臣的刘和、阴氏、窦氏、邓氏、梁氏诸臣。在上列诸多侍中之中，除了由儒士出身的爰延、张衡、蔡邕、刘愉等人有过进谏之举，那些出身宗室、外戚及近侍宠臣的侍中们则基本上没什么进谏的言行。可见，在两汉时代，认真履行了谏议职责的侍中在整个侍中群体中所占比例是相当小的。因此，可以说，两汉时代侍中履行谏议之职任的效果是不合格的。

到了魏晋时代，侍中的实际权力与政治影响力均有了大幅度的提升，那么，这时侍中履行谏议职责的效果是否有进展呢？遗憾的是，据诸多史料的记述，魏晋时代的侍中们向君主进谏的情况与两汉时代比起来，基本上没有什么大的变化，其进谏效果也一样不容乐观。魏晋时代曾担任或兼任侍中而又较有名气的人士颇多，在魏国有董昭、陈群、刘晔、辛毗、黄权、高堂隆、杜袭、卢毓、许允、陈泰、司马懿、司马师、司马昭、王沈、刘放、孙资等人；在蜀国有费祎、郭攸之、董允、诸葛瞻、马良、张绍、陈祗、樊建等人；在吴国有胡综、是仪、孙峻、孙綝、华融、孙恩、韦昭、张尚等人。到了两晋时代，担任或兼任侍中的人就更多了，有前文曾提及的司马氏诸王，以及身为外戚、近臣或重臣的王济、甄德、贾充、贾谧、杨骏、卫瓘、石崇、王戎、张华、孙秀、嵇绍、刘沈、华混、许遐、顾荣、和峤、陶侃、桓温、种雅、冯怀、荀奕、孔坦、蔡谟、何充、张重华等人。据粗略统计，两晋百年间曾任侍中之职者当不下百人。在这上百名侍中当中，曾经积极向君主进谏的有多少呢？遍览《三国志》《晋书》《资治通鉴》及相关史籍，有明确记载的则只有魏国的辛毗、高堂隆、卢毓，蜀国的董允等寥寥数人。和两汉时代的情形相似，这几个积极进谏的侍中在整个庞大的侍中群体中所占比例是很小的。所以说，魏晋时代侍中在履行谏议职务方面的态度基本上是消极的，其进谏的成效也是令人不满意的。

两汉及魏晋时代侍中履行谏议之职的情况之所以难以令人满意，其中一个重要的原因即在于侍中的身份。两汉魏晋时代的侍中乃是皇帝亲近的私密之臣，所以担任侍中的人多半是些皇亲国戚、私信宠臣。这类人物多半都是凭着自己与君主的私人关系而成为侍中的，他们少有忧国忧民的情怀，也不具备为国家出谋划策的本事，更谈不上不避忌讳、犯言直谏的勇气。另一些执掌朝政的权臣则多数属于既得利益集团成员。他们若因国家事务而向君主进谏，其谏言则很可能会触动、损害自己的利益与权势，故此，他们一般也不会自找麻烦，向君主直言进谏。这样，就只剩下一些由儒学士大夫出身的侍中来担负进谏的职任了。这些儒士类侍中当中有一部分有着进谏的举动,但鉴于政局的险恶动荡,为了保全自己的身家性命、荣华富贵而采取了三缄其口、尸位素餐的立场。像晋代的王戎、张华等就是其中的典型。故此,两汉魏晋时代侍中履行谏议职务的效果是很不理想的。与之相比,东汉与魏晋时代谏议大夫履行谏议职能的效果也一样不容乐观,只有西汉时代的谏大夫在履行谏议职责是显得比较积极,效果也颇可称道。综而观之,在两汉魏晋时代谏(议)大夫履行谏议职责的情况应该要好于侍中履行谏议职责的情况的。

三、两汉魏晋时代谏(议)大夫与侍中职能衍变之原因探析

总体而言,在两汉魏晋时代,谏(议)大夫在履行谏议职能方面的成就要优于侍中的成就。至少,西汉时谏大夫的进谏积极性与谏议的成效是明显地要高于侍中的。按照常理来推断,为了更好地发挥谏议制度的政治效能,身为朝政之总负责人的君主就应该更加重视谏议大夫,给予他们更多的权力和发挥其职权的空间才对。但,历史事实的发展却与这一常理的推断恰好相反。在东汉、魏晋时代,谏议大夫不仅秩位越来越低,权力越来越小,而且其职官本身在后来也被彻底废弃了,与之相对的,执行谏议的效果一向不太令人满意的侍中反而越来越位高权重,到了东晋及以后的南朝,权位几乎可以与执政的宰相相提并论了。

为何会出现这种看起来自相矛盾、令人费解的现象呢?两汉魏晋时谏(议)大夫与侍中职能性质的衍变,看似与常理相悖。然而若深入分析,则可以发现,这种趋势与秦汉以来君主专制的本质特性是相符合的。这种相符合的表现,可从以下三点来作具体剖析:

第一,君主专制政治"私大于公""内重外轻"的本质属性正是造成两汉魏晋时代谏(议)大夫职权愈来愈低微,而侍中的职权愈来愈重的最根本之原因,中国古代王朝之所以会设立谏官,推行谏议政治,其最大之目的,乃在于以臣民的谏议来监督、限制最高统治者——君主的权力,使之不会因滥用权力而陷于堕落、腐败、残暴而最终走向覆灭。但是,很遗憾的是,古代皇权专制的本质倾向,则是以牺牲国家民众的公共利益来最大限度地满足君主个人的私欲。这样,臣民们的谏议权与君主的专制权力则不可避免地发生了矛盾冲突。就专制君主本身的意志而言,应该是很想摧毁、消灭这种敢于批评、限制自己个人权力与私欲的谏议权的。然而,前代王朝因为拒谏、诛杀谏臣而引致覆亡的教训以及自先古以来即已流行的重视谏议、宽纳谏臣的政治理念又使得大部分君主对于谏议政治不得不采取一种宽容和支持的态度。既要尽量容忍谏议,又要最大限度地减少谏议政治对于自己私欲与权力的不利影响——如何来解决

这样一个矛盾的问题呢？自两汉时代开始，随着政治情势的发展，君主们逐渐采取了一种折中性的对策，即一般只听从那些自己信得过的、与自己的私人关系亲近的臣子的谏言；对于那些与自己关系疏远，不大可信任的臣子之谏言，则不予理睬，或者予以打压。站在君主的立场来看，因为不可信，所以那些谏臣们针对自己提出批评性谏议的动机就很可疑，很有可能是借此来攻击、侵夺自己的权力，甚至于是想逼自己下台。这种"信内而疑外""私大于公"的君主专制的本质性倾向，正是促使两汉魏晋时代主要由儒生士大夫担任的谏（议）大夫的职位逐渐弱化、虚化，而主要由私信近臣与亲贵权要担任的侍中之职位则越来越高、越来越重的内在缘由。

第二，就谏（议）大夫本身的职位发展情况而言，东汉时代谏议大夫职位的虚化，应该与东汉初年的皇帝因王莽之篡权而对儒学士大夫产生了忌防的心理有关。西汉自武帝起施行"罢黜百家，独尊儒术"的政策，开始任用由修习儒经出身的士大夫为朝廷中的重臣、要臣。在汉宣帝时代由于当时流行的由经文经学衍生出的灾异祥瑞之说对宣帝从一介平民登上天子之位有着舆论宣传上的效益。故此汉宣帝更加大量地起用经学士大夫一类人士来担任朝廷的要职。在宣、元、成、哀数朝，出任丞相、御史大夫、九卿之类高官的几乎全是世代修习儒术的士大夫，像魏相、韦玄成、贡禹、龚胜、龚舍、萧望之、匡衡、张禹、孔光、谷永、何武、王嘉、师丹等。此类习儒出身，又多数有着刚正廉直精神的士大夫一方面是朝廷中的重臣、权臣，另一方面也多得到了皇帝本人的信赖与倚重。君主既然信任士大夫，那么对于多数由士大夫担任的谏大夫这一官职，自然也就颇为注重。西汉时代谏大夫的谏议职效之所以发挥得较为良好，君主的重视可谓是一个主要的原因。

但是，到了东汉时代，我们可以明显地看到，自光武帝开始，历代的皇帝们对于儒学士大夫皆有着一层防备、忌疑的心理。这种忌防的心理来自何处呢？应该与西汉末年许多经术士大夫们积极参与了王莽之篡权举动有相当大的联系。王莽身为外戚，之所以能篡夺两百多年的刘姓汉家天下，一则是其趁哀帝去世之后出现权力真空而独揽大权，掌控了朝政；另则是在当时有一大批为王莽所收买、利用的文人士大夫为王莽鼓吹呐喊，大肆宣传。王莽在自己尚未掌控大权之时，为了营造自己的名声，培养一己之政治势力，曾经有意地与文人名士、儒学士大夫们交往，借助他们来为自己作政治上的宣传。《汉书·王莽传》（卷九九）记载道：

久之，叔父成都侯商上书，愿分户邑以封莽，及长乐少府戴崇、侍中金涉、胡骑校尉箕闳、上谷都尉阳并、中郎陈汤，皆当世名士，咸为莽言，上由是贤莽。……宿卫谨敕，爵位益尊，节操愈谦。散舆马衣裘，振施宾客，家无所余。

收赡名士,交结将相、卿、大夫甚众。故在位更推荐之,游者为之谈说,虚誉隆洽,倾其诸父矣。

王莽在掌控朝廷实权之后,即开始排斥异己,树立私党,积极地为篡权夺位做准备。在他的私党之中,就有不少是在当时有名望的文学、儒学士大夫。《汉书·王莽传》(卷九九)又记述道:

莽以大司徒孔光名儒,相三主,太后所敬,天下信之,于是盛尊事光,引光女婿甄邯为侍中奉车都尉。诸哀帝外戚及大臣居位素所不说者,莽皆傅致其罪,为请奏,令邯持与光。……于是附顺者拔擢,忤恨者诛灭。王舜、王邑为腹心,甄丰、甄邯主击断,平晏领机事,刘歆典文章,孙建为爪牙。丰子寻、歆子棻、涿郡崔发、南阳陈崇皆以材能幸于莽。

在王莽从大司马到安汉公,由安汉公加"九锡"之命,再作上"假皇帝",最终成为"真皇帝"的过程中,许多为王莽所网罗的儒学士大夫的活动是相当活跃的。如汉宣帝时名臣张敞之孙张竦,本身也是一世家的士大夫,即曾与王莽手下的文士陈崇共同上奏章,恬不知耻地歌颂王莽的"功德",极尽阿谀奉承之能事。在王莽获得"九锡"之命时,朝廷中的大部分文士、士大夫也纷纷表态,联名上书以表示支持。《汉书·王莽传》(卷九九)记曰:

于是公卿大夫、博士、议郎、列侯张纯等九百二人皆曰:"圣帝明王招贤劝能,德盛者位高,功大者赏厚。故宗臣有九命上公之尊,则有九锡登等之宠。……谨以《六艺》通义,经文所见,《周官》、《礼记》宜于今者,为九命之锡。臣请命锡。"

这些公卿士大夫们之所以如此主动积极地支持王莽篡权,一方面是迫于王莽的权力与淫威,不得不如此;另一方面,当时的许多士大夫对于西汉末年汉哀帝任用外戚、私幸之臣的昏乱之举颇为不满,希望王莽上台之后,能够革除汉哀帝时政治上的种种弊端,改良朝政。正因为许多士大夫都有这种"附逆"的行为,后来东汉一朝的历代皇帝们对于这些儒学士大夫们便不大信任、放心了。东汉建立之初,光武帝、明帝、章帝这几位君主虽然在表面上仍然尊崇经术,善待儒生,但在内心里,他们对于儒学士大夫是怀有很深的忌防之意的。就东汉朝宰辅职官之安排,就很清楚。东汉正式废除了丞相一职,代之以被称为三公的司空、司徒、太尉。这样,本来由丞相一人所拥有的政治权力便一分为三,明显地被分化、削弱了。随后,由经学士大夫所担任的三公之职务又很快被架空,被与皇帝私下关系较为接近的尚书所取代。然后,尚书的实权又被皇帝更为信任、亲昵的外戚、宦官所取代。《后汉书·陈忠传》(卷四六)记东汉时朝廷借尚书架空三公权力的现象曰:

> 时三府任轻,机事专委尚书,而灾眚变咎,辄切免公台。忠以为非国旧体,上疏谏曰:"臣闻'君使臣以礼,臣事君以忠'。故三公称曰冢宰,王者待以殊敬,在舆为下,御坐为起,入则参对而议政事,出则监察而董是非。汉典旧事,丞相所请,靡有不听。今之三公,虽当其名而无其实,选举诛赏,一由尚书,尚书见任,重于三公,陵迟以来,其渐久矣。……又尚书决事,多违故典,罪法无例,诋欺为先,文惨言丑,有乖章宪。宜责求其意,害而勿听。上顺国典,下防威福,置方员于规矩,审轻重于衡石,诚国家之典,万世之法也。"

东汉时代著名思想家仲长统在其《昌言·法诫篇》中论东汉之外廷公卿士大夫之权为外戚、宦官之类近幸之臣所取代的趋势道:

> 自高帝逮于孝成,因而不改,多终其身。汉之隆盛,是惟在焉。夫任一人则政专,任数人则相倚。政专则和谐,相倚则违戾。和谐则太平之所兴也,违戾则荒乱之所起也。光武皇帝愠数世之失权,忿强臣之窃命,矫枉过直,政不任下,虽置三公,事归台阁。自此以来,三公之职,备员而已;然政有不理,犹加谴责。而权移外戚之家,宠被近习之竖……势既如彼,选又如此,而欲望三公勋立于国家,绩加于生民,不亦远乎?

在东汉时代,由儒学出身的公卿士大夫们,不仅权力常被削弱、架空,而且许多人的遭际也颇为凄惨。如名臣杨震、李固、杜乔、陈蕃、李膺诸人,均因外戚或宦官之陷害而横遭不幸。这种种史实,足以说明东汉时的皇帝们对于儒学经术士大夫们一直是有着怀疑、忌防心理的。正因为儒学士大夫本身就不可信,而且还掌握了评价、批评皇帝的谏议权力,皇帝们自然而然地更为猜忌,想要加以压制。压制谏议大夫的最佳手段,无疑便是削弱、架空这一官职的实际权力。故此,自东汉建立之初,谏议大夫之职权便被虚化、架空了,谏议大夫的虚化以至于最终被废置,在很大程度上是由于它与君主之内在需求产生了冲突,与君主的关系越来越疏远所造成的。

第三,就侍中这一职官的情况而言,其权力之所以在魏晋时代会变得愈来愈重,主要是由改朝换代之际的政局变化和政治斗争引起的。在两汉时代,因为与君主有着近密的关系，侍中本已经拥有了相当重的权力和荣耀的地位，但两汉时侍中的权位仍然在某些地方受到一定的限制。在西汉时代，侍中虽属于与皇帝关系亲近的中朝官，但中朝官的长官为大司马，侍中乃大司马的下属，权位自然就低于大司马了。东汉虽撤消了中朝，大司马也成为了与皇帝关系疏远的外朝官，但此时皇帝们主要宠幸、重用的则是由宦官所担任的中常侍。这样，在君主与侍中之间，又多了一个中常侍，其权力自然也就受到中常侍的限制了。然而，在东汉末年的十常侍之乱中，宦官势力遭到了毁灭性的打击。《资治通鉴》卷五九记载汉少帝时袁绍、袁术等军将因何进之死而诛灭十常侍及汉宫中宦者之事曰：

  进部曲将吴匡、张璋在外，闻进被害，欲引兵入宫，宫门闭。虎贲中郎将袁术与匡共研攻之，中黄门持兵守阁。会日暮，术因烧南宫青琐门，欲以胁出让等。让等入白太后，言大将军兵反，烧宫，攻尚书阁，因将太后、少帝及陈留王，劫省内官属，从复道走北宫。……绍遂闭北宫门，勒兵捕诸宦者，无少长皆杀之，凡二千馀人，或有无须而误死者。

宦官尽灭之后，侍中与皇帝之间少了宦官这个大障碍，与皇帝之间的关系自然地更加接近了。汉献帝之时，朝廷即起用非宦者之人所担任的侍中、给事黄门侍郎来代替宦官作为皇帝的近侍之臣。《后汉书·献帝纪》（卷九）记道：

  初令侍中、给事黄门侍郎员各六人。赐公卿以下至黄门侍郎家一人为郎，以补宦官所领诸署，侍于殿上。

虽然东汉朝旋即灭亡，但在取代汉朝的魏朝及后世的晋朝，君主有鉴于汉朝之因宦官乱政而亡，均有意地压制、排斥宦官。这样，身为近侍之臣的侍中便获得了一个良好的机会来与皇帝建立更为亲密的关系。如此，担任侍中之人所拥有的地位、权势相应地也就上升、加重了。

综上所述，在两汉魏晋时代，虽然谏（议）大夫在谏议效能方面比侍中要高，但在中央朝廷的职官设置之中，侍中的职位却越来越高，权势也越来越重，远远超过了谏议大夫。之所以会发生这种现象，其根本原因乃在于君主专制政治"内重于外，私大于公"的本质——亲近任用与自己关系近密的私幸、内宠之臣，而忌防、排斥那些与自己关系不够亲近的外廷朝臣。虽然从两汉到魏晋南北朝这段时期中，谏官的组织机构及制度设置均在不断地专职化、系统化、完善化，但谏议政治的实际效能却在无可避免地退化。这个时期谏议政治的退化、失效，应该也正是造成魏晋南北朝时代长期陷于动荡、分裂，其总体政治状况远逊于两汉时代政治状况的一个重要原因。

参考文献

一、文献元典

[1]（清）阮元编．十三经注疏．北京：中华书局，1980.

[2]（清）段玉裁．说文解字注．上海：上海古籍出版社，1981.

[3] 辞源．北京：商务印书馆．1996.

[4] 程俊英，蒋见元．诗经注析．北京：中华书局，1999.

[5] 顾颉刚，刘起釪．尚书校释译论．北京：中华书局，2005.

[6] 杨伯峻．春秋左传注．北京：中华书局，1990.

[7] 徐元诰，王树民，沈长云．国语集解．北京：中华书局，2002.

[8] 范祥雍．战国策笺证．上海：上海古籍出版社，2006.

[9] 孟子．方勇译注．北京：中华书局，2010.

[10]【清】王先慎．韩非子集解．北京：中华书局，2013.

[11] 向宗鲁．说苑校证．北京：中华书局，1987.

[12] 陈茂仁．新序校证．台湾：花木兰文化出版社，2007.

[13] 陈广忠．淮南子译注．长春：吉林文史出版社，1990.

[14] 黄晖．论衡校释．北京：中华书局，1990.

[15]【汉】司马迁．史记．北京：中华书局，1959.

[16]【汉】班固．汉书．北京：中华书局，2008.

[17]【汉】荀悦，张烈．汉纪．北京：中华书局，2002.

[18]【南朝宋】范晔．后汉书．北京：中华书局，1965.

[19]【晋】袁宏，张烈．后汉纪．北京：中华书局，2002.

[20]【西晋】陈寿．三国志．北京：中华书局，1973.

[21]【唐】房玄龄等．晋书．北京：中华书局，1974.

[22]【梁】沈约．宋书．北京：中华书局，1974.

[23]【唐】李百药．北齐书．北京：中华书局，1972.

[24]【宋】欧阳修．新唐书．北京：中华书局，1975.

[25]【清】钱仪吉．三国会要．上海：上海古籍出版社，1991.

[26] 周兆镛．晋会要．北京：书目文献出版社，1988.

[27]【宋】司马光．资治通鉴．北京：中华书局，1956.

[28]【唐】刘知几．史通通释．上海：上海古籍出版社，1978.

[29]【清】赵翼．廿二史札记．北京：中华书局，1963.

[30]【清】孙星衍，周天游．汉官六种．北京：中华书局，1990.

[31]【宋】王钦若．册府元龟．北京：中华书局，1989.

[32]【唐】杜佑．通典．北京：中华书局，1982.

[33]【宋】李昉．太平御览．北京：中华书局，1995.

[34]【元】马端临．文献通考．北京：中华书局，1986.

[35]【宋】郑樵撰，王树民．通志二十略．北京：中华书局，1995.

[36]【清】严可均．全上古秦汉三国六朝文．北京：中华书局，1958.

[37]【唐】欧阳询，汪绍楹．艺文类聚．上海：上海古籍出版社，1982.

[38]【宋】李昉，徐铉．文苑英华．北京：中华书局，1990.

[39]【梁】萧统．昭明文选．上海：上海古籍出版社，1986.

二、学术专著

[1] 金春峰．汉代思想史．北京：中国社会科学出版社，1997.

[2] 徐复观．两汉思想史．上海：华东师范大学出版社，2001.

[3] 左言东．中国政治制度史．杭州：浙江大学出版社，2009.

[4] 晁中辰．中国谏议制度史．北京：中华书局，2015.

[5] 赵映诚．谏官与谏官制度．香港：香港新世纪出版社，1993.

[6] 顾振权．中国古代名谏研究．北京：军事谊文出版社，1995.

[7] 靳晓鹏．中国古代谏言史话．西安：西安出版社，2000.

[8] 邱永明．中国监察制度史．上海：华东师范大学出版社，1992.

[9] 彭勃，龚飞．中国监察制度史．北京：中国政法大学出版社，1989.

[10] 孔令纪．中国历代官制．济南：齐鲁书社，1993.

[11] 吕思勉．中国制度史．上海：上海教育出版社，1985.

[12] 安作璋，熊铁基．秦汉官制史稿．济南：齐鲁书社，2007.

[13] 祝总斌．两汉魏晋南北朝宰相制度研究．北京：中国社会科学出版社，1990.

[14] 沈任远．魏晋南北朝政治制度．台北：台湾商务印书馆，1971.

[15] 杨鸿年．汉魏制度丛考．武昌：武汉大学出版社，2005.

三、学位及期刊论文

[1] 陈秋云．中国古代言谏文化制度研究．北京：中国政法大学，2001．

[2] 傅绍良．唐代谏官与文学．西安：陕西师范大学，2002．

[3] 梁娟娟．清代谏议制度研究．济南：山东大学，2009．

[4] 唐剑．明代言谏制度研究．武汉：湘潭大学硕士论文，2006．

[5] 陆然．汉魏晋南北朝谏官制度研究．长沙：湖南师范大学，2006．

[6] 张金玲．〈国语〉谏辞研究．长春：东北师范大学，2010．

[7] 金霞．两汉魏晋南北朝祥瑞灾异研究．北京：北京师范大学，2005．

[8] 张双．中国封建社会"言语犯罪"研究．哈尔滨：黑龙江大学，2014．

[9] 蔡新祺．古代言官谏诤制度简析．中国监察，1990（8）．

[10] 赵映诚．中国古代谏官制度研究．北京大学学报（哲学社会科学版），2000（3）．

[11] 姚澄宇．唐朝的谏官制度．南京师大学报，1984（3）．

[12] 晁中辰．中国古代谏议思想与谏议制度刍议．东岳论丛，2010（9）．

[13] 孙家洲．汉代的"诽谤先帝"案．寻根，2004（1）．

[14] 潘良炽．中国古代诽谤罪兴废时间考辨．达县师范高等专科学校学报（社会科学版），2005（6）．

[15] 吕红梅，刘卫庄．秦汉时诽谤罪论考．石河子大学学报（哲学社会科学版），2013（5）．

[16] 李艳芳．两汉之际由谏大夫到谏议大夫研究．哈尔滨学院学报，2016（3）．

[17] 徐杰令．两汉侍中考．中华文化论坛，2006（1）．

[18] 李浩．东汉侍中探论．石河子大学学报（哲学社会科学版），2008（5）．

[19] 禹平，韩雪松．曹魏侍中与三省制．史学集刊，2009（5）．

[20] 魏丽，略论魏晋侍中．安康学院学报，2008（4）．

[21] 何沐，孙佳乐．两汉时期的谏诤思想．黑龙江史志，2010（5）．

[22] 何平立，两汉天命论：皇权政治的双刃剑．上海大学学报（社会科学版），2005（1）．

[23] 陈言沧．天谴灾异说与孙吴政治．湖北教育学院学报，2007（5）．

[24] 梁娟娟，油伏霞．天人感应的灾异谴告说与谏议——以顺治朝为例．唐都学刊，2009（1）．

[25] 杨晓红．试析灾异谴告说在宋代的政治功能．长江师范学院学报，2007（5）．

[26] 王崇仁.从"谏"到"说"——中国早期论说文文体功能的转变.东南学术,2012(4).

[27] 高旭.君主专制下的两难言说——论韩非的"谏说"思想.长春工业大学学报（社会科学版）,2007(4).